U0605534

中华人民共和国
行政复议法

释义与适用手册

莫于川　　哈书菊 / 主编

中国法制出版社
CHINA LEGAL PUBLISHING HOUSE

本书作者及写作分工

莫于川　中国人民大学法学院教授、习近平法治思想研究中心研究员、国家发展与战略研究院研究员、博士生导师，法学博士，中国法学会行政法学研究会副会长，编写序言、第一章、后记，整理附录，统稿

哈书菊　黑龙江大学法学院教授、院长、诉讼法研究中心主任、博士生导师，法学博士、博士后，中国法学会行政法学研究会理事，编写序言、第四章第三节至第五节、后记，整理附录，统稿

刘　飞　中国政法大学中欧法学院教授、院长、博士生导师，法学博士，中国法学会行政法学研究会常务理事，编写第二章第一节

田文利　河北工业大学文法学院教授、硕士生导师，法学博士、博士后，中国法学会行政法学研究会理事，编写第二章第二节

郭庆珠　天津师范大学法学院教授、硕士生导师，法学博士，中国法学会行政法学研究会理事，编写第二章第三节、第四节

王万华　中国政法大学诉讼法学研究院教授、博士生导师，法学博士、博士后，中国法学会行政法学研究会常务理事，编写第三章

井凯笛　西北政法大学行政法学院副教授、副院长、硕士生导师，法学博士，编写第四章第一节、第二节

禹竹蕊　四川省委党校（四川行政学院）党建教研部教授、硕士生导师，法学博士，中国法学会行政法学研究会理事，四川省法学会立法学会副会长，编写第五章第六十一条至第七十条

梅　帅　四川大学法学院讲师，法学博士，专职博士后，编写第五章第七十一条至第七十九条

陆伟明　西南政法大学行政法学院副教授、硕士生导师，法学博士、博士后，编写第六章、第七章

序言：努力推动行政复议成为解决行政争议的主渠道

　　行政复议是政府系统自我纠错的监督制度和解决行政争议的救济制度，是推进法治政府建设的重要抓手，也是维护公民、法人和其他组织合法权益的重要渠道。党中央、国务院高度重视行政复议工作，要求发挥行政复议公正高效、便民为民的制度优势和化解行政争议的主渠道作用。《中华人民共和国行政复议法》于1999年施行，并于2009年和2017年分别对部分条款作了修改。随着经济社会发展，行政复议制度也暴露出一些突出问题：一是吸纳行政争议的入口偏窄，部分行政争议无法进入行政复议渠道有效解决；二是案件管辖体制过于分散，群众难以找准行政复议机关，不利于将行政争议化解在基层和萌芽状态；三是案件审理机制不够健全，审理标准不够统一，影响办案质量和效率。为解决上述问题，有必要修改《中华人民共和国行政复议法》。经过多年努力，《中华人民共和国行政复议法》在2023年完成了修订，修订后的新法自2024年1月1日起施行。

一、将行政复议作为解决行政争议主渠道的背景

　　我国行政复议制度塑形于1990年《行政复议条例》，成形于1999年《中华人民共和国行政复议法》。面对我国经济社会的发展和法治事业的推进，行政复议制度实施环境显著改变，如何回应时代需求来完善行政复议制度，特别是尽快修订行政复议法，早已成为行政法治实务界和学界强烈要求、酝酿已久且分歧很多的焦点问题之一，解决此问题显得更为紧迫且呼声很高。鉴于行政复议制度建构和运行存在一些问题，故须利用修法之机精细安排问题解决方案，实现行政复议制度精确定位、提升效能和增强

信任。伴随法治国家、法治政府、法治社会一体建设进程，我国在国家治理体系和行政救济体系的顶层设计中，逐渐明确了行政复议作为"化解行政争议的主渠道"这一制度定位，为《中华人民共和国行政复议法》的修改提供了方向性指引。① 2020 年 2 月，习近平总书记主持召开中央全面依法治国委员会第三次会议，审议通过了《行政复议体制改革方案》。习近平总书记指出，要发挥行政复议公正高效、便民为民的制度优势和化解行政争议的主渠道作用。② 《法治政府建设实施纲要（2021—2025 年）》也再次强调提出，要"发挥行政复议化解行政争议主渠道作用"，将此作为新发展阶段的法治政府建设的一项重要任务。③ 在此背景下，《中华人民共和国行政复议法》的修改面临三大基础问题：其一，如何界定行政复议主渠道定位的内涵，充分实现这一定位在法律修改和制度变革中的积极意义；其二，如何厘清行政复议相关的争议问题，促成一般共识和修法方案的协调达成；其三，《中华人民共和国行政复议法》的修改是行政复议法制改革的阶段性总结，法律修改方案尚不能一劳永逸地解决行政复议法制存在的所有问题，且会在探索前行中出现新问题，因此，作为阶段性总结的法律修改还需要为行政复议法律制度不断革新完善提供前行方向和发展空间。简言之，修订《中华人民共和国行政复议法》是酝酿已久的重大课题，在法治政府建设和政府治理能力建设进入新阶段的背景下，必须以更深刻的认识、更宏远的眼光和更妥切的进路，以新的态度、角度和力度，来设计具有更高共识

---

① 早在 2014 年行政诉讼法修改之时，立法机关就表达了"应当把行政争议解决的主战场放在行政复议上"的观点。参见全国人大常委会法制工作委员会行政法室主编：《行政诉讼法背景与观点全集》，法律出版社 2015 年版，第 296 页。

② 《全国人民代表大会宪法和法律委员会关于〈中华人民共和国行政复议法（修订草案）〉修改情况的汇报》，载中国人大网，http：//www.npc.gov.cn/npc/c2/c30834/202309/t20230901_431416.html，最后访问时间：2023 年 10 月 30 日。

③ 2021 年 8 月初，中共中央、国务院印发《法治政府建设实施纲要（2021—2025 年）》，确立了今后五年法治政府建设的总体目标，明确到 2025 年，政府行为要全面纳入法治轨道。这一纲领性文件第七部分（健全社会矛盾纠纷行政预防调处化解体系，不断促进社会公平正义）明确提出法治政府建设的任务之一就是"发挥行政复议化解行政争议主渠道作用"。

的修法方案，推动修法实现预期目标，促进行政法治发展和法治政府建设。

比较域外近似制度的运行状况，"我国行政复议的优势和潜力还远远没有发挥出来"①。充分发挥行政复议作为化解行政争议的作用，对于普通公民而言，是指行政复议应当是其优先选择解决行政争议的渠道；② 而从行政复议的实效来看，是指能够通过行政复议有效化解行政争议的，就尽量在行政复议中实现案结事了。③ 行政复议在化解行政争议中被寄予厚望的重要原因在于行政争议日益增多的态势和行政复议自身的制度优势，④ 也即行政复议相对于其他行政救济制度而言，呈现出积极能动型的法律监督救济功能。

二、行政复议作为强效解决行政争议主渠道的内涵

从行政法理分析，行政复议的主渠道定位包含三个层面的内涵：首先，行政复议是实质性化解行政争议的过程，能够做到案结事了，这是行政复议实现主渠道定位的核心要素；其次，行政复议是一种高效便民为民的行政救济途径，这是行政复议实现主渠道定位的价值要素，也即行政复议高效便民为民的制度设计，能够承载广泛的救济需求，及时化解行政争议，充分体现全过程人民民主价值追求；最后，行政复议是一种公正的法律监督机制，行政复议机关及其工作人员能够客观、公正、专业地审查行政行为，不偏不倚地作出复议决定。

（一）实质性解决行政争议

"实质性解决行政争议"是来源于行政诉讼实践的命题，是

---

① 应松年：《把行政复议制度建设成为我国解决行政争议的主渠道》，载《法学论坛》2011年第9期。

② 参见应松年：《把行政复议制度建成解决行政争议的主渠道》，载《光明日报》2017年8月24日。

③ 参见周佑勇：《行政复议的主渠道作用及其制度选择》，载《法学》2021年第6期。

④ 参见王万华：《行政复议法的修改与完善研究——以实质性解决行政争议为视角》，中国政法大学出版社2020年版，第9页；曹鎏：《中国特色行政复议制度的嬗变与演进》，云律出版社2020年版，第4~9页。

司法机制困局倒逼行政机制革新的课题，目的在于防止行政诉讼程序的空转，实现行政诉讼法律效果和社会效果的统一。[①] 从行政诉讼实践的角度看，其法理内涵可以概括为"行政诉讼程序终结后未再启动新的法律程序"和"行政实体法律关系经由行政诉讼程序获得实质处理"两个方面[②]，也即"行政争议在法定解决纠纷体系中实现了公正化解，当事人对裁判结果予以认同，争议状态就此终结"[③]。

相比行政诉讼实践的情形，行政复议的程序空转问题更为突出。在 2014 年《中华人民共和国行政诉讼法》修改之前，个别地方行政复议机关及其行政工作人员就存在为了不当被告、少担风险而简单地维持原行政行为的现象。此种现象意味着行政复议不仅没有发挥其在行政救济体系中的制度优势，而且会衍生、催生针对行政复议机关不作为的行政诉讼请求。这也是 2014 年修改《中华人民共和国行政诉讼法》之际增设行政复议维持决定可能导致作出原行政行为的行政机关和复议机关做共同被告制度的基本考量之一，意在通过这一制度倒逼行政复议实质解决行政争议，以增强解决行政争议的主渠道作用。[④]

在行政复议中实现实质性解决行政争议，主要体现在行政复议机关履行行政复议职责的态度和方式。一方面，行政复议机关应当积极履行行政复议职责，对于争议行政行为进行依法审查、全面审查；另一方面，行政复议机关在行政复议过程中，应当尽可能辨识行政争议的起因和责任，回应行政复议申请人的合理诉求，促进行政复议申请人同被申请机关的沟通，妥善缓和化解争议问题与社会矛盾。此外，行政复议机关应当尽量采用复议申请人容易理解的方式，向其说明行政复议决定的依据和理由，增加

---

① 参见江必新：《论行政争议的实质性解决》，载《人民司法》2012 年第 19 期。
② 王万华：《行政复议法的修改与完善——以"实质性解决行政争议"为视角》，载《法学研究》2019 年第 5 期。
③ 徐运凯：《行政复议法修改对实质性解决行政争议的回应》，载《法学》2021 年第 6 期。
④ 参见信春鹰主编：《中华人民共和国行政诉讼法释义》，法律出版社 2014 年版，第 73 页。

其理解、认同和接受行政复议结果的程度。

（二）高效便民的救济途径

如果说"实质性化解行政争议"解决的是行政复议主渠道定位的前提性问题，也即行政复议能够作为化解行政争议的一种渠道和机制，那么，强调行政复议的"主"渠道，则意味着行政复议渠道和机制在范围上能够涵括广泛的救济需求，在效果上能够更有效率地解决争议问题，在启动频次上能够被更多公民选择为权利救济的途径。无论公民个体还是社会大众，其对行政救济机制迫切的期待，是他们所追求的公正得到及时满足，所受到的行政违法不当损害得到基本的补救，而非旷日持久的官司拖累。①

一般认为，相对于行政诉讼而言，行政复议的制度功能设计具有成本低、程序简便、高效快捷的优势。但在行政复议个案过程中实现高效便民的原则，更重要的是行政复议机关能够更有效率、更加灵活地回应复议申请人多元、现实的救济需求，切实体现出现代行政法治的一项基本原则——行政效率性原则。②

（三）公正的法律监督机制

行政复议机关及其公务人员保持自身的客观性和相对中立性，居中审理争议问题，纠正违法或不当的行政行为，回应公民所期待的公平正义，这是行政复议作为纠纷解决主渠道的价值追求。也即"行政复议通过将行政争议化解在行政系统内部，来增强民众对政府合法性的认同"③。

作为化解行政争议主渠道的行政复议，对于公正的追求是其重要的制度功能，也会影响到行政救济体系的整体效能性。可以说，由主渠道实现公正的程度，集中代表着行政救济体系建构与运行的科学性和实效性。要做到在行政复议中充分实现公正价

① 参见杨海坤、朱恒顺：《行政复议的理念调整与制度完善——事关我国〈行政复议法〉及相关法律的重要修改》，载《法学评论》2014年第4期。
② 参见莫于川：《行政复议机制和方法创新路径分析——从修法提升行政复议规范性、效率性和公正性的视角》，载《行政法学研究》2019年第6期。
③ 马超：《行政复议的政治功能阐释——基于立法史的考察》，载《交大法学》2013年第4期。

值，核心要素是行政复议体制的科学性、行政复议组织的客观性与行政复议程序的公正性，通过体制、组织和程序层面（也可谓宏观、中观和微观层面）的多重和复合的公正，以实现化解行政争议在实体层面的公正。

三、完整认知积极能动型法律监督救济机制的行政复议

无论是从理论设计还是域外经验来看，行政复议制度自身具有作为主渠道来解决更多行政争议的潜力。① 但从行政复议案件与行政诉讼案件的对比来看，行政复议实务仍未完全达到制度设计目标。② 近年来，行政复议主渠道定位的强调，与其说是行政复议自身性质或功能的更新，毋宁说是行政复议制度预期定位的回归。

（一）行政复议是权利救济体系中的一种协调机制

行政复议的主渠道定位并非孤立，而是在行政救济体系中纠纷解决机制之间进行的互动协调。行政复议在行政救济体系中的制度优势是专业性强、程序简便、高效便民等，但其核心优势是行政复议机关基于行政管理体制所拥有的权限和基于业务指导所具有的专业能力。在理想的情况下，行政复议机关能够积极、全面地审理争议问题，能够直接纠正违法或不当的行政行为，实质性地介入和调整行政实体法律关系。③ 与之相反，在行政诉讼中，司法权监督行政权则存在一定的界限和局限，即使是在司法能动主义的背景下，司法权也不能代替行政权的行使，法院审查行政行为也必然无法完全挣脱司法谦抑的烙印，例如非常有限的司法变更权。故与行政诉讼相比，行政复议是一种积极能动型的法律监督救济机制，行政复议与行政诉讼在化解行政争议的能力和幅

① 贺奇兵：《行政复议公信力塑造研究——以行政复议主体制度改革为重心》，人民出版社2015年版，第2页。
② 参见章剑生：《行政复议立法目的之重述——基于行政复议立法史所作的考察》，载《法学论坛》2011年第5期。
③ 参见王万华：《行政复议法的修改与完善——以"实质性解决行政争议"为视角》，载《法学研究》2019年第5期。

度方面存在某些差异。

（二）行政复议通过行政系统内部监督实现权利救济

行政复议是行政系统内部的监督，行政复议机关是被申请机关的领导机关或上一层级机关，这意味着行政复议机关有权监督被申请机关是否依法行政，有权判断和变更争议行政行为的依据、内容。行政管理体制是一种领导与被领导的关系，作为上一级领导机关监督和审查下一级机关的职能行为，不存在司法审查那种界限和局限问题。与此同时，领导关系意味着，上级行政机关的行政理念、执法标准往往就是下级行政机关必须贯彻实施的行政政策，因此，作为领导机关的行政复议机关能够全面判断被申请复议机关的裁量行为是否合理和适度。此外，行政复议还是行政专业领域内的监督，行政复议机关具有专业能力和业务经验，能够对行政争议中的专业问题进行准确判断，不存在法官是法律专家而非行政专家的常见"能力局限问题"。

（三）行政复议是实现效果统一性的综合机制

综合行政权限和专业能力的因素，行政复议机关能够详细了解行政争议中的事实问题和法律问题，全面审查争议行政行为的合法性问题、合理性问题以及效率性问题。行政复议机关能够积极能动地调查案件事实，了解被申请机关的意思表示，了解复议申请人的法律诉求和现实诉求，积极能动地在化解行政争议中实现法律效果和社会效果的统一。

行政复议的主渠道定位，意味着行政复议应当实质、及时、公正地化解行政争议，是对行政复议作为积极能动型监督救济机制的强调。《中华人民共和国行政复议法》的修改，以及行政复议争议问题的讨论，都应当立足于积极能动型监督救济机制的定位，充分实现其主渠道的角色期待和价值追求。①

---

① 参见莫于川、杨震：《行政复议法的主渠道定位》，载《中国政法大学学报》2021 年第 6 期。

四、《中华人民共和国行政复议法》修订重点和实施工作重点

这次修订强化行政复议吸纳和化解行政争议的能力，坚持复议为民，提高行政复议公信力，努力将行政复议打造成为解决行政争议的主渠道。新法共 7 章 90 条，修订的主要内容包括：

（一）明确行政复议原则、职责和保障

一是明确规定"行政复议工作坚持中国共产党的领导"（第三条第一款）；二是强调了县级以上各级人民政府的行政复议职能（第四条第一款）；三是完善行政复议机关及行政复议机构职能和关系规定，强调行政复议机关对行政复议机构依法履责的支持保障职能，以及上级行政复议机构对下级行政复议机构的指导监督职能（第四条第三款）；四是相应调整国务院部门的管辖权限（第二十五条）；五是专门规定海关、金融、外汇管理等实行垂直领导的行政机关、税务和国家安全机关实行"条条复议"的机制（第二十七条）；六是地方司法行政部门行政行为争议实行"条块并行复议"的机制；七是加强行政复议能力建设和工作保障（第五条至第八条）。

（二）强化行政复议吸纳和化解行政争议的能力

一是扩大行政复议受案范围，明确对赔偿决定、工伤认定、行政协议、政府信息公开等行为不服的可以申请行政复议（第十一条）；二是链接法律援助制度以提高行政复议法治对于公平正义的保障水平（第十八条）；三是扩大行政复议前置范围，明确对申请信息公开而未获公开，对当场作出的行政处罚决定和行政不作为不服的，应先申请行政复议（第二十三条），理论上这会增大案件范围；四是明确简易程序的适用情形，并规定适用简易程序的案件应当在三十日内审结（第五十三条、第六十二条）。

（三）完善行政复议受理及审理程序

一是明确行政复议的受理条件，增设申请材料补正制度，并完善对行政复议机关不作为的监督机制（第三十条、第三十一条、第三十五条）；二是明确行政复议机关办理行政复议案件可

以进行调解并遵循合法、自愿原则（第五条、第七十八条、第八十三条）；三是建立健全行政复议证据制度，明确申请人与被申请人的举证责任（第四十三条至第四十七条）；四是在普通程序中，将行政复议案件的办案原则，由书面审查原则修改为通过灵活方式听取群众意见原则，对重大、疑难、复杂案件建立听证制度，对案情重大、疑难、复杂和专业技术性较强案件，省级政府行为争议案件，行政复议机构认为有必要的案件，应当就办理案件咨询行政复议委员会，由行政复议委员会就行政复议工作中的重大事项和共性问题加以研究提出意见，以及建立行政复议委员会咨询意见记录等制度（第四十九条至第五十二条）；五是完善行政复议附带审查规范性文件处理程序（第五十六条至第六十条）。

（四）加强行政复议对行政执法的监督

一是完善行政复议决定体系，细化变更、撤销、重作、确认违法、限期履行等决定的适用情形，增加确认无效、维持、驳回请求、完整履行行政协议等决定类型，以及依法补偿、行政和解等救济制度创新（第六十三条至第七十四条）；二是增设行政复议意见书、约谈、通报批评、行政复议法律文书公开和抄告等监督制度（第七十六条至第七十九条）。

此外，本次修法在法律责任部分增加了对不依法履职以及渎职、失职，对阻挠行政相对人依法申请行政复议，对不履行行政复议文书，对拒绝、阻挠行政复议调查取证等行为的追责条款，健全了行政复议机关与监察机关的衔接机制（第八十条至第八十六条）。

简言之，2023 年修法后，《中华人民共和国行政复议法》由43 条增加到90 条，观念更新和制度创新之处很多，打下了更好的法律规范基础；但是，"法不足以自行"，修法之后重在实施，包括尽快推出配套立法和修法；同时，法律规范实施效果经过评估总结，还应为进一步修订完善打下实践经验基础。例如，今后还应注重通过完善实施性立法和软硬件建设，推动行政复议场地的科学化、便民化和温情化，加强行政复议工作队伍专业化职业化建设，增设公开开庭审理规范的体系化要求以提升"阳光复议"和接受监督程度，等等。逐步深化和实现修法目标，渐臻良法，可求善治，有助于达成更高规范性、效率性和公正性的行政复议法治愿景，提升政府治理与社会治理协同水平，逐步实现法治政府和政府治理能力建设的目标。

本书正是基于上述认知，以 2023 年大修后的《中华人民共和国行政复议法》为分析对象，组织有多年专业教学经验和法治实务经验的中青年行政法学者，进行分章逐条的阐释解读，以帮助读者更好地学习理解、深刻把握和正确适用富有创新内容的这部新法，努力推动我国行政复议法治稳健发展。

目　录

第一章　总　则

第二章　行政复议申请

第三章　行政复议受理

第四章　行政复议审理

第五章　行政复议决定

第六章　法律责任

第一章　总　　则

　　第一条　【立法目的】 为了防止和纠正违法的或者不当的行政行为，保护公民、法人和其他组织的合法权益，监督和保障行政机关依法行使职权，发挥行政复议化解行政争议的主渠道作用，推进法治政府建设，根据宪法，制定本法。

【理解与适用】

　　本条是关于立法目的和立法根据的规定。本法第一章总则的第一条，开宗明义表明了本法的立法目的、立法根据，也概括地体现出本法的立法精神。这也是我国立法制度上的一种惯例。立法目的体现了一部法律的核心价值，统领着一部法律的规则结构和具体制度。《中华人民共和国行政复议法》的立法目的承载着立法者对于制度设计的期待，体现行政复议制度的价值追求。概括而言，本法原先有三项立法目的，这次修订增加了两项立法目的，同时调整了一项立法目的之表述方式，这五项立法目的可谓内容丰富、意义重大。

　　《中华人民共和国行政复议法》原先规定的立法目的有三：一是"防止和纠正违法的或者不当的具体行政行为"，这主要体现上级行政机关对于下级行政机关的防错和纠错的监督功能；二是"保护公民、法人和其他组织的合法权益"，这体现了本法对于相对人权利的法律保护功能；三是"保障和监督行政机关依法行使职权"，这体现了各方推动依法行政的双重功能，且重点在

───────────────

　　＊ 条文主旨为编者所加，以下不再提示。

于保障行政机关依法行使职权。从立法目的规范的演进过程看，原《中华人民共和国行政复议法》将立法目的主要确定为救济权利和监督行政的双重功能。

在此基础上，2007 年颁布实施的《中华人民共和国行政复议法实施条例》则强调了"解决行政争议"的作用。① 有的学者认为，出台实施条例的这次调整将"解决行政争议"放在了立法目的的首位，具有颠覆性。② 有的学者则认为，这次调整是以"解决行政争议"替代《中华人民共和国行政复议法》所规定的立法目的，使得行政复议在发展趋势上更多地转向救济权利。③ 有此基础，多项立法目的之间的逻辑关系问题得到了较好的解决。

从新法第一条的内容看，采用了"发挥行政复议化解行政争议的主渠道作用"的表述，而非简单表述为"解决行政争议"，这是新法对行政复议切实担当主渠道的实效期待，是一种立法政策的考量。从表述顺序来看，新法在防止和纠正违法不当行为、保护合法权益、监督保障行使职权等立法目的之后，增加规定"发挥行政复议化解行政争议的主渠道作用"，惯常地体现出从微观到宏观的表述方式。"发挥行政复议化解行政争议的主渠道作用"是关于一项制度的宏观层面表达，复议机关只有在具体个案中做到保护合法权益和监督依法行政，才意味着行政复议在个案实践中实质性化解了行政争议，更意味着其不仅是"解决行政争议"的一种方式，而且要体现出"化解行政争议"的主渠道作用。行政复议作为一种积极能动型法律监督救济机制，"发挥行政复议化解行政争议的主渠道作用"的表述，内含通过实质性化解行政争议来高效便民地提供救济和公正地依法实施监督的意蕴。因

---

① 《中华人民共和国行政复议法实施条例》第一条规定："为了进一步发挥行政复议制度在解决行政争议、建设法治政府、构建社会主义和谐社会中的作用，根据《中华人民共和国行政复议法》（以下简称行政复议法），制定本条例。"

② 参见周佑勇：《我国行政复议立法目的条款之检视与重塑》，载《行政法学研究》2019 年第 6 期。

③ 参见章剑生：《论作为权利救济制度的行政复议》，载《法学》2021 年第 5 期。

此，本条关于"发挥行政复议化解行政争议的主渠道作用"的表述，可以理解为对救济权利和监督行政等立法目的之总结①，而非对原立法目的作出替换或者基础性改变。

同时，新法在行政复议对于行政机关行使职权的保障功能和监督功能的表述顺序上，也回应了基层实务部门的要求并作出调整，将监督功能置于保障功能之前，由原先的"保障和监督"调整为"监督和保障"的新表述，这也表达了立法机关的新考量。

最后，新增的一项宏观层面之立法目的"推进法治政府建设"，更体现出行政复议制度的综合性的法律调整功能，也是一项综合评价体系的价值追求，使得本法的立法目的体系更显完整自洽。

在规定了上述内容的基础上，本条写明了本法的立法依据——宪法，这也是我国立法惯例。虽然仅有"根据宪法，制定本法"八个字，但简明扼要地表明了本法强有力的制定法依据，这是功能性和概括式的立法依据表述。

简言之，行政复议的主渠道定位，是对行政复议作为积极能动型监督和救济机制的强调，同时意味着行政复议应当实质、及时、公正地化解行政争议。这一定位，为行政复议法的修改和行政复议制度的完善提供了方向性指引。

【相关规范】

● **法律**

1. **《中华人民共和国行政诉讼法》**（2017年6月27日）②

第一条 为保证人民法院公正、及时审理行政案件，解决行政争议，保护公民、法人和其他组织的合法权益，监督行政机关依法行使职权，根据宪法，制定本法。

---

① 也有一种观点认为，"化解行政争议"是"权利救济"的手段和工具，不属于行政复议法的立法目的。参见章剑生：《论作为权利救济制度的行政复议》，载《法学》2021年第5期。
② 括号内的时间为文件的公布时间或最后一次修正、修订公布时间。

● *部门规章及文件*

2.《公安机关办理行政复议案件程序规定》（2002 年 11 月 2 日）

第一条 为了规范公安机关行政复议案件的办理程序，防止和纠正违法的或者不当的具体行政行为，保护公民、法人和其他组织的合法权益，保障和监督公安机关依法行使职权，根据《中华人民共和国行政复议法》（以下简称行政复议法）以及其他有关法律、法规，结合公安工作实际，制定本规定。

3.《关于审理政府信息公开行政复议案件若干问题的指导意见》（2021 年 12 月 22 日）

第一条 为进一步规范政府信息公开行政复议案件审理工作，根据《中华人民共和国行政复议法》、《中华人民共和国行政复议法实施条例》、《中华人民共和国政府信息公开条例》、《政府信息公开信息处理费管理办法》，结合工作实际，制定本指导意见。

> **第二条** **【适用范围】**公民、法人或者其他组织认为行政机关的行政行为侵犯其合法权益，向行政复议机关提出行政复议申请，行政复议机关办理行政复议案件，适用本法。
>
> 前款所称行政行为，包括法律、法规、规章授权的组织的行政行为。

【理解与适用】

本条是关于行政复议适用范围的规定，涉及主体要素和行为要素，新法对此作出一些调整变化。主要有三个方面的内容：第一，关于谁是申请者，新法规定的是，认为（主观上认为即可）自己的合法权益受到行政行为侵犯的行政相对人，就具有申请者资格条件，而且与原先规定的"具体行政行为"相比，新法表述的"行政行为"显然具有更为宽泛多样的形态和种类；第二，关于谁是接受申请者，也即谁是受理申请、办理案件的主体，原先规定的是行政机关，新法规定的是行政复议机关，更为明晰具体，而且与原先规定的受理申请、作出决定相比，新法表述为办理行政复议案件，"办理"二字具有更大的包容性和弹性；第三，针对既往行政复议制度实践中的经验教训，新法在本条专门增加了一款，规定了行政复议审查申请的适用范围，主体上还包括法律、法规、规章授权的组织，行为上还包括它们的行政行为，也即行政法学理论上常用的"其他行政主体实施的行政行为"概念，这也是在行政管理和执法实务中大量运用且存在诸多争议问题的主体和行为类型，将其纳入申请适用范围，能够回应行政复议实践之需。从这三个方面来理解，对于行政复议法律制度适用范围问题，当有更全面深刻的认识。

【相关规范】

● **法律**

1. 《中华人民共和国行政诉讼法》（2017 年 6 月 27 日）

第二条 公民、法人或者其他组织认为行政机关和行政机关工作人员的行政行为侵犯其合法权益，有权依照本法向人民法院提起诉讼。

前款所称行政行为，包括法律、法规、规章授权的组织作出的行政行为。

● **司法解释及文件**

2. 《最高人民法院关于适用〈中华人民共和国行政诉讼法〉的解释》（2018 年 2 月 6 日）

第二条第一款 行政诉讼法第十三条第一项规定的"国家行为"，是指国务院、中央军事委员会、国防部、外交部等根据宪法和法律的授权，以国家的名义实施的有关国防和外交事务的行为，以及经宪法和法律授权的国家机关宣布紧急状态等行为。

第一百三十条 行政诉讼法第三条第三款规定的"行政机关相应的工作人员"，包括该行政机关具有国家行政编制身份的工作人员以及其他依法履行公职的人员。

被诉行政行为是地方人民政府作出的，地方人民政府法制工作机构的工作人员，以及被诉行政行为具体承办机关工作人员，可以视为被诉人民政府相应的工作人员。

> **第三条　【工作原则】**行政复议工作坚持中国共产党的领导。
> 行政复议机关履行行政复议职责，应当遵循合法、公正、公开、高效、便民、为民的原则，坚持有错必纠，保障法律、法规的正确实施。

【理解与适用】

本条主要规定了两个方面的重要内容。第一款是新增内容，专门规定了执政的中国共产党对于行政复议工作的领导，表述为"行政复议工作坚持中国共产党的领导"。这具有非常重要的政治意义和法治价值，体现了中国特色行政复议法治体系建设的政治要求。

第二款是在原法律第四条规定的行政复议法律原则的基础上，作了行政复议法律原则的表述调整和内容扩充。原法律规定的行政复议法律原则有五项，也即"合法、公正、公开、及时、便民"的原则，它们构成了行政复议法律制度的指导原则体系，在行政复议制度建设和运行中发挥着非常重要的作用。本次修法，将原法律规定的较难把握的"及时"原则调整为"高效"原则，还增加了"为民"原则，这六项原则构成了行政复议法律制度的新指导原则体系，更符合以人民为中心、强调以人文本、强调精细高效的复议法治体系建设的现实要求，在行政复议制度建设和运行中能够发挥出更加重要的指导作用。

在一个法律文本的第一章总则部分，专门规定本法在某个领域实施过程中必须坚持的法律原则，这是一种普遍的做法，具有重要的法治功用，但其特殊意义和基本原理，还需要结合本法的实际情况特别作出分析阐述。

第一，行政复议案件的审理者是作为被申请人的上级行政机关，在我国行政复议的现行制度下，复议机关与被申请人之间是行政上下级的隶属关系，所以行政复议案件审理和作出决定所依据的认定事实、判断是非的规范依据，不仅有行政行为法中的法律、法规、规章的实体法和程序法规范，还可以有行政组织法律规范、本行政领域的政策规定、规章以外的其他行政规范性文件的规定，以及应当考虑纳入条理法规范。所谓条理法规范，是指立法精神、立法目的、法律价值、法律原则、社会公德、当地习惯、行政惯例等广义的法律规范，它是与实体法规范、程序法规范并行的法律规范类型。由实体法规范、程序法规范、条理法规范构成完整的法律规范体系，呈现规范多样化局面，方能适应主体多元化、行为多类化、机制多样化、方法丰富化、关系复杂化的行政法制模式转型发展新形势的客观要求，可积极回应行政复议法治体系科学建构和有效运行之需。①

① 这里所谓条理法（Principle-ideal Law），乃本章作者概括提出的法学概念，它是指法律文本的形而上的内容，包括基本内容和其他内容；基本内容是指"立法目的+立法精神+法律价值+法律原则"；其他内容是指"（特殊条件下的）社会公德+当地习惯+社会共识"。其基本和常见的形态是法律原则，大量存在和表现于一部法律文本的第一章总则中。条理法广泛存在、富有功用，它先在于实体法和程序法，指引着实体法和程序法的建构和运用，而且在没有明确的实体法和程序法规定之际，常可代行实体法和程序法的规范作用，可避免法律适用中的教条主义、形而上学的做法。条理法解决的是一部法律的方向、品格和功能等方面的问题，条理法的深刻认知和正确运用使得依法行政的法律适用依据更加丰富。笔者认为，在某些执法和司法过程中，执法者和司法者在没有具体法律规定的特殊情形下，可选择适用立法精神、立法目的、法律价值、法律原则、社会公德、当地习惯等条理法作为判断是非、解决争议、补救权益、处理案件的多样化补充依据。唯有正确认知和积极运用法律原则和法律规则（法律规范），全面准确地理解和恰当运用条理法、实体法和程序法，方能为推进依法行政、依法办事、公正司法打下现代法观念和法制度的基础。仅就行政执法领域而言，某些条理法已经通过立法明确规定，例如在实施行政许可过程中应遵循便民的原则（《中华人民共和国行政许可法》第六条），在行政处罚过程中遵循公正、公开的原则以及坚持处罚与教育相结合的原则（《中华人民共和国行政处罚法》第五条、第六条），在办理治安案件过程中应坚持和教育与处罚相结合的原则（《中华人民共和国治安管理处罚法》第五条），在实施行政强制过程中应坚持教育与强制相结合的原则（《中华人民共和国行政强制法》第六条，请注意时隔多年之后在立法上规定"教育"举措的顺位发生了有意义的前后变化）。如果行政公务人员在学习新出台的法律之际，只是简单看看那些具体的实体规定和程序规定，完全忽略这部新法关于立法精神、立法目的、法律价值和法律原则的规定与内涵，那就容易走入误区，在执法和司法实践中存在很大的风险和危害。参见莫于川：《行政权行使的条理法规制》，载《现代法治研究》2017年第4期。

第二，关于"便民""为民"的原则。"便民"固然是行政复议法应当追求的目的之一，但"便民"的前提是"公正"，也就是在保证公正的基础上才谈得上"便民"。所以，一方面要尽可能地便民，另一方面又要保留那些必不可少、有助于保证公正的程序规则。而且，"便民"与"司法化"并不矛盾，我们认为，"司法化"必然造成"不便民"是一种错误认识。有些所谓的"司法化"程序规则，虽然看起来有一些琐碎和形式化，却是保证行政复议结果公正的重要因素，是不可或缺的。所以该司法化的就要司法化，该简化的才能简化，不能因噎废食，不能为了防止"司法化"而把必要的程序规则都省掉。同时也应指出：行政复议案件审理不能搞"一刀切"，不能要求所有行政复议案件都采用书面审理，要允许口头辩论、开庭审理的方式存在，此外还应当采用实践中行之有效的听证程序审理复议案件。总之，既要考虑现实国情，避免照搬国外模式，也要注意学习国际上比较通行的做法和有益经验，保证行政复议制度能够最大限度地发挥层级监督和事后救济的作用。

第三，"坚持有错必纠，保障法律、法规的正确实施"，这是在六项法律原则基础上必须坚持的行政复议法治的基本方针，也即有错必纠，正确施法。若是偏离了这个方针，六项法律原则体系的条理法指导功用就无法体现出来，无法保证行政复议机关积极正确地依法履行行政复议职责。

【相关规范】

● *部门规章及文件*

1. 《税务行政复议规则》（2018 年 6 月 15 日）

　　第四条 行政复议应当遵循合法、公正、公开、及时和便民的原则。

行政复议机关应当树立依法行政观念，强化责任意识和服务意识，认真履行行政复议职责，坚持有错必纠，确保法律正确实施。

2. **《公安机关办理行政案件程序规定》**（2020 年 8 月 6 日）

第三条 办理行政案件应当以事实为根据，以法律为准绳。

第四条 办理行政案件应当遵循合法、公正、公开、及时的原则，尊重和保障人权，保护公民的人格尊严。

第五条 办理行政案件应当坚持教育与处罚相结合的原则，教育公民、法人和其他组织自觉守法。

第六条 办理未成年人的行政案件，应当根据未成年人的身心特点，保障其合法权益。

第七条 办理行政案件，在少数民族聚居或者多民族共同居住的地区，应当使用当地通用的语言进行询问。对不通晓当地通用语言文字的当事人，应当为他们提供翻译。

第八条 公安机关及其人民警察在办理行政案件时，对涉及的国家秘密、商业秘密或者个人隐私，应当保密。

3. **《公安机关办理行政复议案件程序规定》**（2002 年 11 月 2 日）

第六条 公安行政复议机关办理行政复议案件，应当遵循合法、公正、公开、及时、便民的原则，坚持有错必纠，确保国家法律、法规的正确实施。

第四条 【行政复议机关、机构及其职责】 县级以上各级人民政府以及其他依照本法履行行政复议职责的行政机关是行政复议机关。

行政复议机关办理行政复议事项的机构是行政复议机构。行政复议机构同时组织办理行政复议机关的行政应诉事项。

行政复议机关应当加强行政复议工作，支持和保障行政复议机构依法履行职责。上级行政复议机构对下级行政复议机构的行政复议工作进行指导、监督。

国务院行政复议机构可以发布行政复议指导性案例。

【理解与适用】

本条规定是关于行政复议组织体系的规定。它在原法律第三条规定的基础上进行调整和扩充，具体规定了行政复议机关、行政复议机构的分工，调整了表述，进行了行政复议机构职责的概约化，还明确了应诉、领导、指导、监督等职责关系。对此，可从如下几个方面加以解读：

第一，在原法律规定的"依照本法履行行政复议职责的行政机关是行政复议机关"的基础上，增加了"县级以上各级人民政府"的内容，实际上这就将县级以上各级人民政府更明确地单列为行政复议机关，也即在过去经常通俗表述的"条条复议"的基础上加上"块块复议"。

第二，将原法律规定的"行政复议机关负责法制工作的机构具体办理行政复议事项"，调整表述为"行政复议机关办理行政复议事项的机构是行政复议机构"，也即作了"行政复议机构"的定义。如此调整表述语序后，指向的主体范围和类型更加明晰，也更符合2018年党和国家机构改革后由司法行政机关主管行政复议职能的行政组织法治现实。

第三，原法律规定的行政复议机构履行的七项职责（也即原法律第三条第一款规定的六项具体职责加一项开放式的由法律、法规规定的"其他职责"），新法予以删除，因为行政复议机构职责不胜枚举，在此不作具体规定更好，可由随后跟进的新法实施条例作出具体规定。

第四，本条第二款增加规定了"行政复议机构同时组织办理行政复议机关的行政应诉事项"，这是实务中早已取得试点经验的"双肩挑"角色，也就是行政复议机构既办理"行政复议事项"，又组织办理被提起行政诉讼之后的"行政应诉事项"，这是体现专业性和高效性的做法。

第五，本条第三款特别规定了行政复议机关与行政复议机构的主要职能和相互关系。主要分为：其一，行政复议机关应当履行加强行政复议工作的职能，以及对于行政复议机构依法履行职责的支持和保障职能，具体表现为前者对后者予以支持和保障的组织法律关系；其二，上级行政复议机构对下级行政复议机构的行政复议工作进行指导、监督，具体表现为前者对后者予以指导和监督的组织法律关系。这里的支持、保障、指导、监督等职能和法律关系非常重要。

第六，本条第四款增加规定了指导性案例制度。这是多年来借鉴行政诉讼指导案例制度，许多地方和部门推动行政复议法治实践创新成果的制度化。为增强规范性和权威性，规定由国务院行政复议机构发布行政复议指导性案例。至于具体的运行机制，尚需通过新法实施条例或专门程序办法加以系统建构。

【相关规范】

● 部门规章及文件

1.《公安机关办理行政复议案件程序规定》（2002 年 11 月 2 日）

　　第二条　本规定所称公安行政复议机关，是指县级以上地方各级人民政府公安机关，新疆生产建设兵团公安机关，公安交通管理机构、公安边防部门、出入境边防检查总站。

　　铁路、交通、民航、森林公安机关办理行政复议案件，适用本规定。

　　第三条　本规定所称公安行政复议机构，是指公安行政复议机关负责法制工作的机构。

　　公安行政复议机构具体办理行政复议案件，公安机关业务部门内设的法制机构不办理行政复议案件。

2.《关于审理政府信息公开行政复议案件若干问题的指导意见》（2021 年 12 月 22 日）

　　第十七条　行政复议机关在案件审理过程中，发现被申请人不依法履行政府信息公开职责，或者因政府信息公开工作制度不规范造成不良后果的，可以制作行政复议意见书并抄送相关政府信息公开工作主管部门；情节严重的，可以提出追究责任的意见建议。

上级行政复议机关应当加强对下级行政复议机关政府信息公开案件审理工作的指导监督。

3.《自然资源行政复议规定》（2019 年 7 月 19 日）

第二条 县级以上自然资源主管部门依法办理行政复议案件，履行行政复议决定，指导和监督行政复议工作，适用本规定。

第三条 自然资源部对全国自然资源行政复议工作进行指导和监督。

上级自然资源主管部门对下级自然资源主管部门的行政复议工作进行指导和监督。

> **第五条　【行政复议调解】** 行政复议机关办理行政复议案件，可以进行调解。
>
> 调解应当遵循合法、自愿的原则，不得损害国家利益、社会公共利益和他人合法权益，不得违反法律、法规的强制性规定。

【理解与适用】

本条规定是在原先的行政复议法实施条例有关规定的基础上新增的条款，专门用一条两款表述了行政复议中的调解机制和规范。第一款是概略规定，复议即可调解；第二款首先规定了行政复议中调解的两项正面原则，也即"应当遵循合法、自愿的原则"；其次规定了两项底线原则，也即提出了行政复议中调解"不得损害国家利益、社会公共利益和他人合法权益，不得违反法律、法规的强制性规定"的负面清单。

行政复议调解机制是我国行政法上的特别制度安排。行政复议机关在案件复议过程中所作调解实为一种柔性行政方式，它先是通过兼具行政解释和立法创制性质的实施性立法《中华人民共和国行政复议法实施条例》加以确立。《中华人民共和国行政复議法实施条例》第五十条共三款，比较完整地规定了行政复议调解制度。但是，由于《中华人民共和国行政复议法》原先未对行政复议调解机制作出明确规定，此项机制的法律依据一直源于兼具行政解释和立法创制性质的实施性立法《中华人民共和国行政复议法实施条例》，这次修法将此项制度变迁内容纳入，更科学、实用和精细地规定了行政复议调解的适用范围、文书效力和转化机制，使其具有更强的规范性、效力性、权威性和可操作性。对此，可从四个方面加以解读：

其一，解决行政复议调解的对象范围问题。行政争议是行政相对人与作出涉嫌违法侵权行政行为的行政机关之间的纠纷。适宜行政复议调解加以解决的行政争议有三类：一是裁量性行政行为争议，也即因行政机关行使自由裁量权作出的行政行为而发生的纠纷；二是行政赔偿行为争议；三是行政补偿行为争议。

其二，解决行政复议调解的调解主体问题。若行政相对人对争议行政行为提起了行政复议，且符合调解条件，当事人同意调解的，由行政复议机关作为行政复议调解主体，由其承担调解职责，在复议过程中对部分行政争议进行调解。

其三，解决行政复议调解的文书效力问题。行政复议机关在行政复议过程中针对行政争议进行调解工作，最终作出的行政调解协议具有法律效力。本法第七十三条第一款明确规定，当事人经调解达成协议的，行政复议机关应当制作行政复议调解书，其经各方当事人签字或者签章，并加盖行政复议机关印章，即具有法律效力。

其四，解决行政复议调解的程序转化问题。调解未达成协议或者调解书生效前一方反悔的，行政复议机关应当及时作出行政复议决定，不能久调不决、反复折腾，或滥用行政复议调解权向某一方施压，那都会失去公平公正和行政效率，最终背离行政复议法治的初心。

从理论上讲，调解是以争议双方或多方对各自的权益有权进行处分为前提的。因为调解协议的达成实际上是相互妥协的结果，而任何的"妥协"都需要以对权益的自主处分为基础，没有自主处分就没有妥协，也就谈不上调解。在行政复议实践中，对行政争议中调解持完全否定观点的人认为，行政权源于立法的授予，是一种执行权，对行政机关而言既是职权也是职责，因此行政机关必须严格依法行政，没有任何处分余地。也有许多人不认同此种绝对否定的观点，倾向于认为因裁量性行政行为而致的纠纷可以适用调解（而且认为行政赔偿和行政补偿等救济措施也具有一定的裁量性）。因为，对于裁量性行政行为而言，实际上法律已授权行政机关在裁量空间范围内自主作出决定，具有一定的处分自由，在自主处分的裁量空间内与行政相对人协商达成妥协并不违法。除此之外，法律对于行政赔偿和行政补偿纠纷之调解并不禁止，行政机关对于赔偿和补偿方式、范围具有充分的处分权力，可与行政相对人协商解决。这次修法赋予了行政复议机关比较完整且可选择采用的调解职权及职责，丰富了解决行政争议的手段，有利于提高解决行政争议的效率。

当然，为了防控行政复议中调解存在的偏差和风险，这次修法特意增设了两项正面原则和两项底线原则的负面清单，也是非常重要的，必须在行政复议中调解的实施过程中依法认真把握适用。

【相关规范】

● 法律

《中华人民共和国行政诉讼法》（2017 年 6 月 27 日）

第六十条　人民法院审理行政案件，不适用调解。但是，行政赔偿、补偿以及行政机关行使法律、法规规定的自由裁量权的案件可以调解。

调解应当遵循自愿、合法原则，不得损害国家利益、社会公共利益和他人合法权益。

> **第六条** **【行政复议人员】**国家建立专业化、职业化行政复议人员队伍。
>
> 行政复议机构中初次从事行政复议工作的人员，应当通过国家统一法律职业资格考试取得法律职业资格，并参加统一职前培训。
>
> 国务院行政复议机构应当会同有关部门制定行政复议人员工作规范，加强对行政复议人员的业务考核和管理。

【理解与适用】

本条规定是在原法第三条第二款规定的基础上扩充很多内容而成的。原先的规定是 2017 年进行个别条款修改时作出的，仅规定了"行政机关中初次从事行政复议的人员，应当通过国家统一法律职业资格考试取得法律职业资格"。这次修法，采用一条三款对行政复议专职队伍建设与管理作出了比较完整的法律规定：

首先，本条第一款的新规是"国家建立专业化、职业化行政复议人员队伍"，这规定了行政复议人员队伍建设的总方针和"专业化、职业化"的目标；

其次，本条第二款规定了行政复议机构中初次从事行政复议工作的人员，应当通过国家统一法律职业资格考试取得法律职业资格，人员范围由"行政机关中"初次从事行政复议的人员，限缩为"行政复议机构中"初次从事行政复议的人员，实施主体指向更加明确和具体，也回应了本次大修后行政复议体制调整为主要以块块复议为主的集中复议体制变化的要求；同时，增加规定了应当"参加统一职前培训"，这是比原法律规定更高的职业要求和工作要求；

最后，本条第三款新增了指定行政复议人员工作规范、加强业务考核、加强人员管理等队伍建设的规定，还增加规定了主责机关是国务院行政复议机构，新法将其表述为"国务院行政复议机构应当会同有关部门制定行政复议人员工作规范，加强对行政复议人员的业务考核和管理"，这有利于依法解决多年来一直存在的问题——行政复议工作人员队伍的专业化、职业化建设制约因素多。

既往的行政复议制度实践中的突出问题之一是行政复议工作人员队伍弱小、不够专业、不够稳定，人才难以积聚、经验难以积累。为此，行政法治实务界和学术界长期呼吁设立专业技术类的行政复议人员职位序列。《中华人民共和国公务员法》第十六条规定："国家实行公务员职位分类制度。公务员职位类别按照公务员职位的性质、特点和管理需要，划分为综合管理类、专业技术类和行政执法类等类别。根据本法，对于具有职位特殊性，需要单独管理的，可以增设其他职位类别。各职位类别的适用范围由国家另行规定。"可见，此条规定已进行了特别授权，而且法官、检察官等专门人员制度也早已收到很好的实施效果。本次修法指明了行政复议人员队伍建设要走专业化、职业化道路，通过配套性实施立法来加强此问题的稳妥解决，例如设立行政复议工作人员（复议官）的序列、条件、职权、职责、待遇、奖惩、进退等有关保障和责任规范，这是稳定行政复议干部队伍、提升行政复议质量效率的专门人才保障机制。解决了人的问题，才有助于解决法的问题，可收事半功倍之效。

【相关规范】

● *行政法规及文件*

1. 《中华人民共和国行政复议法实施条例》（2007 年 5 月 29 日）

第四条 专职行政复议人员应当具备与履行行政复议职责相适应的品

行、专业知识和业务能力，并取得相应资格。具体办法由国务院法制机构会同国务院有关部门规定。

● *部门规章及文件*

2.《税务行政复议规则》（2018 年 6 月 15 日）

第十二条 各级行政复议机关可以成立行政复议委员会，研究重大、疑难案件，提出处理建议。

行政复议委员会可以邀请本机关以外的具有相关专业知识的人员参加。

第十三条 行政复议工作人员应当具备与履行行政复议职责相适应的品行、专业知识和业务能力。

税务机关中初次从事行政复议的人员，应当通过国家统一法律职业资格考试取得法律职业资格。

第九十九条 行政复议机构应当定期组织行政复议工作人员业务培训和工作交流，提高行政复议工作人员的专业素质。

3.《自然资源行政复议规定》（2019 年 7 月 19 日）

第六条 行政复议工作人员应当具备与履行职责相适应的政治素质、法治素养和业务能力，忠于宪法和法律，清正廉洁，恪尽职守。

初次从事行政复议的人员，应当通过国家统一法律职业资格考试取得法律职业资格。

第七条 行政复议机关应当依照有关规定配备专职行政复议人员，并定期组织培训，保障其每年参加专业培训的时间不少于三十六个学时。

行政复议机关应当保障行政复议工作经费、装备和其他必要的工作条件。

> **第七条** 【行政复议工作保障】行政复议机关应当确保行政复议机构的人员配备与所承担的工作任务相适应，提高行政复议人员专业素质，根据工作需要保障办案场所、装备等设施。县级以上各级人民政府应当将行政复议工作经费列入本级预算。

【理解与适用】

本条是关于行政复议制度重要软件和硬件的规定。它在原法第三十九条关于经费来源规定的基础上进行了内容调整，新增了软件和硬件条件的内容。原条文的规定是"行政复议机关受理行政复议申请，不得向申请人收取任何费用。行政复议活动所需经费，应当列入本机关的行政经费，由本级财政予以保障"。这次修法作出细化规定：第一，调整了关于保障经费的规定，将"行政复议活动所需经费"，调整表述为"行政复议工作经费"，这在财政列支方面增强了约束力和规范性；第二，新增了除了行政复议工作经费之外的软件保障条件，包括行政复议机关"应当确保行政复议机构的人员配备与所承担的工作任务相适应"，"提高行政复议人员专业素质"等规定；第三，新增了除了行政复议工作经费之外的硬件保障条件，如"根据工作需要保障办案场所、装备等设施"的规定。实践经验证明，人财物力的投入，对于一项法治改革事业的健康推进，具有重大的现实意义。

良善的制度运行系统，有助于实现制度保障内容。这是一些行政复议委员会试点地方的探索经验。本次修法作了"根据工作需要保障办案场所、装备等设施"的概括规定，提供了在硬件建设方面加大投入的可能空间，也即可以通过实施性立法对行政复议场地的科学化、便民化和温情化，以及规范化和现代化建设，增设具体条款予以更多重视，作出软硬件有效衔接的合理制度安排。这也符合本法第三条第二款关于"高效""便民""为民"的行政复议原则要求。

【相关规范】

● *部门规章及文件*

1. 《公安机关办理行政复议案件程序规定》（2002 年 11 月 2 日）

第五条 公安行政复议机构办理行政复议案件所需经费应当在本级公

安业务费中列支；办理公安行政复议事项必需的设备、工作条件，公安行政复议机关应当予以保障。

2.《税务行政复议规则》（2018 年 6 月 15 日）

第十条 各级税务机关应当加大对行政复议工作的基础投入，推进行政复议工作信息化建设，配备调查取证所需的照相、录音、录像和办案所需的电脑、扫描、投影、传真、复印等设备，保障办案交通工具和相应经费。

3.《自然资源行政复议规定》（2019 年 7 月 19 日）

第七条 行政复议机关应当依照有关规定配备专职行政复议人员，并定期组织培训，保障其每年参加专业培训的时间不少于三十六个学时。

行政复议机关应当保障行政复议工作经费、装备和其他必要的工作条件。

> **第八条 【行政复议信息化建设】** 行政复议机关应当加强信息化建设，运用现代信息技术，方便公民、法人或者其他组织申请、参加行政复议，提高工作质量和效率。

【理解与适用】

本条是关于行政复议信息化建设的新增规定。这也是加强行政复议能力建设和工作保障的产物。

本条在行政复议制度体系中明确规定加强信息化建设，具有重要的法治意义，不仅是深入推进"智能高效"法治政府建设的基本要求，也是回应群众关切、提升行政服务效能的关键举措。本条提出，行政复议机关在加强信息化建设的总体要求下，运用现代信息技术有两个方面的原则要求：一是方便行政相对人申请和参加行政复议；二是提高工作质量和效率。

关于方便行政相对人申请和参加行政复议。所谓方便，是指为行政相对人申请与参加行政复议提供便利。行政复议机关不仅要依法行使职权，还要运用现代信息技术，最大限度地方便人民群众，以落实以人民为中心、服务为民的宗旨。具体来说，就是要在行政复议中体现减少行政相对人程序负担、节约行政相对人办事成本的原则要求，消除行政相对人在行政复议中的人为障碍和非法定前置条件，使行政相对人办事能够更方便、快捷、顺利。本法在总则之后的各章中确立了诸多条款，以保障和实现这一原则要求。例如，申请人申请行政复议，可以书面申请，也可以口头申请；口头申请的，行政复议机关应当当场记录申请人的基本情况，等等。在行政复议实践中，须关注行政相对人申请和参加行政复议的便民化问题，包括流程简洁、环节优化、办事顺利等。此外，行政复议机关要创造方便行政相对人申请和参加行政复议的条件，尽可能方便行政相对人。

关于提高工作质量和效率的要求。所谓提高，即在现有的行政复议制度框架下，通过优化程序、提升服务等，提高行政复议工作的效能。特别在法治政府建设的背景下，面对日益增多的行政复议案件，行政复议机关如何处理好案件工作量与行政相对人多元需求之间的矛盾，就需要行政机关加强信息化建设，运用现代信息技术，不断提升工作质量和效率。新法在此将工作质量置于工作效率之前，表达了立法者对于行政复议工作质量与效率关系的特殊考量。

具体而言，新法第八条的规定对应着行政复议的两个方面：一是工作质量，也即行政复议机关不断提升和优化行政服务，以更好的服务，获得更好的社会效果，包括行政复议机关能够急行政相对人之所急、想行政相对人之所想，为行政相对人提供最优质的服务，使得行政相对人满意；二是工作效率，也即行政复议机关对于行政复议工作的办事效率越来越高，包括行政复议机关应当积极、迅速、及时地履行其职责，遵守时限规定等。

方便行政相对人申请和参加行政复议，与提高工作质量和效率的要求之间具有统一性：前者是从实现相对人权利的角度而言，后者是从改善行政复议工作的角度而言。只有从方便行政相对人与提高工作质量和效率两个维度入手，才能有效连接行政复议的"需求侧"与"供给侧"，不断优化和提高行政复议的效能，真正实现行政复议制度建设的复合目的，体现行政复议的最佳效果。在本条规定之外，本法第二十二条关于互联网渠道等方式提交行政复议申请书的规定，第三十条关于审查期限届满之日起视为受理的规定，第三十一条关于行政复议补正通知一次性载明补正内容的规定等诸多条款，均体现了此项原则的要求。

【相关规范】

● *部门规章及文件*

《自然资源行政复议规定》（2019 年 7 月 19 日）

第八条 行政复议机关应当定期对行政复议工作情况、行政复议决定履行情况以及典型案例等进行统计、分析、通报，并将有关情况向上一级自然资源主管部门报告。

行政复议机关应当建立行政复议信息管理系统，提高案件办理、卷宗管理、统计分析、便民服务的信息化水平。

第九条 【表彰和奖励】对在行政复议工作中做出显著成绩的单位和个人，按照国家有关规定给予表彰和奖励。

【理解与适用】

本条是新增的行政复议工作表彰奖励规定。在法律文本的总则部分规定行政奖励，是我国立法工作中的一种通行做法。虽然一般是倡导性、鼓励性的柔性条款，但实际功用还是很大的，实为一种柔性行政方式和机制。本条规定的行政复议工作表彰奖励，除了规范力度是适度的，用语也是中性的，既没有使用"应当"也没有使用"可以"，而是使用了"按照"这个字眼进行表述，也就意味着作出表彰行为的主体仅需要简单明确地按照国家规定（不仅是法律规定，而且可以是政策规定或其他得到国家某种形式确认的做法）予以表彰奖励即可。此外，还有一个特点也需要指出，本条规定与其他很多法律文本总则部分规定的行政表彰奖励条款有所不同：后者的表彰奖励对象一般是行政相对人和社会大众，是外部性质的表彰奖励；而本条规定的行政复议工作表彰奖励，表彰奖励对象主要是作出显著成绩的行政复议工作单位和工作者，是具有行政内部性质的表彰奖励。

【相关规范】

● 部门规章及文件

1. 《税务行政复议规则》（2018 年 6 月 15 日）

第一百条 行政复议机关应当定期总结行政复议工作。对行政复议工作中做出显著成绩的单位和个人，依照有关规定表彰和奖励。

2. 《自然资源行政复议规定》（2019 年 7 月 19 日）

第九条 县级以上自然资源主管部门应当将行政复议工作情况纳入本部门考核内容，考核结果作为评价领导班子、评先表彰、干部使用的重要依据。

> **第十条 【行政复议与行政诉讼的衔接】**公民、法人或者其他组织对行政复议决定不服的，可以依照《中华人民共和国行政诉讼法》的规定向人民法院提起行政诉讼，但是法律规定行政复议决定为最终裁决的除外。

【理解与适用】

本条是原法律第五条规定的内容，规定的是行政复议决定的可诉性与最终裁决情形，完整使用了《中华人民共和国行政诉讼法》的法律文件名称，规范依据的指向更为明晰，原则上并不包括其他法律文本非常分散但有相关规定的行政诉讼法律规范。

【相关规范】

● 法律

《中华人民共和国行政诉讼法》（2017 年 6 月 27 日）

第二条 公民、法人或者其他组织认为行政机关和行政机关工作人员的行政行为侵犯其合法权益，有权依照本法向人民法院提起诉讼。

前款所称行政行为，包括法律、法规、规章授权的组织作出的行政行为。

第二章　行政复议申请

第一节　行政复议范围

第十一条　【行政复议范围的一般规定】 有下列情形之一的，公民、法人或者其他组织可以依照本法申请行政复议：

（一）对行政机关作出的行政处罚决定不服；

（二）对行政机关作出的行政强制措施、行政强制执行决定不服；

（三）申请行政许可，行政机关拒绝或者在法定期限内不予答复，或者对行政机关作出的有关行政许可的其他决定不服；

（四）对行政机关作出的确认自然资源的所有权或者使用权的决定不服；

（五）对行政机关作出的征收征用决定及其补偿决定不服；

（六）对行政机关作出的赔偿决定或者不予赔偿决定不服；

（七）对行政机关作出的不予受理工伤认定申请的决定或者工伤认定结论不服；

（八）认为行政机关侵犯其经营自主权或者农村土地承包经营权、农村土地经营权；

（九）认为行政机关滥用行政权力排除或者限制竞争；

（十）认为行政机关违法集资、摊派费用或者违法要求履行其他义务；

（十一）申请行政机关履行保护人身权利、财产权利、受教育权利等合法权益的法定职责，行政机关拒绝履行、未依法履行或者不予答复；

（十二）申请行政机关依法给付抚恤金、社会保险待遇或者最低生活保障等社会保障，行政机关没有依法给付；

（十三）认为行政机关不依法订立、不依法履行、未按照约定履行或者违法变更、解除政府特许经营协议、土地房屋征收补偿协议等行政协议；

（十四）认为行政机关在政府信息公开工作中侵犯其合法权益；

（十五）认为行政机关的其他行政行为侵犯其合法权益。

【理解与适用】

本条是关于行政复议范围的规定。修改后的行政复议法维持了原法的肯定列举方式，将原法列举的十项增加到十四项，扩大了行政复议的受理范围。同时保留了原法规定的兜底条款，为以后的立法扩大受理范围留下了空间。

1. 将行政强制执行纳入行政复议范围

行政强制执行是指行政机关或者行政机关申请人民法院，对不履行行政决定的公民、法人或者其他组织，依法强制履行义务的行为。《中华人民共和国行政强制法》对行政强制执行的方式和程序作出规定，其他法律对行政强制执行的实体方面有所规定。行政强制执行决定是独立的行政行为，有可能影响公民、法人或其他组织的合法权益。因此，公民、法人或其他组织有权对行政强制执行决定提起行政复议。行政复议机关在审查中需要注意的是，此处的行政强制执行，仅指行政机关实施的强制执行行为，不包括法院的非诉强制执行。

2. 将行政赔偿决定纳入行政复议范围

根据原法第二十九条第一款的规定，申请人可以在提出行政复议申请时一并提出行政赔偿请求，但对于申请人单独提出行政赔偿请求的，不在行政复议的受理范围内。修改后的行政复议法将申请人单独提出的行政赔偿请求，纳入行政复议的受理范围。这一变化意味着复议机关对行政赔偿决定的审查不再是附带性的，不再依赖于对具体行政行为的合法性审查。修法后，复议机关可以单独受理行政赔偿争议，并依据《中华人民共和国国家赔偿法》的相关规定予以审查。

3. 将工伤认定纳入行政复议范围

工伤认定是社会保险部门依据有关法律法规作出的，对劳动者因事故伤害或者患职业病是否属于工伤进行确认的具体行为。[①]由于工伤认定关乎受伤劳动者的人身健康和安全，相对于其他行政争议具有更为明显的急迫性，因此效率在工伤认定的救济中尤为重要，将工伤认定纳入行政复议的受理范围也是必要的，有利于实现对劳动者权益的及时保护。

在对行政机关不予受理工伤认定申请的决定或者工伤认定结论进行审查时，行政复议机关需要从工伤事故产生的时间、原因、实际损害等多方面对工伤事故的责任认定予以考量。此外，行政复议机关和司法机关在工伤认定中需要就工伤行政认定的范围、标准和

---

① 郑尚元：《工伤保险法律制度研究》，北京大学出版社 2004 年版，第 56 页。

程序等形成理解上的一致，对工作时间、工作场所、工作原因等重要法律概念形成共识，从而避免工伤认定程序的空转。

4. 将滥用行政权力排除或限制竞争的行为纳入行政复议范围

公平竞争权的内容包括两方面：一是经营者以积极行动的方式获取公平竞争的地位并通过公平竞争获取利润的权利；二是经营者公平竞争的资格和地位不受侵害和排挤的权利。[①] 将滥用行政权力排除或限制竞争的行为纳入复议范围，既满足了保护经营者公平竞争权、营造良好营商环境的需要，也顺应了我国加快建设全国统一大市场的趋势。

关于行政机关滥用行政权力排除或限制竞争的行为，《中华人民共和国反垄断法》《中华人民共和国反不正当竞争法》《中华人民共和国政府采购法》等法律中均有所规定。行政机关若违反相关规定，经营者有权申请行政复议。

5. 将行政协议纳入行政复议范围

修改后的行政复议法将行政协议纳入行政复议范围，并明确规定"行政协议"的具体类型包括"政府特许经营协议、土地房屋征收补偿协议等"。政府应与获得特许经营权的相对人就特许经营内容、区域、范围及有效期限等事项签订特许经营协议。根据《中华人民共和国土地管理法实施条例》第二十九条第一款的规定，县级以上地方人民政府根据法律、法规规定和听证会等情况确定征地补偿安置方案后，应当组织有关部门与拟征收土地的所有权人、使用权人签订征地补偿安置协议。根据《国有土地上房屋征收与补偿条例》第二十五条第一款的规定，房屋征收部门与被征收人可以就补偿方式、补偿金额和支付期限、用于产权调换房屋的地点和面积、搬迁费、临时安置费或者周转用房、停产停业损失、搬迁期限、过渡方式和过渡期限等事项，订立补偿协议。考虑到上述行政协议争议中往往

---

① 朱一飞：《论经营者的公平竞争权》，载《政法论坛》2005 年第 1 期。

伴随着行政行为引起的争议，将其纳入行政复议的受理范围有利于争议的实质性化解和行政复议主渠道作用的发挥。此外，上述行政协议争议的类型划分与《中华人民共和国行政诉讼法》的类型划分保持了高度的一致。因此，此种调整也有助于《中华人民共和国行政复议法》和《中华人民共和国行政诉讼法》实现衔接。

6. 将政府信息公开纳入行政复议范围

根据《中华人民共和国政府信息公开条例》的规定，政府信息是行政机关在履行行政管理职能过程中制作或者获取的，以一定形式记录、保存的信息。行政机关应当坚持"公开为常态，不公开为例外"的原则，及时、准确地公开政府信息。政府信息公开包括主动公开和依申请公开两种方式。

主动公开，是指对涉及公众利益调整、需要公众广泛知晓或者需要公众参与决策的政府信息，行政机关应当通过政府公报、政府网站或者其他互联网政务媒体、新闻发布会以及报刊、广播、电视等途径予以公开。依申请公开，是指公民、法人或其他组织基于生产生活或者工作的需要申请政府信息公开。在主动公开和依申请公开中，行政机关予以公开和拒绝公开的决定均属于行政行为，关乎公民、法人或其他组织知情权、隐私权等合法权益的实现。

7. 扩大受行政复议制度保护的权益范围

修改后的行政复议法不再将合法权益的保护限定于人身权利、财产权利和受教育权利这三种类型，而是在原法的基础上增加了"等合法权益"字样，大大拓展了受行政复议制度保护的权益范围。公民、法人和其他组织的合法权益不仅包括人身权利、财产权利和受教育权利，还包括政治权利、文化权利、社会保障权利等多种类型。由于公民、法人和其他组织的合法权益种类繁多，通过列举的方式作出规定难免挂一漏万，因此修改后的行政复议法选择设定兜底规定，为扩大权益保护和复议审查范围打下法律规范基础。

8. 明确"没有依法履行职责"的情形

修改后的行政复议法明确了没有依法履行职责的情形包括"拒绝履行、未依法履行或者不予答复"。此处的"法"包括宪法、法律、法规和规章。在复议受理过程中，复议机关应注意审查以下四个要件：一是公民、法人或其他组织寻求保护的标的为合法权益；二是公民、法人或其他组织向行政机关提出了保护其合法权益的申请；三是公民、法人或其他组织要求行政机关实施的行为，属于该机关的法定职责；四是具有法定职责的机关拒绝履行、未依法履行或者不予答复。

9. 删去"经营自主权"的"合法"前缀

"经营自主权"是指各种企业和经济组织依法对自身的机构、人员、财产、原材料供应、生产、销售等各方面事务自主管理经营的权利。[①] 各类企业和经济组织的经营自主权受到行政机关侵犯时，均有权申请行政复议。一般法理和法律制度上有一个共识，就是那些一般认为可以被称为"权利"的事物，也就意味着具有经由合法要素和程序形成的、可据以获取好处的某种资格，否则不能在法律上被认定为一种"权利"，也因此在"权利"前面无须再加一个"合法的"作为前缀语。需要注意的是，在我国社会主义市场经济体制下，国有企业、集体企业与其他类型的企业和经济组织享有经营自主权的程度存在差异。《中华人民共和国宪法》第十六条第一款和第十七条第一款分别将国有企业和集体企业的经营自主权限制在法律规定的范围内。

10. 以"行政行为"替换"具体行政行为"

此处的"行政行为"强调行政主体在对外管理过程中行使职权的行为，既包括单方行政行为，也包括双方行政行为，既包括作为，也包括不作为，既可能是合法行为，也可能是违法行为，

---

① 方世荣：《行政法与行政诉讼法学》，中国政法大学出版社 2010 年版，第 378 页。

甚至是无效行为。①复议机关在适用兜底条款时，应注意以下两点：一是根据体系解释，结合新法第十三条关于抽象行政行为复议申请的规定，此处的"行政行为"不包括抽象行政行为；二是鉴于行政复议相较于行政诉讼的比较优势，复议机关对"行政行为"的审查应从合法性和合理性两个维度展开。

【相关规范】

● 法律

1. 《中华人民共和国行政处罚法》（2021年1月22日）

第七条 公民、法人或者其他组织对行政机关所给予的行政处罚，享有陈述权、申辩权；对行政处罚不服的，有权依法申请行政复议或者提起行政诉讼。

公民、法人或者其他组织因行政机关违法给予行政处罚受到损害的，有权依法提出赔偿要求。

2. 《中华人民共和国行政强制法》（2011年6月30日）

第八条 公民、法人或者其他组织对行政机关实施行政强制，享有陈述权、申辩权；有权依法申请行政复议或者提起行政诉讼；因行政机关违法实施行政强制受到损害的，有权依法要求赔偿。

公民、法人或者其他组织因人民法院在强制执行中有违法行为或者扩大强制执行范围受到损害的，有权依法要求赔偿。

3. 《中华人民共和国行政许可法》（2019年4月23日）

第五十三条 实施本法第十二条第二项所列事项的行政许可的，行政机关应当通过招标、拍卖等公平竞争的方式作出决定。但是，法律、行政法规另有规定的，依照其规定。

行政机关通过招标、拍卖等方式作出行政许可决定的具体程序，依照有关法律、行政法规的规定。

行政机关按照招标、拍卖程序确定中标人、买受人后，应当作出准予行政许可的决定，并依法向中标人、买受人颁发行政许可证件。

---

① 曹鎏：《中国特色行政复议制度的嬗变与演进》，法律出版社2020年版，第172页。

行政机关违反本条规定，不采用招标、拍卖方式，或者违反招标、拍卖程序，损害申请人合法权益的，申请人可以依法申请行政复议或者提起行政诉讼。

4.《中华人民共和国土地管理法》（2019 年 8 月 26 日）

第四十八条 征收土地应当给予公平、合理的补偿，保障被征地农民原有生活水平不降低、长远生计有保障。

征收土地应当依法及时足额支付土地补偿费、安置补助费以及农村村民住宅、其他地上附着物和青苗等的补偿费用，并安排被征地农民的社会保障费用。

征收农用地的土地补偿费、安置补助费标准由省、自治区、直辖市通过制定公布区片综合地价确定。制定区片综合地价应当综合考虑土地原用途、土地资源条件、土地产值、土地区位、土地供求关系、人口以及经济社会发展水平等因素，并至少每三年调整或者重新公布一次。

征收农用地以外的其他土地、地上附着物和青苗等的补偿标准，由省、自治区、直辖市制定。对其中的农村村民住宅，应当按照先补偿后搬迁、居住条件有改善的原则，尊重农村村民意愿，采取重新安排宅基地建房、提供安置房或者货币补偿等方式给予公平、合理的补偿，并对因征收造成的搬迁、临时安置等费用予以补偿，保障农村村民居住的权利和合法的住房财产权益。

县级以上地方人民政府应当将被征地农民纳入相应的养老等社会保障体系。被征地农民的社会保障费用主要用于符合条件的被征地农民的养老保险等社会保险缴费补贴。被征地农民社会保障费用的筹集、管理和使用办法，由省、自治区、直辖市制定。

5.《中华人民共和国反垄断法》（2022 年 6 月 24 日）

第三十九条 行政机关和法律、法规授权的具有管理公共事务职能的组织不得滥用行政权力，限定或者变相限定单位或者个人经营、购买、使用其指定的经营者提供的商品。

第四十条 行政机关和法律、法规授权的具有管理公共事务职能的组织不得滥用行政权力，通过与经营者签订合作协议、备忘录等方式，妨碍其他经营者进入相关市场或者对其他经营者实行不平等待遇，排除、限制竞争。

第四十一条 行政机关和法律、法规授权的具有管理公共事务职能的组织不得滥用行政权力，实施下列行为，妨碍商品在地区之间的自由流通：

（一）对外地商品设定歧视性收费项目、实行歧视性收费标准，或者规定歧视性价格；

（二）对外地商品规定与本地同类商品不同的技术要求、检验标准，或者对外地商品采取重复检验、重复认证等歧视性技术措施，限制外地商品进入本地市场；

（三）采取专门针对外地商品的行政许可，限制外地商品进入本地市场；

（四）设置关卡或者采取其他手段，阻碍外地商品进入或者本地商品运出；

（五）妨碍商品在地区之间自由流通的其他行为。

第四十二条 行政机关和法律、法规授权的具有管理公共事务职能的组织不得滥用行政权力，以设定歧视性资质要求、评审标准或者不依法发布信息等方式，排斥或者限制经营者参加招标投标以及其他经营活动。

第四十三条 行政机关和法律、法规授权的具有管理公共事务职能的组织不得滥用行政权力，采取与本地经营者不平等待遇等方式，排斥、限制、强制或者变相强制外地经营者在本地投资或者设立分支机构。

第四十四条 行政机关和法律、法规授权的具有管理公共事务职能的组织不得滥用行政权力，强制或者变相强制经营者从事本法规定的垄断行为。

6.《中华人民共和国反不正当竞争法》（2019 年 4 月 23 日）

第三十条 监督检查部门的工作人员滥用职权、玩忽职守、徇私舞弊或者泄露调查过程中知悉的商业秘密的，依法给予处分。

7.《中华人民共和国政府采购法》（2014 年 8 月 31 日）

第六十四条 采购人必须按照本法规定的采购方式和采购程序进行采购。

任何单位和个人不得违反本法规定，要求采购人或者采购工作人员向其指定的供应商进行采购。

第八十条 政府采购监督管理部门的工作人员在实施监督检查中违反

本法规定滥用职权，玩忽职守，徇私舞弊的，依法给予行政处分；构成犯罪的，依法追究刑事责任。

8. 《中华人民共和国招标投标法》（2017 年 12 月 27 日）

第二十二条 招标人不得向他人透露已获取招标文件的潜在投标人的名称、数量以及可能影响公平竞争的有关招标投标的其他情况。

招标人设有标底的，标底必须保密。

9. 《中华人民共和国国家赔偿法》（2012 年 10 月 26 日）

第三条 行政机关及其工作人员在行使行政职权时有下列侵犯人身权情形之一的，受害人有取得赔偿的权利：

（一）违法拘留或者违法采取限制公民人身自由的行政强制措施的；

（二）非法拘禁或者以其他方法非法剥夺公民人身自由的；

（三）以殴打、虐待等行为或者唆使、放纵他人以殴打、虐待等行为造成公民身体伤害或者死亡的；

（四）违法使用武器、警械造成公民身体伤害或者死亡的；

（五）造成公民身体伤害或者死亡的其他违法行为。

第四条 行政机关及其工作人员在行使行政职权时有下列侵犯财产权情形之一的，受害人有取得赔偿的权利：

（一）违法实施罚款、吊销许可证和执照、责令停产停业、没收财物等行政处罚的；

（二）违法对财产采取查封、扣押、冻结等行政强制措施的；

（三）违法征收、征用财产的；

（四）造成财产损害的其他违法行为。

● **行政法规及文件**

10. 《中华人民共和国行政复议法实施条例》（2007 年 5 月 29 日）

第二十一条 有下列情形之一的，申请人应当提供证明材料：

（一）认为被申请人不履行法定职责的，提供曾经要求被申请人履行法定职责而被申请人未履行的证明材料；

（二）申请行政复议时一并提出行政赔偿请求的，提供受具体行政行为侵害而造成损害的证明材料；

（三）法律、法规规定需要申请人提供证据材料的其他情形。

11.《中华人民共和国土地管理法实施条例》（2021 年 7 月 2 日）

第二十七条　县级以上地方人民政府应当依据社会稳定风险评估结果，结合土地现状调查情况，组织自然资源、财政、农业农村、人力资源和社会保障等有关部门拟定征地补偿安置方案。

征地补偿安置方案应当包括征收范围、土地现状、征收目的、补偿方式和标准、安置对象、安置方式、社会保障等内容。

第二十九条　县级以上地方人民政府根据法律、法规规定和听证会等情况确定征地补偿安置方案后，应当组织有关部门与拟征收土地的所有权人、使用权人签订征地补偿安置协议。征地补偿安置协议示范文本由省、自治区、直辖市人民政府制定。

对个别确实难以达成征地补偿安置协议的，县级以上地方人民政府应当在申请征收土地时如实说明。

12.《国有土地上房屋征收与补偿条例》（2011 年 1 月 21 日）

第十七条　作出房屋征收决定的市、县级人民政府对被征收人给予的补偿包括：

（一）被征收房屋价值的补偿；

（二）因征收房屋造成的搬迁、临时安置的补偿；

（三）因征收房屋造成的停产停业损失的补偿。

市、县级人民政府应当制定补助和奖励办法，对被征收人给予补助和奖励。

第二十五条　房屋征收部门与被征收人依照本条例的规定，就补偿方式、补偿金额和支付期限、用于产权调换房屋的地点和面积、搬迁费、临时安置费或者周转用房、停产停业损失、搬迁期限、过渡方式和过渡期限等事项，订立补偿协议。

补偿协议订立后，一方当事人不履行补偿协议约定的义务的，另一方当事人可以依法提起诉讼。

13.《工伤保险条例》（2010 年 12 月 20 日）

第十四条　职工有下列情形之一的，应当认定为工伤：

（一）在工作时间和工作场所内，因工作原因受到事故伤害的；

（二）工作时间前后在工作场所内，从事与工作有关的预备性或者收尾性工作受到事故伤害的；

（三）在工作时间和工作场所内，因履行工作职责受到暴力等意外伤害的；

（四）患职业病的；

（五）因工外出期间，由于工作原因受到伤害或者发生事故下落不明的；

（六）在上下班途中，受到非本人主要责任的交通事故或者城市轨道交通、客运轮渡、火车事故伤害的；

（七）法律、行政法规规定应当认定为工伤的其他情形。

第十五条 职工有下列情形之一的，视同工伤：

（一）在工作时间和工作岗位，突发疾病死亡或者在 48 小时之内经抢救无效死亡的；

（二）在抢险救灾等维护国家利益、公共利益活动中受到伤害的；

（三）职工原在军队服役，因战、因公负伤致残，已取得革命伤残军人证，到用人单位后旧伤复发的。

职工有前款第（一）项、第（二）项情形的，按照本条例的有关规定享受工伤保险待遇；职工有前款第（三）项情形的，按照本条例的有关规定享受除一次性伤残补助金以外的工伤保险待遇。

第十六条 职工符合本条例第十四条、第十五条的规定，但是有下列情形之一的，不得认定为工伤或者视同工伤：

（一）故意犯罪的；

（二）醉酒或者吸毒的；

（三）自残或者自杀的。

第十七条 职工发生事故伤害或者按照职业病防治法规定被诊断、鉴定为职业病，所在单位应当自事故伤害发生之日或者被诊断、鉴定为职业病之日起 30 日内，向统筹地区社会保险行政部门提出工伤认定申请。遇有特殊情况，经报社会保险行政部门同意，申请时限可以适当延长。

用人单位未按前款规定提出工伤认定申请的，工伤职工或者其近亲属、工会组织在事故伤害发生之日或者被诊断、鉴定为职业病之日起 1 年内，可以直接向用人单位所在地统筹地区社会保险行政部门提出工伤认定申请。

按照本条第一款规定应当由省级社会保险行政部门进行工伤认定的事

项，根据属地原则由用人单位所在地的设区的市级社会保险行政部门办理。

用人单位未在本条第一款规定的时限内提交工伤认定申请，在此期间发生符合本条例规定的工伤待遇等有关费用由该用人单位负担。

第十八条 提出工伤认定申请应当提交下列材料：

（一）工伤认定申请表；

（二）与用人单位存在劳动关系（包括事实劳动关系）的证明材料；

（三）医疗诊断证明或者职业病诊断证明书（或者职业病诊断鉴定书）。

工伤认定申请表应当包括事故发生的时间、地点、原因以及职工伤害程度等基本情况。

工伤认定申请人提供材料不完整的，社会保险行政部门应当一次性书面告知工伤认定申请人需要补正的全部材料。申请人按照书面告知要求补正材料后，社会保险行政部门应当受理。

第十九条 社会保险行政部门受理工伤认定申请后，根据审核需要可以对事故伤害进行调查核实，用人单位、职工、工会组织、医疗机构以及有关部门应当予以协助。职业病诊断和诊断争议的鉴定，依照职业病防治法的有关规定执行。对依法取得职业病诊断证明书或者职业病诊断鉴定书的，社会保险行政部门不再进行调查核实。

职工或者其近亲属认为是工伤，用人单位不认为是工伤的，由用人单位承担举证责任。

第二十条 社会保险行政部门应当自受理工伤认定申请之日起 60 日内作出工伤认定的决定，并书面通知申请工伤认定的职工或者其近亲属和该职工所在单位。

社会保险行政部门对受理的事实清楚、权利义务明确的工伤认定申请，应当在 15 日内作出工伤认定的决定。

作出工伤认定决定需要以司法机关或者有关行政主管部门的结论为依据的，在司法机关或者有关行政主管部门尚未作出结论期间，作出工伤认定决定的时限中止。

社会保险行政部门工作人员与工伤认定申请人有利害关系的，应当回避。

14.《中华人民共和国政府信息公开条例》（2019 年 4 月 3 日）

第五十一条 公民、法人或者其他组织认为行政机关在政府信息公开工作中侵犯其合法权益的，可以向上一级行政机关或者政府信息公开工作主管部门投诉、举报，也可以依法申请行政复议或者提起行政诉讼。

● *部门规章及文件*

15.《自然资源统一确权登记暂行办法》（2019 年 7 月 11 日）

第五条　自然资源统一确权登记以不动产登记为基础，依据《不动产登记暂行条例》的规定办理登记的不动产权利，不再重复登记。

自然资源确权登记涉及调整或限制已登记的不动产权利的，应当符合法律法规规定，依法及时记载于不动产登记簿，并书面通知权利人。

第六条　自然资源主管部门作为承担自然资源统一确权登记工作的机构（以下简称登记机构），按照分级和属地相结合的方式进行登记管辖。

国务院自然资源主管部门负责指导、监督全国自然资源统一确权登记工作，会同省级人民政府负责组织开展由中央政府直接行使所有权的国家公园、自然保护区、自然公园等各类自然保护地以及大江大河大湖和跨境河流、生态功能重要的湿地和草原、国务院确定的重点国有林区、中央政府直接行使所有权的海域、无居民海岛、石油天然气、贵重稀有矿产资源等自然资源和生态空间的统一确权登记工作。具体登记工作由国家登记机构负责办理。

各省负责组织开展本行政区域内由中央委托地方政府代理行使所有权的自然资源和生态空间的统一确权登记工作。具体登记工作由省级及省级以下登记机构负责办理。

市县应按照要求，做好本行政区域范围内自然资源统一确权登记工作。

跨行政区域的自然资源确权登记由共同的上一级登记机构直接办理或者指定登记机构办理。

16.《市政公用事业特许经营管理办法》（2015 年 5 月 4 日）

第九条　特许经营协议应当包括以下内容：

（一）特许经营内容、区域、范围及有效期限；

（二）产品和服务标准；

（三）价格和收费的确定方法、标准以及调整程序；

（四）设施的权属与处置；

（五）设施维护和更新改造；

（六）安全管理；

（七）履约担保；

（八）特许经营权的终止和变更；

（九）违约责任；

（十）争议解决方式；

（十一）双方认为应该约定的其他事项。

● **司法解释及文件**

17.《最高人民法院关于审理行政协议案件若干问题的规定》（2019 年 11 月 27 日）

第一条 行政机关为了实现行政管理或者公共服务目标，与公民、法人或者其他组织协商订立的具有行政法上权利义务内容的协议，属于行政诉讼法第十二条第一款第十一项规定的行政协议。

第二条 公民、法人或者其他组织就下列行政协议提起行政诉讼的，人民法院应当依法受理：

（一）政府特许经营协议；

（二）土地、房屋等征收征用补偿协议；

（三）矿业权等国有自然资源使用权出让协议；

（四）政府投资的保障性住房的租赁、买卖等协议；

（五）符合本规定第一条规定的政府与社会资本合作协议；

（六）其他行政协议。

第三条 因行政机关订立的下列协议提起诉讼的，不属于人民法院行政诉讼的受案范围：

（一）行政机关之间因公务协助等事由而订立的协议；

（二）行政机关与其工作人员订立的劳动人事协议。

● **案例指引**

刘某诉广东省英德市人民政府行政复议案①

案例要旨：建筑施工企业违反法律、法规规定将自己承包的工程交由自然人实际施工，该自然人因工伤亡，社会保险行政部门参照《最高人民法

---

① 参见《指导案例 191 号：刘某诉广东省英德市人民政府行政复议案》，载最高人民法院网站，https：//www.court.gov.cn/fabu/xiangqing/382501.html，最后访问时间：2023 年 9 月 4 日。

院关于审理工伤保险行政案件若干问题的规定》第三条第一款有关规定认定建筑施工企业为承担工伤保险责任单位的，人民法院应予支持。

本案中，英德市政府和建安公司认为，根据法律的相关规定，梁某某是不具备用工主体资格的"包工头"，并非其招用的劳动者或聘用的职工，梁某某因工伤亡不应由建安公司承担工伤保险责任。对此，最高人民法院认为，将因工伤亡的"包工头"纳入工伤保险范围，赋予其享受工伤保险待遇的权利，由具备用工主体资格的承包单位承担用人单位依法应承担的工伤保险责任，符合工伤保险制度的建立初衷，也符合《工伤保险条例》及相关规范性文件的立法目的。首先，建设工程领域具备用工主体资格的承包单位承担其违法转包、分包项目上因工伤亡职工的工伤保险责任，并不以存在法律上劳动关系或事实上劳动关系为前提条件。其次，将"包工头"纳入工伤保险范围，符合建筑工程领域工伤保险发展方向。再次，将"包工头"纳入工伤保险对象范围，符合"应保尽保"的工伤保险制度立法目的。最后，"包工头"违法承揽工程的法律责任，与其参加社会保险的权利之间并不冲突。

沙某等诉马鞍山市花山区人民政府房屋强制拆除行政赔偿案①

案例要旨：在房屋强制拆除引发的行政赔偿案件中，原告提供了初步证据，但因行政机关的原因导致原告无法对房屋内物品损失举证，行政机关亦因未依法进行财产登记、公证等措施无法对房屋内物品损失举证的，人民法院对原告未超出市场价值的符合生活常理的房屋内物品的赔偿请求，应当予以支持。

本案中，法院生效裁判认为：根据《中华人民共和国土地管理法实施条例》第四十五条的规定，土地行政主管部门责令限期交出土地，被征收人拒不交出的，申请人民法院强制执行。马鞍山市花山区人民政府提供的证据不能证明原告自愿交出了被征土地上的房屋，其在土地行政主管部门未作出责令交出土地决定亦未申请人民法院强制执行的情况下，对沙明保等四人的房屋组织实施拆除，行为违法。关于被拆房屋内物品损失问题，根据《中华人民共和国行政诉讼法》第三十八条第二款之规定，在行政赔偿、补

① 参见《指导案例91号：沙某等诉马鞍山市花山区人民政府房屋强制拆除行政赔偿案》，载最高人民法院网站，https：//www.court.gov.cn/shenpan/xiangqing/7413.html，最后访问时间：2023年9月4日。

偿的案件中，原告应当对行政行为造成的损害提供证据。因被告的原因导致原告无法举证的，由被告承担举证责任。马鞍山市花山区人民政府组织拆除上诉人的房屋时，未依法对屋内物品登记保全，未制作物品清单并交上诉人签字确认，致使上诉人无法对物品受损情况举证，故该损失是否存在、具体损失情况等，依法应由马鞍山市花山区人民政府承担举证责任。上诉人主张的屋内物品5万元包括衣物、家具、家电、手机等，均系日常生活必需品，符合一般家庭实际情况，且被上诉人亦未提供证据证明这些物品不存在，故对上诉人主张的屋内物品种类、数量及价值应予认定。上诉人主张实木雕花床价值为5万元，已超出市场正常价格范围，其又不能确定该床的材质、形成时间、与普通实木雕花床有何不同等，法院不予支持。但出于最大限度保护被侵权人的合法权益考虑，结合目前普通实木雕花床的市场价格，按"就高不就低"的原则，综合酌定该实木雕花床价值为3万元。

赵某某诉山东省济南市历城区人民政府不履行拆迁安置补偿协议案①

案例要旨：诚实守信是依法行政的基本要求，是社会主义核心价值观的重要内容。行政机关在订立、履行、变更行政协议时，既要遵循行政法律规范，又要遵循平等自愿、诚实信用、依约履责等一般原则。人民法院不能简单参照传统行政诉讼的举证规则，以行政机关未提供证据证明行政协议合法性为由否定行政协议的效力。对行政协议是否应当履行发生争议的，负有履行义务的行政机关应当对其不履行义务承担举证责任。行政机关对不履行行政协议的事由，在协议订立时没有作出明确界定或约定，在协议订立后又不能作出合法有据的解释，不能证明履行协议可能出现严重损害国家利益或者社会公共利益的，人民法院应当结合案件情况和客观实际等因素作出对协议相对人有利的解释。本案中，拆迁安置补偿协议的订立是双方当事人协商一致的体现，历城区政府在订立协议并拆除房屋后，依据拆迁政策对履行义务进行不当解释，不依约履行协议，对协议相对人的合法权益造成损害。人民法院在历城区政府未能提供有效证据或法律依据证明行政协议存在无效或可撤销等情形下，认定涉案协议合法有效并判令继续履行，切实保障了人民群众的合法权益，同时彰显了行政审判在督促行政机关守信践诺

---

① 《最高人民法院发布第二批行政协议诉讼典型案例》，载最高人民法院网站，https：//www.court.gov.cn/zixun/xiangqing/355511.html，最后访问时间：2023年8月21日。

和依法行政中的职能作用。

余某某诉海南省三亚市国土环境资源局案[①]

案例要旨：第一，对外获取的信息也是政府信息。本案涉及两类信息，一是行政机关获取的企业环境信息；二是行政机关制作的具有内部特征的信息。关于前者，根据《政府信息公开条例》的规定，政府信息不仅包括行政机关制作的信息，同样包括行政机关从公民、法人或者其他组织获取的信息。因此，本案中行政机关在履行职责过程中获取的企业环境信息同样属于政府信息。关于后者，本案行政机关决定不予公开的 23 号函和 50 号函，虽然文件形式表现为内部报告，但实质仍是行政管理职能的延伸，不属于内部管理信息。第二，例外法定。政府信息不公开是例外，例外情形应由法律法规明确规定。本案判决强调，凡属于政府信息，如不存在法定不予公开的事由，均应予以公开。被告未能证明申请公开的信息存在法定不予公开的情形，简单以政府内部信息和企业环境信息为由答复不予公开，属于适用法律错误。第三，行政机关先行判断。考虑到行政机关获取的企业环境信息可能存在涉及第三方商业秘密的情形，应当首先由行政机关在行政程序中作出判断，法院并未越俎代庖直接判决公开，而是责令行政机关重新作出是否公开的答复，体现了对行政机关首次判断权的尊重。

> **第十二条　【行政复议范围的排除】**下列事项不属于行政复议范围：
>
> （一）国防、外交等国家行为；
>
> （二）行政法规、规章或者行政机关制定、发布的具有普遍约束力的决定、命令等规范性文件；
>
> （三）行政机关对行政机关工作人员的奖惩、任免等决定；
>
> （四）行政机关对民事纠纷作出的调解。

[①] 《最高人民法院 2014 年 9 月 12 日发布政府信息公开十大案例》，载最高人民法院网站，https：//www.court.gov.cn/zixun/xiangqing/13406.html，最后访问时间：2023 年 9 月 4 日。

【理解与适用】

本条是关于行政复议不受理事项的规定，是新增条文。修改后的行政复议法采用否定列举的方式对行政复议受理范围进行重新改造，既是实现复议主渠道作用的需要，也是简化实践操作、便于权利救济的需要。

1. 国防、外交等国家行为

国家行为是国家基于主权，以国家的名义实施的关系到国家和民族整体利益的行为。[①] 根据《中华人民共和国立法法》第十一条第一项的规定，国家主权事项属于法律保留的事项。由于国家行为具有高度的主权性、机密性、政治性，与行政行为存在明显差异，同时其具备独特的责任追究机制和补偿机制，因此其不属于行政复议的受理范围。

关于"国家行为"的范畴，可参考《最高人民法院关于适用〈中华人民共和国行政诉讼法〉的解释》第二条第一款的规定，即国家行为是指国务院、中央军事委员会、国防部、外交部等根据宪法和法律的授权，以国家的名义实施的有关国防和外交事务的行为，以及经宪法和法律授权的国家机关宣布紧急状态、实施戒严和总动员等行为。

2. 行政法规、规章或者行政机关制定、发布的具有普遍约束力的决定、命令等规范性文件

制定行政法规、规章是行政立法行为。《中华人民共和国立法法》《行政法规制定程序条例》《法规规章备案条例》等已经就行政立法行为建立了事前的备案审查制度、事后的改变与撤销制度。为避免对行政立法行为的重复审查和冲突处理，行政复议法无需再赋予复议机关以审查权。

行政机关制定、发布具有普遍约束力的规范性文件，属于学

---

① 马怀德：《司法改革与行政诉讼制度的完善》，中国政法大学出版社 2004 年版，第 118 页。

理上的"抽象行政行为"。在实践中，此类抽象行政行为未必会实际影响公民、法人或其他组织的权利义务，但有可能作为行政行为的依据。因此，修改后的行政复议法并未将此类抽象行政行为纳入直接申请复议的范围，而是保留了原法中对其予以附带性审查的条款。

3. 行政机关对行政机关工作人员的奖惩、任免等决定

新法在行政复议范围排除清单中的此项规定，表述得比较明确规范，且与《中华人民共和国行政诉讼法》第十三条第三项规定的用语保持协调一致。行政机关对机关工作人员的奖惩、任免等决定，属于学理上的"内部行政行为"。[①] 此类内部行政行为不同于针对行政相对人的外部行政行为，并不会实际影响社会上公民、法人或其他组织的合法权益。因此，修改后的行政复议法未将此类内部行政行为纳入复议范围。

根据《中华人民共和国公务员法》等相关规定，行政机关工作人员对此类内部行政行为不服的，可以通过复核、申诉等途径救济权利。

4. 行政机关对民事纠纷作出的调解

行政调解，是指由国家行政机关主持的，以国家法律、法规及政策为依据，以当事人自愿为原则，通过说服教育的方法，促使民事争议双方当事人友好协商、互让互谅、达成和解协议，从而解决相关争议的活动。[②] 在行政机关对民事纠纷作出的调解中，调解协议是在双方当事人自愿、合意的情况下达成的，行政机关的行为并不能直接对民事争议双方的权利义务产生影响，不存在行政行为所应具备的法律效力。行政机关对民事纠纷作出的调解并没有表现出过多的强制性，而是更多地彰显出服务性。因此，修改后的行政复议法未将此类调解行为纳入复议范围。

---

① 江必新、梁凤云：《行政诉讼法理论与实务》，北京大学出版社2009年版，第248页。
② 莫于川：《案例行政法教程》，中国人民大学出版社2009年版，第230页。

【相关规范】

● *法律*

1. 《中华人民共和国立法法》（2023 年 3 月 13 日）

第十一条 下列事项只能制定法律：

（一）国家主权的事项；

（二）各级人民代表大会、人民政府、监察委员会、人民法院和人民检察院的产生、组织和职权；

（三）民族区域自治制度、特别行政区制度、基层群众自治制度；

（四）犯罪和刑罚；

（五）对公民政治权利的剥夺、限制人身自由的强制措施和处罚；

（六）税种的设立、税率的确定和税收征收管理等税收基本制度；

（七）对非国有财产的征收、征用；

（八）民事基本制度；

（九）基本经济制度以及财政、海关、金融和外贸的基本制度；

（十）诉讼制度和仲裁基本制度；

（十一）必须由全国人民代表大会及其常务委员会制定法律的其他事项。

第一百零七条 法律、行政法规、地方性法规、自治条例和单行条例、规章有下列情形之一的，由有关机关依照本法第一百零八条规定的权限予以改变或者撤销：

（一）超越权限的；

（二）下位法违反上位法规定的；

（三）规章之间对同一事项的规定不一致，经裁决应当改变或者撤销一方的规定的；

（四）规章的规定被认为不适当，应当予以改变或者撤销的；

（五）违背法定程序的。

第一百零八条 改变或者撤销法律、行政法规、地方性法规、自治条例和单行条例、规章的权限是：

（一）全国人民代表大会有权改变或者撤销它的常务委员会制定的不适当的法律，有权撤销全国人民代表大会常务委员会批准的违背宪法和本法

第八十五条第二款规定的自治条例和单行条例；

（二）全国人民代表大会常务委员会有权撤销同宪法和法律相抵触的行政法规，有权撤销同宪法、法律和行政法规相抵触的地方性法规，有权撤销省、自治区、直辖市的人民代表大会常务委员会批准的违背宪法和本法第八十五条第二款规定的自治条例和单行条例；

（三）国务院有权改变或者撤销不适当的部门规章和地方政府规章；

（四）省、自治区、直辖市的人民代表大会有权改变或者撤销它的常务委员会制定的和批准的不适当的地方性法规；

（五）地方人民代表大会常务委员会有权撤销本级人民政府制定的不适当的规章；

（六）省、自治区的人民政府有权改变或者撤销下一级人民政府制定的不适当的规章；

（七）授权机关有权撤销被授权机关制定的超越授权范围或者违背授权目的的法规，必要时可以撤销授权。

第一百零九条 行政法规、地方性法规、自治条例和单行条例、规章应当在公布后的三十日内依照下列规定报有关机关备案：

（一）行政法规报全国人民代表大会常务委员会备案；

（二）省、自治区、直辖市的人民代表大会及其常务委员会制定的地方性法规，报全国人民代表大会常务委员会和国务院备案；设区的市、自治州的人民代表大会及其常务委员会制定的地方性法规，由省、自治区的人民代表大会常务委员会报全国人民代表大会常务委员会和国务院备案；

（三）自治州、自治县的人民代表大会制定的自治条例和单行条例，由省、自治区、直辖市的人民代表大会常务委员会报全国人民代表大会常务委员会和国务院备案；自治条例、单行条例报送备案时，应当说明对法律、行政法规、地方性法规作出变通的情况；

（四）部门规章和地方政府规章报国务院备案；地方政府规章应当同时报本级人民代表大会常务委员会备案；设区的市、自治州的人民政府制定的规章应当同时报省、自治区的人民代表大会常务委员会和人民政府备案；

（五）根据授权制定的法规应当报授权决定规定的机关备案；经济特区法规、浦东新区法规、海南自由贸易港法规报送备案时，应当说明变通的情况。

2. 《中华人民共和国公务员法》（2018 年 12 月 29 日）

第九十五条 公务员对涉及本人的下列人事处理不服的，可以自知道该人事处理之日起三十日内向原处理机关申请复核；对复核结果不服的，可以自接到复核决定之日起十五日内，按照规定向同级公务员主管部门或者作出该人事处理的机关的上一级机关提出申诉；也可以不经复核，自知道该人事处理之日起三十日内直接提出申诉：

（一）处分；

（二）辞退或者取消录用；

（三）降职；

（四）定期考核定为不称职；

（五）免职；

（六）申请辞职、提前退休未予批准；

（七）不按照规定确定或者扣减工资、福利、保险待遇；

（八）法律、法规规定可以申诉的其他情形。

对省级以下机关作出的申诉处理决定不服的，可以向作出处理决定的上一级机关提出再申诉。

受理公务员申诉的机关应当组成公务员申诉公正委员会，负责受理和审理公务员的申诉案件。

公务员对监察机关作出的涉及本人的处理决定不服向监察机关申请复审、复核的，按照有关规定办理。

● *行政法规及文件*

3. 《行政法规制定程序条例》（2017 年 12 月 22 日）

第十八条 报送国务院的行政法规送审稿，由国务院法制机构负责审查。

国务院法制机构主要从以下方面对行政法规送审稿进行审查：

（一）是否严格贯彻落实党的路线方针政策和决策部署，是否符合宪法和法律的规定，是否遵循立法法确定的立法原则；

（二）是否符合本条例第十二条的要求；

（三）是否与有关行政法规协调、衔接；

（四）是否正确处理有关机关、组织和公民对送审稿主要问题的意见；

（五）其他需要审查的内容。

4.《法规规章备案条例》（2001 年 12 月 14 日）

第三条 法规、规章公布后，应当自公布之日起 30 日内，依照下列规定报送备案：

（一）地方性法规、自治州和自治县的自治条例和单行条例由省、自治区、直辖市的人民代表大会常务委员会报国务院备案；

（二）部门规章由国务院部门报国务院备案，两个或者两个以上部门联合制定的规章，由主办的部门报国务院备案；

（三）省、自治区、直辖市人民政府规章由省、自治区、直辖市人民政府报国务院备案；

（四）较大的市的人民政府规章由较大的市的人民政府报国务院备案，同时报省、自治区人民政府备案；

（五）经济特区法规由经济特区所在地的省、市的人民代表大会常务委员会报国务院备案。

● **司法解释及文件**

5.《最高人民法院关于适用〈中华人民共和国行政诉讼法〉的解释》（2018 年 2 月 6 日）

第二条 行政诉讼法第十三条第一项规定的"国家行为"，是指国务院、中央军事委员会、国防部、外交部等根据宪法和法律的授权，以国家的名义实施的有关国防和外交事务的行为，以及经宪法和法律授权的国家机关宣布紧急状态等行为。

行政诉讼法第十三条第二项规定的"具有普遍约束力的决定、命令"，是指行政机关针对不特定对象发布的能反复适用的规范性文件。

行政诉讼法第十三条第三项规定的"对行政机关工作人员的奖惩、任免等决定"，是指行政机关作出的涉及行政机关工作人员公务员权利义务的决定。

行政诉讼法第十三条第四项规定的"法律规定由行政机关最终裁决的行政行为"中的"法律"，是指全国人民代表大会及其常务委员会制定、通过的规范性文件。

● **案例指引**

李某诉临猗县人民政府公开招聘事业单位工作人员案①

案例要旨：本案涉及公务员招录行为是否被纳入行政复议申请范围。本案的关键点是要判断公务员招录行为是否构成行政复议法所明确排除的行政处分和其他人事处理决定。行政处分和人事处理决定均为行政机关直接针对公务员权利义务所作出的内部行政决定，公务员应当通过复核和申诉程序获得救济。结合案情，临猗县人民政府取消申请人面试资格的决定是否属于该条所列的内部行为，行政复议法并未作出明确规定。鉴于申请人尚未进入公务员序列、尚未取得公务员身份，临猗县人民政府作出的取消面试决定仍然可以被看成是外化的、非行政系统内的，具有"未被法律排除的可申请性"，市人民政府受理此案既是对行政复议法的合理、正确适用，更充分体现出作为上级监督机关的行政复议机关，在申请范围确定方面的能动优势和担当。

> **第十三条 【对规范性文件的附带审查】** 公民、法人或者其他组织认为行政机关的行政行为所依据的下列规范性文件不合法，在对行政行为申请行政复议时，可以一并向行政复议机关提出对该规范性文件的附带审查申请：
>
> （一）国务院部门的规范性文件；
>
> （二）县级以上地方各级人民政府及其工作部门的规范性文件；
>
> （三）乡、镇人民政府的规范性文件；
>
> （四）法律、法规、规章授权的组织的规范性文件。
>
> 前款所列规范性文件不含规章。规章的审查依照法律、行政法规办理。

---

① 参见《"推进中国法治进程十大行政复议案例"评选报告》，载中国法学会行政法学研究会、中国政法大学法治政府研究院：《行政复议法实施二十年研究报告》，中国法制出版社2019年版，第298页。

【理解与适用】

本条是关于规范性文件附带性审查的规定。规范性文件是指行政机关及被授权组织实施法律和执行政策，在法定权限内制定的除行政法规和规章外的决定、命令等普遍性的行为规则。[①] 纳入行政复议附带审查范围的规范性文件需满足以下四个条件：第一，制定主体是国务院以下的国家行政机关及法律、法规、规章授权组织；第二，法律效果影响公民、法人或者其他组织的权利义务，即具有外部约束力；第三，效力范围是针对不特定多数人；第四，效力位阶是在规章以下的规范性文件。

修改后的行政复议法以"规范性文件"一词替换了原法中的"规定"一词，在制定主体中新增了"法律、法规、规章授权的组织"，进一步明确了"规范性文件"的范畴。因此，复议机关在适用此条款时需特别注意规范性文件附带性审查的启动条件、范围和标准。

1. 附带性审查的启动条件

修改后的行政复议法同原法一样，没有为附带性审查的启动设置前置性条件。复议申请人只要认为争议行政行为的依据不合法，便可以提出附带性审查的申请。这主要是考虑到以普通民众的法律知识水平，可能无法准确判断争议行政行为的依据是否属于规范性文件，也是复议便民原则的体现。同时，复议申请人也不必向复议机关提供初步证据，证明相关依据不合法。

关于复议申请人提出附带性审查的期限问题，复议机关可依据《中华人民共和国行政复议法实施条例》作出判断。根据《中华人民共和国行政复议法实施条例》第二十六条的规定，复议申请人可以在复议机关作出复议决定前提出审查申请。

---

① 姜明安：《行政法与行政诉讼法》，北京大学出版社 2011 年版，第 177 页。

2. 附带性审查的范围

修改后的行政复议法明确了规章不适用行政复议附带性文件审查，限定了复议机关可审查的规范性文件种类。从制定主体来看，修改后的行政复议法排除了各级党组织和未被法律、法规、规章授权的组织制定的规范性文件。党政联合制发的规范性文件一般不在行政复议附带性文件的审查范围内。从外部效力来看，学界主流观点认为，用来规范行政机关内部行政行为、不具备外部效力的规范性文件不属于行政复议附带性审查的范围。[①]

3. 附带性审查的标准

从附带性审查的启动来看，复议申请人是基于对规范性文件的合法性怀疑提起的附带性审查。因此，复议机关应从合法性维度对规范性文件予以审查，主要包括三个方面：一是制定主体是否符合上位法的规定；二是内容是否符合上位法的规定；三是制定程序是否符合上位法的规定。

此外，上级行政机关有权撤销、改变下级行政机关不当的决定、命令。而且，行政法基本原则要求行政机关的规范性文件不仅具有合法性，而且具有适当性。合法性审查是适当性审查的前提基础，而适当性审查是对合法性审查在程度上的深化。[②] 实践中，合法性的标准可操作性很强，而对规范性文件内容的适当与否进行合理性审查，则缺少相应的标准指引。[③] 因此，适当性审查实质上是复议机关的自由裁量。复议机关在适当性审查中应遵循比例原则，参考相关指导案例，谨慎认定"不当"情形。

① 周汉华：《行政复议司法化：理论、实践与改革》，北京大学出版社 2005 年版，第 232 页。
② 崔文俊：《法规范司法审查理论与实务》，法律出版社 2018 年版，第 152 页。
③ 卢超：《规范性文件附带审查的司法困境及其枢纽功能》，载《比较法研究》2020 年第 3 期。

【相关规范】

● **宪法**

1. 《中华人民共和国宪法》（2018 年 3 月 11 日）

　　第九十条　国务院各部部长、各委员会主任负责本部门的工作；召集和主持部务会议或者委员会会议、委务会议，讨论决定本部门工作的重大问题。

　　各部、各委员会根据法律和国务院的行政法规、决定、命令，在本部门的权限内，发布命令、指示和规章。

● **法律**

2. 《中华人民共和国各级人民代表大会常务委员会监督法》（2006 年 8 月 27 日）

　　第二十九条　县级以上地方各级人民代表大会常务委员会审查、撤销下一级人民代表大会及其常务委员会作出的不适当的决议、决定和本级人民政府发布的不适当的决定、命令的程序，由省、自治区、直辖市的人民代表大会常务委员会参照立法法的有关规定，作出具体规定。

　　第三十条　县级以上地方各级人民代表大会常务委员会对下一级人民代表大会及其常务委员会作出的决议、决定和本级人民政府发布的决定、命令，经审查，认为有下列不适当的情形之一的，有权予以撤销：

　　（一）超越法定权限，限制或者剥夺公民、法人和其他组织的合法权利，或者增加公民、法人和其他组织的义务的；

　　（二）同法律、法规规定相抵触的；

　　（三）有其他不适当的情形，应当予以撤销的。

● **行政法规及文件**

3. 《中华人民共和国行政复议法实施条例》（2007 年 5 月 29 日）

　　第二十六条　依照行政复议法第七条的规定，申请人认为具体行政行为所依据的规定不合法的，可以在对具体行政行为申请行政复议的同时一并提出对该规定的审查申请；申请人在对具体行政行为提出行政复议申请时尚不知道该具体行政行为所依据的规定的，可以在行政复议机关作出行政复议决定前向行政复议机关提出对该规定的审查申请。

徐某诉山东省五莲县社会医疗保险事业处不予报销医疗费用案①

案例要旨：修改后的行政诉讼法第五十三条增加了对规范性文件进行附带审查的条款。规范性文件的制定应以上位法为依据，与上位法相冲突的条款不具有合法性，不能作为认定行政行为合法的依据。本案涉及的上位依据包括：《山东省新型农村合作医疗定点医疗机构暂行管理规定》第十二条规定："参合农民在山东省行政区域内非新农合定点医疗机构就医的费用不得纳入新农合基金补偿。"山东省卫生厅、民政厅、财政厅、农业厅《关于巩固和发展新型农村合作医疗制度的实施意见》规定："完善省内新农合定点医疗机构互认制度，凡经市级以上卫生行政部门确定并报省卫生行政部门备案的三级以上新农合定点医疗机构，在全省范围内互认；统筹地区根据参合农民就医流向，通过签订协议互认一、二级新农合定点医疗机构，享受当地规定的同级别新农合定点医疗机构补偿比例。"《2014年五莲县新型农村合作医疗管理工作实施办法》第五条第二款关于"参合农民到市外就医，必须到政府举办的公立医疗机构"的规定，限缩了行政相对人选择就医的权利，不符合上位依据的相关规定，不能作为认定涉案行政行为合法的依据。

成都某医疗科技有限责任公司诉四川省成都市科学技术局科技项目资助行政许可案②

案例要旨：规范性文件附带审查制度在促进公民权益保护、监督规范性文件的制定以及促进法治政府"科学立法"的进程具有积极的意义。在本案的审理中，人民法院明确，原告提起规范性文件的审查需符合"附带性"的原则。首先，审查对象的附带性，只有直接作为被诉行政行为依据的规范性文件才可能成为人民法院的审查对象；其次，审查模式的附带性，即对规范性文件的审查只能在针对行政行为合法性审查中附带提出；最后，审查结果的附带性，人民法院对规范性文件的审查是为了确认诉争行政行为的直接依据是否合法进而确认行政行为的合法性，经审查后确认该规范性文件

---

① 《行政诉讼附带审查规范性文件典型案例》，载最高人民法院网站，https：//www. court. gov. cn/zixun/xiangqing/125871. html，最后访问时间：2023 年 8 月 21 日。
② 《行政诉讼附带审查规范性文件典型案例》，载最高人民法院网站，https：//www. court. gov. cn/zixun/xiangqing/125871. html，最后访问时间：2023 年 9 月 4 日。

不合法，处理方式为不作为认定行政行为合法的依据，并向规范性文件的制定机关提出处理建议，而不就规范性文件的合法性做单独判定。本案中，由于被诉行为不属于人民法院行政诉讼受案范围，故原告一并提起要求确认被告制定的相关规范性文件违法的诉请也不属于人民法院行政诉讼的受案范围。

第二节　行政复议参加人

> **第十四条　【申请人】**依照本法申请行政复议的公民、法人或者其他组织是申请人。
>
> 　　有权申请行政复议的公民死亡的，其近亲属可以申请行政复议。有权申请行政复议的法人或者其他组织终止的，其权利义务承受人可以申请行政复议。
>
> 　　有权申请行政复议的公民为无民事行为能力人或者限制民事行为能力人的，其法定代理人可以代为申请行政复议。

【理解与适用】

本条是关于行政复议参加人的规定，共三款，是 2017 年修正的《中华人民共和国行政复议法》第十条第一款的内容单独成条。

1. 行政复议申请人的概念

依法申请行政复议的公民、法人或其他组织是申请人。即行政复议中的申请人是指认为行政机关或者行政机关工作人员的行政行为侵犯其合法权益，依法向行政复议机关申请复议的公民、法人或其他组织。

作为行政复议申请人必须符合下面几个条件：

（1）行政复议的申请人必须是向行政复议机关提出行政复议申请的公民、法人或者其他组织，与行政机关作出的行政行为有特定的行政法律关系。

（2）提出行政复议申请的公民、法人或者其他组织必须"认为"行政行为侵犯了自己的合法权益。当然，这里只是申请人自己"认为"就可以，事实上这种"认为"可能有对有错，但不影响其申请行政复议的权利，这仅仅是一个主观条件。

（3）行政复议申请人必须是公民、法人或其他组织。这里所说的公民既包括我国公民也包括外国人和无国籍人。《中华人民共和国民法典》第十七条和第十八条第一款规定："十八周岁以上的自然人为成年人。不满十八周岁的自然人为未成年人。成年人为完全民事行为能力人，可以独立实施民事法律行为。"第二十一条第一款规定："不能辨认自己行为的成年人为无民事行为能力人，由其法定代理人代理实施民事法律行为。"第二十二条规定："不能完全辨认自己行为的成年人为限制民事行为能力人，实施民事法律行为由其法定代理人代理或者经其法定代理人同意、追认；但是，可以独立实施纯获利益的民事法律行为或者与其智力、精神健康状况相适应的民事法律行为。"第二十三条规定："无民事行为能力人、限制民事行为能力人的监护人是其法定代理人。"法人是指依法成立，具有民事权利能力和民事行为能力，能依法独立享有民事权利和承担民事义务的组织。法人包括两大类，一类是企业法人，另一类是机关、事业单位和社会团体法人。其他组织是指不具备法人条件的组织，如合法组织、群众性团体、进行学术活动的某些协会等。这些组织既包括中国的合法组织，也包括外国在华设置的一些合法组织，如商务代办处等。

（4）必须是认为该行政行为侵犯了其合法权益并有明确的复议申请意思表示。《中华人民共和国行政复议法》第二十二条规定："申请人申请行政复议，可以书面申请；书面申请有困难的，也可以口头申请。书面申请的，可以通过邮寄或者行政复议机关指定的互联网渠道等方式提交行政复议申请书，也可以当面提交行政复议申请书。行政机关通过互联网渠道送达行政行为决定书的，应当同时提供提交行政复议申请书的互联网渠道。口头申请的，行政复议机关应当当场记录申请人的基本情况、行政复议请求、申请行政复议的主要事实、理由和时间……"

（5）申请复议的行政行为必须是依法可以提出复议申请的行为，符合行政复议法规定的受案范围。《中华人民共和国行政复议法》第十一条规定："有下列情形之一的，公民、法人或者其他组织可以依照本法申请行政复议：（一）对行政机关作出的行政处罚决定不服；（二）对行政机关作出的行政强制措施、行政强制执行决定不服；（三）申请行政许可，行政机关拒绝或者在法定期限内不予答复，或者对行政机关作出的有关行政许可的其他决定不服；（四）对行政机关作出的确认自然资源的所有权或者使用权的决定不服；（五）对行政机关作出的征收征用决定及其补偿决定不服；（六）对行政机关作出的赔偿决定或者不予赔偿决定不服；（七）对行政机关作出的不予受理工伤认定申请的决定或者工伤认定结论不服；（八）认为行政机关侵犯其经营自主权或者农村土地承包经营权、农村土地经营权；（九）认为行政机关滥用行政权力排除或者限制竞争；（十）认为行政机关违法集资、摊派费用或者违法要求履行其他义务；（十一）申请行政机关履行保护人身权利、财产权利、受教育权利等合法权益的法定职责，行政机关拒绝履行、未依法履行或者不予答复；（十二）申请行政机关依法给付抚恤金、社会保险待遇或者最低生活保障等社会保障，行政机关没有依法给付；（十三）认为行政机关不依法订立、不依法履行、未按照约定履行或者违法变更、解除政府特许经营协议、土地房屋征收补偿协议等行政协议；（十四）认为行政机关在政府信息公开工作中侵犯其合法权益；（十五）认为行政机关的其他行政行为侵犯其合法权益。"

以上五个条件必须同时具备，缺一不可。这是行政复议法的一般规定，但另有规定的除外。

2. 行政复议申请人资格的转移

（1）有权申请复议的公民死亡的，其近亲属可以申请复议。这里的近亲属包括配偶、父母、子女、兄弟姐妹、祖父母、外祖父母、孙子女、外孙子女。近亲属可以申请复议，意味着法律赋予了近亲属申请人的资格，尽管近亲属不是因为自己的合法权益受到侵犯，但其可以以自己的名义申请复议。因此，近亲属申请复议，其地位等同于有权申请复议的公民，而不属于代理人代为申请复议的范畴。

（2）有权申请复议的法人或其他组织终止，承受其权利的法人或者其他组织可以申请复议。法人或者其他组织终止，是指法人或者其他组织自身的消灭和变更。

①法人或者其他组织消灭。这是法人或者其他组织终止的主要形式，具体是指法人或者其他组织的资格在法律上最终归于消灭和结束，其权利，包括申请复议的权利，应当由法律规定的有关组织承受。

②法人或者其他组织变更。这是指原有意义上的法人或者其他组织虽然已经终止，但又以新的法人或者其他组织的形式出现，并且与原法人或者其他组织之间在法律上具有承继关系。法人或者其他组织的变更，主要有法人或者其他组织的分立和合并两种形式。法人或者其他组织的分立，是指一个法人或者其他组织按照法定程序分为两个以上的新法人或者新的其他组织。法人或者其他组织的合并，是指两个以上的法人或者其他组织，依照法定程序合并为一个法人或者其他组织。合并后的法人或者其他组织是原法人或者其他组织的权利的承受者，可以以自己的名义申请复议。

【相关规范】

● 行政法规及文件

1.《中华人民共和国行政复议法实施条例》（2007 年 5 月 29 日）

第五条　依照行政复议法和本条例的规定申请行政复议的公民、法人或者其他组织为申请人。

第六条　合伙企业申请行政复议的，应当以核准登记的企业为申请人，由执行合伙事务的合伙人代表该企业参加行政复议；其他合伙组织申请行政复议的，由合伙人共同申请行政复议。

前款规定以外的不具备法人资格的其他组织申请行政复议的，由该组织的主要负责人代表该组织参加行政复议；没有主要负责人的，由共同推选的其他成员代表该组织参加行政复议。

● 部门规章及文件

2.《人力资源社会保障行政复议办法》（2010 年 3 月 16 日）

第九条　依照本办法规定申请行政复议的公民、法人或者其他组织为人力资源社会保障行政复议申请人。

3.《中华人民共和国海关行政复议办法》（2014 年 3 月 13 日）

第十一条　依照本办法规定申请行政复议的公民、法人或者其他组织是海关行政复议申请人。

第十二条　有权申请行政复议的公民死亡的，其近亲属可以申请行政复议。

第十三条　有权申请行政复议的法人或者其他组织终止的，承受其权利的公民、法人或者其他组织可以申请行政复议。

法人或者其他组织实施违反海关法的行为后，有合并、分立或者其他资产重组情形，海关以原法人、组织作为当事人予以行政处罚并且以承受其权利义务的法人、组织作为被执行人的，被执行人可以以自己的名义申请行政复议。

4.《税务行政复议规则》（2018 年 6 月 15 日）

第二十条　合伙企业申请行政复议的，应当以核准登记的企业为申请人，由执行合伙事务的合伙人代表该企业参加行政复议；其他合伙组织申请行政复议的，由合伙人共同申请行政复议。

前款规定以外的不具备法人资格的其他组织申请行政复议的，由该组织的主要负责人代表该组织参加行政复议；没有主要负责人的，由共同推选的其他成员代表该组织参加行政复议。

第二十一条 股份制企业的股东大会、股东代表大会、董事会认为税务具体行政行为侵犯企业合法权益的，可以以企业的名义申请行政复议。

第二十二条 有权申请行政复议的公民死亡的，其近亲属可以申请行政复议；有权申请行政复议的公民为无行为能力人或者限制行为能力人，其法定代理人可以代理申请行政复议。

有权申请行政复议的法人或者其他组织发生合并、分立或终止的，承受其权利义务的法人或者其他组织可以申请行政复议。

第二十四条 非具体行政行为的行政管理相对人，但其权利直接被该具体行政行为所剥夺、限制或者被赋予义务的公民、法人或其他组织，在行政管理相对人没有申请行政复议时，可以单独申请行政复议。

● **案例指引**

张某不服某市住房和城乡建设局对违规出借经济适用住房行政处理案①

案例要旨： 本案涉及两个焦点问题：一、被申请人作出《处理决定》适用的依据是否准确？《关于加强经济适用住房管理有关问题的通知》（建保〔2010〕59号，以下简称《通知》）第八条规定，在取得完全产权前，经济适用住房购房人只能用于自住，不得出售、出租、闲置、出借，也不得擅自改变住房用途。《通知》第十六条规定，购房人违反本通知第八条规定，违规出售、出租、闲置、出借经济适用住房，或者擅自改变住房用途且拒不整改的，按照有关规定或者合同约定收回。对有上述情形的购房人，取消其在5年内再次申请购买或租赁各类政策性、保障性住房的资格。本案中，申请人在未完全取得产权的情况下将购买的经济适用住房出借给其亲戚居住，确实违反了《通知》第八条的规定。但是，申请人在媒体曝光后就在第一时间要求其亲戚搬离，应当是对违法的出借行为进行了积极整改。而违规出借经济适用住房，必须在拒不整改后，才能作出相关的处理。而申

---

① 参见甘藏春：《行政复议典型案例选编（第三辑）》，中国法制出版社2013年版，第178~182页。

请人并不存在出借经济适用房拒不整改的情形。据此，被申请人作出《处理决定》所引用的条文是正确的，但是因为对条文内容的理解有误，导致依据该条文所作出的《处理决定》也是错误的。二、被申请人作出《处理决定》的程序是否合法？被申请人在作出行政处理决定前向申请人下达了行政执法告知书，同时由于涉及申请人的重大利益，应申请人的申请召开了听证会。但是由于对处理依据《通知》中"且拒不整改"的内容理解有误，导致被申请人无视申请人是否整改，没有先行作出责令申请人限期改正的行政告知，没有对申请人有无拒不整改的情形作出确认即作出行政处理。因此，被申请人作出《处理决定》的程序违法。

> **第十五条　【代表人】**同一行政复议案件申请人人数众多的，可以由申请人推选代表人参加行政复议。
>
> 代表人参加行政复议的行为对其所代表的申请人发生效力，但是代表人变更行政复议请求、撤回行政复议申请、承认第三人请求的，应当经被代表的申请人同意。

【理解与适用】

本条是此次修法新增的条文，是同一行政复议案件申请人人数众多时进行行政复议推选代表人的规定。此规定出自《中华人民共和国行政诉讼法》第二十八条规定："当事人一方人数众多的共同诉讼，可以由当事人推选代表人进行诉讼。代表人的诉讼行为对其所代表的当事人发生效力，但代表人变更、放弃诉讼请求或者承认对方当事人的诉讼请求，应当经被代表的当事人同意。"

现实生活中有很多涉及多数人权益的案件，如行政征收、行政许可、行政指导等案件中都会涉及多数人的权益。多数人权益受到侵犯，行政复议活动如何进行？显然，让所有受害人一起参加复议往往是不现实的，势必造成审理的不方便和复议时间的冗长，而让所有受害人各自提起复议分别审理，既麻烦又可能作出相互矛盾的决定。为了解决这一问题，简化复议程序，节省时间和人力，行政复议法对申请人人数众多的情形作了规定。

对于人数众多且确定的行政复议，为了保证复议有序进行，本条规定可以由申请人推选代表人进行复议。申请人必须推选他们之中的人作为代表进行复议，而不能推选申请人之外的人。推选代表人是申请人的意思表示，因此，代表一旦产生，其复议行为对其所代表的申请人发生效力。但是，这里讲的代表人的复议行为仅指提供证据、进行辩论等不涉及申请人实体权利的行为。对实体权利的处分是法律赋予权利主体的重要权利，未经当事人授权，他人无权代为处分。因此，代表人的凡涉及实体权利的复议行为，包括变更、放弃复议请求或者承认第三方的请求，进行和解、调解，必须经被代表的复议申请人同意，否则将构成对被代表的复议申请人的权利的侵犯。法律规定代表人放弃、变更复议请求，或者承认被申请人的主张，进行调解或和解，必须经被代表的申请人同意，可以防止代表人和对方恶意串通，损害被代表的申请人的权益。

需要指出的是，申请人一方人数众多不是必须推选代表人参加复议，因为在这种复议中申请人的请求可能不完全一致，所以如果某个或者某几个申请人不愿推选代表而想亲自复议，也应当允许。

【相关规范】

● **法律**

1. 《中华人民共和国行政诉讼法》（2017 年 6 月 27 日）

　　第二十八条　当事人一方人数众多的共同诉讼，可以由当事人推选代表人进行诉讼。代表人的诉讼行为对其所代表的当事人发生效力，但代表人变更、放弃诉讼请求或者承认对方当事人的诉讼请求，应当经被代表的当事人同意。

● **行政法规及文件**

2.《中华人民共和国行政复议法实施条例》（2007 年 5 月 29 日）

第八条 同一行政复议案件申请人超过 5 人的，推选 1 至 5 名代表参加行政复议。

● **部门规章及文件**

3.《人力资源社会保障行政复议办法》（2010 年 3 月 16 日）

第十条 同一行政复议案件申请人超过 5 人的，推选 1 至 5 名代表参加行政复议，并提交全体行政复议申请人签字的授权委托书以及全体行政复议申请人的身份证复印件。

4.《中华人民共和国海关行政复议办法》（2014 年 3 月 13 日）

第十三条 有权申请行政复议的法人或者其他组织终止的，承受其权利的公民、法人或者其他组织可以申请行政复议。

法人或者其他组织实施违反海关法的行为后，有合并、分立或者其他资产重组情形，海关以原法人、组织作为当事人予以行政处罚并且以承受其权利义务的法人、组织作为被执行人的，被执行人可以以自己的名义申请行政复议。

5.《税务行政复议规则》（2018 年 6 月 15 日）

第二十五条 同一行政复议案件申请人超过 5 人的，应当推选 1 至 5 名代表参加行政复议。

第十六条 【第三人】申请人以外的同被申请行政复议的行政行为或者行政复议案件处理结果有利害关系的公民、法人或者其他组织，可以作为第三人申请参加行政复议，或者由行政复议机构通知其作为第三人参加行政复议。

第三人不参加行政复议，不影响行政复议案件的审理。

【理解与适用】

1. 第三人的概念及特征

行政复议的第三人是指同申请复议的行政行为有利害关系，为维护自己的合法权益而参加到行政复议中的公民、法人或其他组织。其特征如下：

（1）第三人同被申请复议的行政行为有利害关系。这里的利害关系，指同被申请复议的行政行为有法律上的权利义务关系。该行政行为在法律上的存在与变动直接决定着第三人权利义务的变化。这种法律上权利义务关系的另一面，是行政行为直接调整了第三人的权利义务，而不是仅仅与复议结果有利害关系，这就把那些仅与申请人之间存在民事法律关系，而同复议结果有利害关系的人排除在行政复议的第三人之外。

（2）参加到他人已经开始、尚未终结的复议活动中。如果他人的复议活动尚未开始，不发生第三人参加复议；如果他人的复议活动已经终结，也不存在第三人参加复议活动的问题。

（3）参加他人的复议活动必须经过复议机关的批准。这是对以第三人身份参加复议活动的公民、法人或者其他组织的一种程序上的要求，目的是避免不具备第三人条件的公民、法人或者其他组织以第三人的身份参加复议，以保证复议活动的正常进行。对复议机关来说，凡是符合第三人条件的公民、法人或者其他组织，都应该考虑批准其参加复议。

2. 第三人的种类

从实践来看，第三人主要有以下几种：

（1）行政处罚案件中的受害人或被处罚人。在行政处罚案件中可能有受害人、被处罚人，如果被处罚人不服处罚申请复议，另一方受害人则可以作为第三人参加复议；如果是受害人对处罚不服而申请复议，相应的被处罚人也可以以第三人名义参加复议。

（2）行政处罚案件中的共同被处罚人。在一个行政处罚案件中，行政机关处罚了两个以上的违法行为人，其中一部分人申请行政复议，而另一部分没有申请复议的被处罚人，可以作为第三人参加复议。

（3）行政确权案件中主张权利的人。公民、法人或其他组织之间发生的一些民事权益纠纷，依照法律须由行政机关进行确权裁决，如土地确权案件。这些纠纷当事人即可作为第三人参加复议。与此性质类似的纠纷裁决，如行政机关对平等民事主体间的赔偿裁决、依职权作出的强制性补偿决定等也同样适用第三人。

（4）在征收土地或房屋拆迁行政案件中的建设单位。在这类案件中，因征地或拆迁这一行政行为引起纠纷，当事人不服这类行为而申请复议，有关建设单位可以作为第三人参加复议。因为，这一行政行为是在实现建设单位已经取得的合法权益，它与建设单位的权益有法律上的利害关系。

3. 第三人参加复议的意义

允许第三人参加复议，在行政复议中有重要意义。第三人与申请复议的行政行为有利害关系，并且其往往比较了解行政行为的有关情况。因此，让第三人参加复议，既可以使行政机关全面听取各方意见，查清案件事实，正确处理行政争议，也可以避免由于第三人单独申请复议而带来的人力、物力上的浪费。总之，让第三人参加复议，有利于合法、及时、正确地发现并纠正不合法或不适当的行政行为，维护公民、法人和其他组织的合法权益。

【相关规范】

● 行政法规及文件

1.《中华人民共和国行政复议法实施条例》（2007 年 5 月 29 日）

第九条 行政复议期间，行政复议机构认为申请人以外的公民、法人或者其他组织与被审查的具体行政行为有利害关系的，可以通知其作为第三人参加行政复议。

行政复议期间，申请人以外的公民、法人或者其他组织与被审查的具体行政行为有利害关系的，可以向行政复议机构申请作为第三人参加行政复议。

第三人不参加行政复议，不影响行政复议案件的审理。

● **部门规章及文件**

2.《人力资源社会保障行政复议办法》（2010 年 3 月 16 日）

第十一条 依照行政复议法实施条例第九条的规定，公民、法人或者其他组织申请作为第三人参加行政复议，应当提交《第三人参加行政复议申请书》，该申请书应当列明其参加行政复议的事实和理由。

申请作为第三人参加行政复议的，应当对其与被审查的具体行政行为有利害关系负举证责任。

行政复议机构通知或者同意第三人参加行政复议的，应当制作《第三人参加行政复议通知书》，送达第三人，并注明第三人参加行政复议的日期。

3.《中华人民共和国海关行政复议办法》（2014 年 3 月 13 日）

第十四条 行政复议期间，海关行政复议机构认为申请人以外的公民、法人或者其他组织与被审查的具体行政行为有利害关系的，应当通知其作为第三人参加行政复议。

行政复议期间，申请人以外的公民、法人或者其他组织认为与被审查的海关具体行政行为有利害关系的，可以向海关行政复议机构申请作为第三人参加行政复议。申请作为第三人参加行政复议的，应当对其与被审查的海关具体行政行为有利害关系负举证责任。

通知或者同意第三人参加行政复议的，应当制作《第三人参加行政复议通知书》，送达第三人。

第三人不参加行政复议，不影响行政复议案件的审理。

4.《税务行政复议规则》（2018 年 6 月 15 日）

第二十三条 行政复议期间，行政复议机关认为申请人以外的公民、法人或者其他组织与被审查的具体行政行为有利害关系的，可以通知其作为第三人参加行政复议。

行政复议期间，申请人以外的公民、法人或者其他组织与被审查的税务具体行政行为有利害关系的，可以向行政复议机关申请作为第三人参加行政复议。

第三人不参加行政复议，不影响行政复议案件的审理。

第十七条　【代理人】申请人、第三人可以委托一至二名律师、基层法律服务工作者或者其他代理人代为参加行政复议。

申请人、第三人委托代理人的，应当向行政复议机构提交授权委托书、委托人及被委托人的身份证明文件。授权委托书应当载明委托事项、权限和期限。申请人、第三人变更或者解除代理人权限的，应当书面告知行政复议机构。

【理解与适用】

本条是此次修法新增的条文，是关于行政复议申请人、第三人可以委托代理人参加行政复议的规定。

1. 复议代理人的概念和特征

复议代理人，是指在复议过程中，为维护一方当事人的合法权益，按照法律规定，或者根据有关机关的指定，或受复议申请人、第三人的委托，以申请人或第三人名义，从事复议活动的人。复议代理人有如下特征：

（1）代理人以被代理人的名义从事复议活动；（2）代理人在代理权限范围内从事复议活动；（3）代理人旨在维护被代理人的合法权利；（4）代理人的行为后果由被代理人承担。

2. 复议代理人的种类

（1）法定代理人。是指根据法律规定代理无复议行为能力的申请人或第三人进行行政复议活动的人。法定代理人只适用于代理未成年人、精神病人等无行为能力或限制民事行为能力的人，不适用于作为被申请人的行政机关。法定代理人一般应由自然人担任，如未成年人的父母和精神病人的监护人等。如果未成年人的父母和精神病人的监护人等都已死亡，则应由未成年人父母的所在单位或精神病人的所在单位，或由其住所地的居委会或村委会，以监护人的身份，充当法定代理人。

（2）指定代理人。是指被有关机关指定代理没有或限制民事行为能力的申请人或者第三人进行行政复议活动的人。指定代理人一般是在申请人或第三人没有或限制民事行为能力，又没有法定代理人，或法定代理人无法履行职责，或几个法定代理人之间互相推诿代理责任的情况下，由有关机关指定另外的人或几个法定代理人中的一个作为代理人。

（3）委托代理人。是指受复议申请人或第三人的委托代为进行行政复议活动的人。律师、基层法律服务工作者、其他代理人或所在单位推荐的人，以及经行政复议机关许可的其他公民，都可以被委托为复议代理人。委托他人代理进行复议活动必须向复议机关递交授权委托书。授权委托书应写明委托的事项和权限。

3. 复议代理中几个特殊问题

（1）被申请人的行为不能代理。在行政诉讼活动中，诉讼参加人的行为一般均可由代理人进行，而在行政复议活动中情形有所不同。我们认为，被申请人的行为一般不能代理。理由是：第一，行政复议具有行政机关自我复查的性质，其间被申请人或者自己复查，或者接受上级机关的审查监督，其参加复议的行为性质决定了其行为一般不应代理。第二，被申请人参加复议活动，主要是向复议机关提供作出行政行为的材料和证据，并提交书面答辩，其活动特点决定了这类活动应由本机关完成，并最好由作出该行政行为的工作人员承担，不宜代理。第三，行政复议法中只规定了申请人、第三人可委托代理人，没有规定被申请人可委托代理人。那么，被申请人的复议行为，由其法定代表人以外的工作人员完成是不是代理？鉴于被申请人参加行政复议不同于参加行政诉讼，行政机关法定代表人以外的工作人员在行政复议中仍不失行政主体资格，任何一个工作人员的行为都代表其机关。因而，不是代理。

（2）有权申请复议的公民死亡，其近亲属申请复议的，以及有权申请复议的法人或其他组织终止，承受其权利的法人申请复议的，不是代理行为。公民死亡，就不存在被代理人，当然也就不存在代理人和代理行为。法人或其他组织终止，其权利能力和行为能力随之消失，也就不能成为代理关系的主体，代理行为自然不能发生。

【相关规范】

● *行政法规及文件*

1.《中华人民共和国行政复议法实施条例》（2007 年 5 月 29 日）

第十条 申请人、第三人可以委托 1 至 2 名代理人参加行政复议。申请人、第三人委托代理人的，应当向行政复议机构提交授权委托书。授权委托书应当载明委托事项、权限和期限。公民在特殊情况下无法书面委托的，可以口头委托。口头委托的，行政复议机构应当核实并记录在卷。申请人、第三人解除或者变更委托的，应当书面报告行政复议机构。

● *部门规章及文件*

2.《人力资源社会保障行政复议办法》（2010 年 3 月 16 日）

第十二条 申请人、第三人可以委托 1 至 2 名代理人参加行政复议。

申请人、第三人委托代理人参加行政复议的，应当向行政复议机构提交授权委托书。授权委托书应当载明下列事项：

（一）委托人姓名或者名称，委托人为法人或者其他组织的，还应当载明法定代表人或者主要负责人的姓名、职务；

（二）代理人姓名、性别、职业、住所以及邮政编码；

（三）委托事项、权限和期限；

（四）委托日期以及委托人签字或者盖章。

申请人、第三人解除或者变更委托的，应当书面报告行政复议机构。

3.《中华人民共和国海关行政复议办法》（2014 年 3 月 13 日）

第十五条 申请人、第三人可以委托 1 至 2 名代理人参加行政复议。

委托代理人参加行政复议的，应当向海关行政复议机构提交授权委托书。授权委托书应当载明下列事项：

（一）委托人姓名或者名称，委托人为法人或者其他组织的，还应当载明法定代表人或者主要负责人的姓名、职务；

（二）代理人姓名、性别、年龄、职业、地址及邮政编码；

（三）委托事项和代理期间；

（四）代理人代为提起、变更、撤回行政复议申请、参加行政复议调解、达成行政复议和解、参加行政复议听证、递交证据材料、收受行政复议法律文书等代理权限；

（五）委托日期及委托人签章。

公民在特殊情况下无法书面委托的，可以口头委托。公民口头委托的，海关行政复议机构应当核实并且记录在卷。

申请人、第三人解除或者变更委托的，应当书面报告海关行政复议机构。

4.《税务行政复议规则》（2018 年 6 月 15 日）

第三十一条 申请人、第三人可以委托 1 至 2 名代理人参加行政复议。申请人、第三人委托代理人的，应当向行政复议机构提交授权委托书。授权委托书应当载明委托事项、权限和期限。公民在特殊情况下无法书面委托的，可以口头委托。口头委托的，行政复议机构应当核实并记录在卷。申请人、第三人解除或者变更委托的，应当书面告知行政复议机构。

被申请人不得委托本机关以外人员参加行政复议。

第十八条　【法律援助】符合法律援助条件的行政复议申请人申请法律援助的，法律援助机构应当依法为其提供法律援助。

【理解与适用】

本条是此次修法新增加的条文，是关于符合法律援助条件的行政复议申请人申请法律援助的规定。将法律援助写入行政复议法，也是此次修法的一个亮点。这一条相当于一个连接条款，将法律援助法直接接入行政复议法，使行政复议制度与法律援助制度实现连接和融合。一方面更加有利于保护行政复议申请人的合法权益，使提起行政复议的申请人、第三人在能力上、知识上都得到有效帮助，另一方面从结果上也提高行政复议的效率。具体而言，本条规定有如下几层含义：

1. 法律援助可以有效改变行政复议双方的强弱对比

行政复议申请人与被申请人之间，在权力的对比上，一无一有；在专业知识的对比上，一少一专；在经济实力的对比上，更是一弱一强。而法律援助的引入，使这种强弱力量对比得到适度调整，双方力量趋于均衡，更容易让审理的结果接近公平正义。

2. 这一规定可以明显增强行政复议的制度功能

从复议制度的属性而言，复议制度具有救济渠道稳定、时效快速便捷、没有经济费用等优势。再加之对复议申请人的法律援助，就会使行政复议的上述优势更加明显，从而起到一个制度加速器的作用，更好地发挥行政复议化解行政争议的功能。

3. 行政复议中可以享有法律援助的复议申请人范围广泛

除了经济困难条件者，还包括请求行政给付者，维护英烈的人格权益、主张见义勇为的民事权益等情形的当事人，《中华人民共和国法律援助法》第三十一条、第三十二条分别规定了九种情形和五种情形，可以使法律援助的制度惠及更多复议申请人。

4. 行政复议的法律援助具有丰富的援助形式

不仅是经济帮助，还包括咨询、代书、诉讼与非诉代理、值班帮助、调解与仲裁方面的帮助等，正如《中华人民共和国法律援助法》第二十二条所规定的。这样的规定使行政复议申请人可以得到全方位的援助，不但有利于保障法律的正确实施，而且有利于维护社会的公平正义。

5. 行政复议的法律援助为争议解决提供了灵活的空间

司法行政机关同时作为行政复议机构和法律援助指导监督部门，这对于行政复议中依法实施法律援助，具有特别值得认识的有利条件。因为在法律援助过程中，实施援助的人员可以对复议申请人进行普法宣传、分析利弊、动员说服、斡旋促谈等柔性手段，缓解申请人的心理压力，释放对立不满情绪，促进行政争议的有效解决。

法律援助是我国一项具有悠久历史的法律制度，作为一项维护当事人合法权益、保障法律正确实施和维护社会公平正义的重要法律制度，在实现全面依法治国进程中具有重要地位和作用。法律援助工作在我国已开展多年，具有深厚的实践基础。同时，除《法律援助条例》这一行政法规外，国务院有关部门、最高人民法院、最高人民检察院也分别出台了规范性文件。但面对新时代的新任务、新要求，也存在服务供给不足、资源分配不均、覆盖范围偏窄、保障不充分、质量不高和便民措施不健全等问题。在这样的背景之下，出台《中华人民共和国法律援助法》，作出有针对性的法律规定，有利于更好地满足人民群众日益增长的需求，在更大范围通过更多形式，为人民群众获得及时便利、优质高效的法律援助服务提供法治保障。

【相关规范】

● **法律**

1. **《中华人民共和国水污染防治法》**（2017 年 6 月 27 日）

第九十九条 因水污染受到损害的当事人人数众多的，可以依法由当事人推选代表人进行共同诉讼。

环境保护主管部门和有关社会团体可以依法支持因水污染受到损害的当事人向人民法院提起诉讼。

国家鼓励法律服务机构和律师为水污染损害诉讼中的受害人提供法律援助。

2. 《中华人民共和国律师法》（2017 年 9 月 1 日）

第二十八条 律师可以从事下列业务：

（一）接受自然人、法人或者其他组织的委托，担任法律顾问；

（二）接受民事案件、行政案件当事人的委托，担任代理人，参加诉讼；

（三）接受刑事案件犯罪嫌疑人、被告人的委托或者依法接受法律援助机构的指派，担任辩护人，接受自诉案件自诉人、公诉案件被害人或者其近亲属的委托，担任代理人，参加诉讼；

（四）接受委托，代理各类诉讼案件的申诉；

（五）接受委托，参加调解、仲裁活动；

（六）接受委托，提供非诉讼法律服务；

（七）解答有关法律的询问、代写诉讼文书和有关法律事务的其他文书。

第四十二条 律师、律师事务所应当按照国家规定履行法律援助义务，为受援人提供符合标准的法律服务，维护受援人的合法权益。

3. 《中华人民共和国刑事诉讼法》（2018 年 10 月 26 日）

第三十五条 犯罪嫌疑人、被告人因经济困难或者其他原因没有委托辩护人的，本人及其近亲属可以向法律援助机构提出申请。对符合法律援助条件的，法律援助机构应当指派律师为其提供辩护。

犯罪嫌疑人、被告人是盲、聋、哑人，或者是尚未完全丧失辨认或者控制自己行为能力的精神病人，没有委托辩护人的，人民法院、人民检察院和公安机关应当通知法律援助机构指派律师为其提供辩护。

犯罪嫌疑人、被告人可能被判处无期徒刑、死刑，没有委托辩护人的，人民法院、人民检察院和公安机关应当通知法律援助机构指派律师为其提供辩护。

第三十六条 法律援助机构可以在人民法院、看守所等场所派驻值班律师。犯罪嫌疑人、被告人没有委托辩护人，法律援助机构没有指派律师为其提供辩护的，由值班律师为犯罪嫌疑人、被告人提供法律咨询、程序选择建议、申请变更强制措施、对案件处理提出意见等法律帮助。

人民法院、人民检察院、看守所应当告知犯罪嫌疑人、被告人有权约见值班律师，并为犯罪嫌疑人、被告人约见值班律师提供便利。

第三十九条第一款、第二款 辩护律师可以同在押的犯罪嫌疑人、被告人会见和通信。其他辩护人经人民法院、人民检察院许可，也可以同在押的犯罪嫌疑人、被告人会见和通信。

辩护律师持律师执业证书、律师事务所证明和委托书或者法律援助公函要求会见在押的犯罪嫌疑人、被告人的，看守所应当及时安排会见，至迟不得超过四十八小时。

4.《中华人民共和国法律援助法》（2021年8月20日）

第二条 本法所称法律援助，是国家建立的为经济困难公民和符合法定条件的其他当事人无偿提供法律咨询、代理、刑事辩护等法律服务的制度，是公共法律服务体系的组成部分。

第十二条 县级以上人民政府司法行政部门应当设立法律援助机构。法律援助机构负责组织实施法律援助工作，受理、审查法律援助申请，指派律师、基层法律服务工作者、法律援助志愿者等法律援助人员提供法律援助，支付法律援助补贴。

第十三条 法律援助机构根据工作需要，可以安排本机构具有律师资格或者法律职业资格的工作人员提供法律援助；可以设置法律援助工作站或者联络点，就近受理法律援助申请。

第十六条 律师事务所、基层法律服务所、律师、基层法律服务工作者负有依法提供法律援助的义务。

律师事务所、基层法律服务所应当支持和保障本所律师、基层法律服务工作者履行法律援助义务。

第二十二条 法律援助机构可以组织法律援助人员依法提供下列形式的法律援助服务：

（一）法律咨询；

（二）代拟法律文书；

（三）刑事辩护与代理；

（四）民事案件、行政案件、国家赔偿案件的诉讼代理及非诉讼代理；

（五）值班律师法律帮助；

（六）劳动争议调解与仲裁代理；

（七）法律、法规、规章规定的其他形式。

第三十一条 下列事项的当事人，因经济困难没有委托代理人的，可以向法律援助机构申请法律援助：

（一）依法请求国家赔偿；

（二）请求给予社会保险待遇或者社会救助；

（三）请求发给抚恤金；

（四）请求给付赡养费、抚养费、扶养费；

（五）请求确认劳动关系或者支付劳动报酬；

（六）请求认定公民无民事行为能力或者限制民事行为能力；

（七）请求工伤事故、交通事故、食品药品安全事故、医疗事故人身损害赔偿；

（八）请求环境污染、生态破坏损害赔偿；

（九）法律、法规、规章规定的其他情形。

第三十二条 有下列情形之一，当事人申请法律援助的，不受经济困难条件的限制：

（一）英雄烈士近亲属为维护英雄烈士的人格权益；

（二）因见义勇为行为主张相关民事权益；

（三）再审改判无罪请求国家赔偿；

（四）遭受虐待、遗弃或者家庭暴力的受害人主张相关权益；

（五）法律、法规、规章规定的其他情形。

第十九条 【被申请人】公民、法人或者其他组织对行政行为不服申请行政复议的，作出行政行为的行政机关或者法律、法规、规章授权的组织是被申请人。

两个以上行政机关以共同的名义作出同一行政行为的，共同作出行政行为的行政机关是被申请人。

行政机关委托的组织作出行政行为的，委托的行政机关是被申请人。

作出行政行为的行政机关被撤销或者职权变更的，继续行使其职权的行政机关是被申请人。

【理解与适用】

本条为新增条款，是关于被申请人的规定。本条是在旧法第十条第四款和第十五条第三款、第四款、第五款的基础上合并而形成的。

1. 被申请人的概念

在行政复议中，被申请人是与申请人相对的一个概念，具体是指经申请人认为侵犯其合法权益，并由复议机关通知其参加复议的行政机关。《中华人民共和国行政复议法》第十九条第一款规定："公民、法人或者其他组织对行政行为不服申请行政复议的，作出行政行为的行政机关或者法律、法规、规章授权的组织是被申请人。"据此，被申请人应具备三个基本条件：

（1）必须是具有外部行政管理职能的行政机关，或者法律、法规和规章授予行使外部行政管理职权的组织。没有外部行政管理职能的内部行政机关，如人事、监察部门等，不能成为被申请人；没有法律、法规和规章授权行使外部行政管理职权的组织，也不能成为被申请人。

（2）除法律特别规定外，必须实施了经申请人认为侵犯其合法权益的行政行为，即作为被申请人所实施的行政行为和申请人认为被侵犯的合法权益之间有因果关系。没有实施行政行为，或者所实施的行政行为与申请人认为被侵犯的合法权益之间没有因果关系的行政机关或者法定授权的组织，不能成为被申请人。

（3）必须是由复议机关通知参加复议的，这是行政复议发生的标志，也是某一行政机关或组织作为被申请人的必要条件。复议机关没有通知参加复议的，不能成为被申请人。

2. 被申请人的几种情形

由于在行政管理中作出具体行政行为的主体非常复杂，被申请人的情形也各不相同。一般情况下，直接作出具体行政行为的行政机关是被申请人，但也有下列特殊情形：

（1）两个或者两个以上行政机关以共同名义作出行政行为的，共同作出行政行为的行政机关是共同被申请人。在行政管理中，为了适应各种社会关系的需要，行政机关往往要在分工的基础上进行必要的合作，共同对某一领域行使行政管理权。实践中，确定某一行政行为是不是多个行政机关共同作出的，关键在于该行政行为是不是多个行政机关以共同名义作出的。是以共同的名义作出的行政行为，即使有时参加管理活动的只是一个行政机关，那这种行政行为也是共同行政行为；如果不是以共同名义作出的，即使某一行政行为是经过几个机关共同讨论的，那这种行政行为也不应该看作共同行政行为。判断是否是共同的名义，关键就在于行政行为的书面决定上，是落一个行政机关的名，还是落几个行政机关的名，如果是前者，就不是共同名义；如果是后者，就是共同名义。

（2）法律、法规和规章授权的组织作出行政行为的，该组织是被申请人。由于行政管理的需要，法律、法规或者规章有时要把某一特定领域的行政管理权授予一些非行政机关的组织，如一些省市的自来水公司、煤气公司等，这些组织就是法律、法规和规章授权的组织，它们在法定权限内可以作出某些行政行为。同时，它们也必须以自己的名义对所作出的行为负责，引起了行政复议，当然要作为被申请人参加复议活动。判断某一组织是不是被申请人，关键在于判断该组织是否有法律、法规和规章的授权。

（3）行政机关委托的组织作出行政行为的，委托的行政机关是被申请人。受委托的组织本身并没有法定授权，只是基于与委托的行政机关的某种协议或合同关系，而代表该行政机关行使职权。再加上该组织是在行政机关的指挥下和监督下活动的，因此，受委托的组织只对委托的行政机关负责，其行为引起的复议，当然由委托的行政机关作为被申请人。

（4）作出行政行为的机关被撤销的，继续行使其职权的行政机关是被申请人。作出行政行为的机关被撤销，有两种情形：一种情形是在申请人申请复议之前，该行政机关被撤销；另一种情形是在复议机关受理复议之后，该行政机关被撤销。在前一种情形下，产生谁作为被申请人的问题；在后一种情形下，产生被申请人的更换问题。但是，无论是被申请人的确定，还是被申请人的更换，其标准都只能是在被撤销的行政机关行政职权的转移后，谁承受了这种职权，谁就要对被撤销的行政机关已作出的行政行为负责，谁就是被申请人。这也是保护公民、法人或者其他组织的合法权益，促进行政机关依法行政的基本要求。

【相关规范】

● 行政法规及文件

1.《中华人民共和国行政复议法实施条例》（2007 年 5 月 29 日）

第十一条 公民、法人或者其他组织对行政机关的具体行政行为不服，依照行政复议法和本条例的规定申请行政复议的，作出该具体行政行为的行政机关为被申请人。

第十二条 行政机关与法律、法规授权的组织以共同的名义作出具体行政行为的，行政机关和法律、法规授权的组织为共同被申请人。

行政机关与其他组织以共同名义作出具体行政行为的，行政机关为被申请人。

第十三条 下级行政机关依照法律、法规、规章规定，经上级行政机关批准作出具体行政行为的，批准机关为被申请人。

第十四条 行政机关设立的派出机构、内设机构或者其他组织，未经法律、法规授权，对外以自己名义作出具体行政行为的，该行政机关为被申请人。

● 部门规章及文件

2.《税务行政复议规则》（2018 年 6 月 15 日）

第二十六条 申请人对具体行政行为不服申请行政复议的，作出该具体行政行为的税务机关为被申请人。

第二十七条　申请人对扣缴义务人的扣缴税款行为不服的，主管该扣缴义务人的税务机关为被申请人；对税务机关委托的单位和个人的代征行为不服的，委托税务机关为被申请人。

第二十八条　税务机关与法律、法规授权的组织以共同的名义作出具体行政行为的，税务机关和法律、法规授权的组织为共同被申请人。

税务机关与其他组织以共同名义作出具体行政行为的，税务机关为被申请人。

第二十九条　税务机关依照法律、法规和规章规定，经上级税务机关批准作出具体行政行为的，批准机关为被申请人。

申请人对经重大税务案件审理程序作出的决定不服的，审理委员会所在税务机关为被申请人。

第三十条　税务机关设立的派出机构、内设机构或者其他组织，未经法律、法规授权，以自己名义对外作出具体行政行为的，税务机关为被申请人。

第三十一条　申请人、第三人可以委托1至2名代理人参加行政复议。申请人、第三人委托代理人的，应当向行政复议机构提交授权委托书。授权委托书应当载明委托事项、权限和期限。公民在特殊情况下无法书面委托的，可以口头委托。口头委托的，行政复议机构应当核实并记录在卷。申请人、第三人解除或者变更委托的，应当书面告知行政复议机构。

被申请人不得委托本机关以外人员参加行政复议。

● *案例指引*

徐某、王某、王某诉 A 省人民政府行政复议案①

案例要旨：公民、法人或者其他组织对行政机关的具体行政行为不服申请行政复议的，作出具体行政行为的行政机关是被申请人。本案中，徐某等3人对 A 省政府批准的征收土地方案申请行政复议，依法应当以 A 省政府作为被申请人。A 省政府在接到徐某等3人的行政复议申请后，已书面告知其对此进行补正。然徐某等3人在补正后的复议申请书中，仍将 A 省 B 县政府与 A 省政府一并列为被申请人，显属不当。徐某等3人对 A 省政府不予

---

① 最高人民法院（2020）最高法行申 6649 号行政裁定书，载中国裁判文书网，https：//wenshu. court. gov. cn/website/wenshu/181217BMTKHNT2W0/index. html？s8＝04&pageId＝0. 2225035662921797，最后访问时间：2023 年 9 月 6 日。

受理复议申请告知书提起行政诉讼，一、二审法院裁定不予立案及驳回上诉，并无不当。

第三节　申请的提出

> **第二十条　【一般申请期限】**公民、法人或者其他组织认为行政行为侵犯其合法权益的，可以自知道或者应当知道该行政行为之日起六十日内提出行政复议申请；但是法律规定的申请期限超过六十日的除外。
>
> 因不可抗力或者其他正当理由耽误法定申请期限的，申请期限自障碍消除之日起继续计算。
>
> 行政机关作出行政行为时，未告知公民、法人或者其他组织申请行政复议的权利、行政复议机关和申请期限的，申请期限自公民、法人或者其他组织知道或者应当知道申请行政复议的权利、行政复议机关和申请期限之日起计算，但是自知道或者应当知道行政行为内容之日起最长不得超过一年。

【理解与适用】

本条规定了行政复议的申请期限。

本条在修订原《中华人民共和国行政复议法》第九条的基础上，新增第三款关于行政行为作出后未告知公民、法人或者其他组织申请复议权利或期限的情况下复议申请期限之规定。

本条规定明确了公民、法人或者其他组织申请行政复议，应在法定期限内进行。本条规定不仅有利于督促公民、法人或者其他组织及时行使行政复议的权利，以使自己的合法权益得到及时、有效的维护，而且可以及时解决行政争议，避免行政管理秩序长期处于不稳定状态。

本条第一款明确了行政复议申请期限原则上为六十日，若特别法的规定多于六十日的，适用特别法之规定，若特别法的规定少于六十日，仍适用六十日。该特殊期限的规定可以有效保护特殊案件中行政相对人的行政复议权，体现及时、便民的原则。

知道，是指有充分证据证明，申请人知悉作出行政行为的时间；应当知道，是指运用生活经验和逻辑推理，根据相关证据，推定申请人知悉作出行政行为的时间。在司法实践中，知道或者应当知道行政行为之日主要有三种途径：一是当场作出的行政行为；二是送达的行政行为决定书；三是行政行为决定无法送达的。如无法判断其准确时间，难以认定管理相对人提出行政复议是否已超过了法定申请期限，在这种情况下，就要由行政复议机关经过调查，根据相关情况依法确定。

本条第二款是对发生了法定的意外情况复议申请期限可以延期的规定，继续计算可以把因法定事由耽误的申请期限补足。

不可抗力，是指不能预见、不可避免且不能克服的客观情况。一般指自然灾害，如地震、海啸、台风、洪水等，也包括战争、国家行为等社会事件。其他正当理由，是指除了不可抗力之外，不能归责于当事人的其他特殊情况，如当事人突发严重疾病、受到意外伤害、因行政机关错误告知复议权而耽误复议期限等。

本条第三款规定，在行政机关未告知申请复议权利和申请期限的情况下，复议申请期限的起算点为"知道或者应当知道"行政行为内容之日，如果当事人"应当知道"的时点已经确定，从"应当知道"之日起一年内申请复议均符合法律规定。该新增条款可以有效解决在实践中被申请复议的行政机关未告知当事人复议权和复议期限情况下申请复议的期限问题，符合行政复议法有利于保护行政复议申请权的原则。

【相关规范】

● 行政法规及文件

1. 《中华人民共和国行政复议法实施条例》（2007 年 5 月 29 日）

第十五条 行政复议法第九条第一款规定的行政复议申请期限的计算，依照下列规定办理：

（一）当场作出具体行政行为的，自具体行政行为作出之日起计算；

（二）载明具体行政行为的法律文书直接送达的，自受送达人签收之日起计算；

（三）载明具体行政行为的法律文书邮寄送达的，自受送达人在邮件签收单上签收之日起计算；没有邮件签收单的，自受送达人在送达回执上签名之日起计算；

（四）具体行政行为依法通过公告形式告知受送达人的，自公告规定的期限届满之日起计算；

（五）行政机关作出具体行政行为时未告知公民、法人或者其他组织，事后补充告知的，自该公民、法人或者其他组织收到行政机关补充告知的通知之日起计算；

（六）被申请人能够证明公民、法人或者其他组织知道具体行政行为的，自证据材料证明其知道具体行政行为之日起计算。

行政机关作出具体行政行为，依法应当向有关公民、法人或者其他组织送达法律文书而未送达的，视为该公民、法人或者其他组织不知道该具体行政行为。

第十六条 公民、法人或者其他组织依照行政复议法第六条第（八）项、第（九）项、第（十）项的规定申请行政机关履行法定职责，行政机关未履行的，行政复议申请期限依照下列规定计算：

（一）有履行期限规定的，自履行期限届满之日起计算；

（二）没有履行期限规定的，自行政机关收到申请满 60 日起计算。

公民、法人或者其他组织在紧急情况下请求行政机关履行保护人身权、财产权的法定职责，行政机关不履行的，行政复议申请期限不受前款规定的限制。

第十七条 行政机关作出的具体行政行为对公民、法人或者其他组织的权利、义务可能产生不利影响的，应当告知其申请行政复议的权利、行政复议机关和行政复议申请期限。

● *部门规章及文件*

2.《公安机关办理行政复议案件程序规定》（2002 年 11 月 2 日）

第二十条 申请人因不可抗力以外的其他正当理由耽误法定申请期限的，应当提交相应的证明材料，由公安行政复议机构认定。

前款规定中的其他正当理由包括：

（一）申请人因严重疾病不能在法定申请期限内申请行政复议的；

（二）申请人为无行为能力人或者限制行为能力人，其法定代理人在法定申请期限内不能确定的；

（三）法人或者其他组织合并、分立或者终止，承受其权利的法人或者其他组织在法定申请期限内不能确定的；

（四）公安行政复议机构认定的其他耽误法定申请期限的正当理由。

● *司法解释及文件*

3.《最高人民法院关于适用〈中华人民共和国行政诉讼法〉的解释》（2018年 2 月 6 日）

第六十四条 行政机关作出行政行为时，未告知公民、法人或者其他组织起诉期限的，起诉期限从公民、法人或者其他组织知道或者应当知道起诉期限之日起计算，但从知道或者应当知道行政行为内容之日起最长不得超过一年。

复议决定未告知公民、法人或者其他组织起诉期限的，适用前款规定。

● *案例指引*

张某伟诉 A 省 B 市 C 区人民政府受理行政复议案①

案例要旨："但是法律规定的申请期限超过六十日的除外"的基本含义包括：一是其他法律对行政复议的申请期限作了规定；二是该其他法律对行政复议申请期限作了与《中华人民共和国行政复议法》不一样的规定，即

---

① 最高人民法院（2016）最高法行申 3036 号行政裁定书，载中国裁判文书网，https：//wenshu. court. gov. cn/website/wenshu/181107ANFZ0BXSK4/index. html？docId=pmAZVhQE3N79HT05AYbAkeatDSg4EP1LxriQkyg7G+FUlKRvNsA6VJO3qNaLMqsJr+YTylXkBcp41FziveLtl0+xip8oimgMlCjpus2RqfRfYhW2Y4p5JBzK7Ubc1KVJ，最后访问时间：2023 年 9 月 8 日。

作出了超过 60 日的规定；三是该其他法律系关于行政机关和行政相对人权利义务关系的法律，即行政法律规范。该特殊期限之所以这样规定，一方面是为其他法律规定 60 日以上的期限提供法律依据，以保护特殊案件中行政相对人的行政复议权。另一方面，可防止规章、地方性法规、条例等规范性文件出现规定短于 60 日复议期限的情况，变相剥夺行政相对人的复议权。因此，只要其他行政法律规范作出了超过 60 日行政复议的申请期限，就依照该特殊规定计算复议申请期限。如果公民、法人或者其他组织在紧急情况下请求行政机关履行保护人身权、财产权的法定职责，行政机关不履行的，申请人不需要等到履行期限届满或者自行政机关收到申请满 60 日之后才可申请行政复议，而是可以立即申请行政复议。

> **第二十一条　【最长申请期限】**因不动产提出的行政复议申请自行政行为作出之日起超过二十年，其他行政复议申请自行政行为作出之日起超过五年的，行政复议机关不予受理。

【理解与适用】

本条规定了行政复议申请的最长期限。

本条文对行政复议最长申请期限进行必要的限制，该期限的起算点是"行政行为作出之日起"，为不变期间，不得中止、中断或延长，即无论申请人何时知道行政行为的内容，或者因其他原因耽误申请，从行政行为作出之日起超过该期限，即丧失申请复议的权利，不能再通过复议的方式寻求救济。这样的规定，也是为了保护业已稳定的社会秩序，符合行政复议救济程序设立的立法本意。

实践中对"因不动产提出的行政复议申请"的理解，指因行政行为直接导致不动产物权变动而提出的行政复议申请。即因行政行为导致不动产物权设立、变更、转让、消灭等法律后果，当事人申请行政复议的，而并非只要涉及不动产物权因素的行政复议申请均为"因不动产提出的行政复议申请"。

二十年和五年的最长申请复议期限，是指公民、法人或者其他组织不知道行政机关作出的行政行为内容的复议期限，不以行政机关在作出行政行为时是否告知复议权和复议期限为前提，只要公民、法人或其他组织知道或者应当知道该行政行为，即不再适用二十年和五年的最长复议申请保护期限规定。换言之，不动产案件二十年申请复议期限，并不是指此类案件当事人从行政行为作出之日起二十年内均可提出行政复议申请，而是指行政相对人在行政行为作出时并不知道行政行为内容，事后才知道行政行为的内容，如果其提出复议申请的时间距行政行为作出之日起并未超过二十年，且从当事人知道或应当知道行政行为内容之日到申请复议时并未超过行政复议法第二十条之规定的情况下，行政复议机关才能依法受理。

【相关规范】

● **法律**

1. 《中华人民共和国行政诉讼法》（2017 年 6 月 27 日）

第四十六条 公民、法人或者其他组织直接向人民法院提起诉讼的，应当自知道或者应当知道作出行政行为之日起六个月内提出。法律另有规定的除外。

因不动产提起诉讼的案件自行政行为作出之日起超过二十年，其他案件自行政行为作出之日起超过五年提起诉讼的，人民法院不予受理。

● **司法解释及文件**

2. 《最高人民法院关于适用〈中华人民共和国行政诉讼法〉的解释》（2018 年 2 月 6 日）

第九条 行政诉讼法第二十条规定的"因不动产提起的行政诉讼"是指因行政行为导致不动产物权变动而提起的诉讼。

不动产已登记的，以不动产登记簿记载的所在地为不动产所在地；不动产未登记的，以不动产实际所在地为不动产所在地。

> **第二十二条 【申请方式】**申请人申请行政复议，可以书面申请；书面申请有困难的，也可以口头申请。
>
> 书面申请的，可以通过邮寄或者行政复议机关指定的互联网渠道等方式提交行政复议申请书，也可以当面提交行政复议申请书。行政机关通过互联网渠道送达行政行为决定书的，应当同时提供提交行政复议申请书的互联网渠道。
>
> 口头申请的，行政复议机关应当当场记录申请人的基本情况、行政复议请求、申请行政复议的主要事实、理由和时间。
>
> 申请人对两个以上行政行为不服的，应当分别申请行政复议。

【理解与适用】

本条为关于行政复议申请方式的规定，本次修订列举了书面申请的多种渠道并对申请形式的选择进行限制，符合当前信息化时代背景下的便民原则，同时优化了复议工作流程，提高了复议申请的效率。

所谓的行政复议的申请方式，是指公民、法人或者其他组织提出复议要求和表达复议意愿的具体表现形式。本条规定，申请行政复议一般采用书面申请的形式；书面申请确有困难的，可以口头申请。

书面申请确有困难的，比如申请人文化程度不高，又如申请人面临紧急情况、没有充分的时间准备书面材料，可以口头申请，应由复议机关当场记录。

　　1. 书面申请

　　书面申请，是指行政相对人通过向复议机关递交书面申请文书，表达其申请复议意愿和要求的一种形式。以书面形式申请行政复议，不仅能够全面、准确、详尽地表达申请人的行政复议请求、申请行政复议的主要事实、理由等，而且有利于复议机关遵循书面审查的原则准确地了解有关情况，这也是在实践中一直被普遍采用的形式。

　　为更好体现便民为民的要求，行政机关通过互联网渠道送达行政行为决定的，应当同时提供提交行政复议申请书的互联网渠道。行政复议机关应保证互联网渠道的公开性和时效性，有效实现信息赋能，方便申请人快捷、准确地提交行政复议申请。

　　《行政复议申请书》应载明以下内容：（1）申请人的基本情况，包括申请人的姓名、性别、年龄、身份证号码、工作单位、住所、邮政编码、联系方式；法人或者其他组织的名称、住所、邮政编码和法定代表人或者主要负责人的姓名、职务、住所、联系方式。（2）被申请人的名称、地址、法定代表人的姓名。（3）行政复议请求、申请行政复议的主要事实和理由。行政复议请求主要包括请求撤销；请求变更或请求确认违法；责令履行等。申请复议的理由，主要包括被申请人作出行政行为的时间、地点、事实和法律依据；与复议要求相应的事实和法律依据；申请复议的法律依据及其他能够说明问题的材料。（4）申请人的签名或者盖章。（5）申请行政复议的日期。

　　2. 口头形式

　　所谓的口头形式，是指行政相对人以口头陈述的方式提出其申请行政复议的意愿和要求。申请人口头申请行政复议的，行政复议机关工作人员应当当场记录申请人和被申请人的基本情况，申请人提出的行政复议内容及其事实和理由，在注明行政复议的时间后，向申请人宣读记录的内容，并由复议申请人签字确认。

（1）申请人口头向行政机关申请复议的，也应当说明自己的姓名、年龄、住址、联系方式等基本情况，是法定代表人或者主要负责人的，还应说明其组织的名称、所在地；明确被申请人；阐明行政复议请求和申请行政复议的主要事实和理由等其他参照书面申请应指明的内容。

（2）要求行政复议机关"当场记录"，也就意味着要求申请人当面提出申请，即申请人应当到行政复议机关所在地向复议机关提出复议申请。申请人可以亲自去，也可以委托代理人去，但须到场当面提出申请。

【相关规范】

● **行政法规及文件**

1. **《中华人民共和国行政复议法实施条例》**（2007 年 5 月 29 日）

第十八条 申请人书面申请行政复议的，可以采取当面递交、邮寄或者传真等方式提出行政复议申请。

有条件的行政复议机构可以接受以电子邮件形式提出的行政复议申请。

第十九条 申请人书面申请行政复议的，应当在行政复议申请书中载明下列事项：

（一）申请人的基本情况，包括：公民的姓名、性别、年龄、身份证号码、工作单位、住所、邮政编码；法人或者其他组织的名称、住所、邮政编码和法定代表人或者主要负责人的姓名、职务；

（二）被申请人的名称；

（三）行政复议请求、申请行政复议的主要事实和理由；

（四）申请人的签名或者盖章；

（五）申请行政复议的日期。

第二十条 申请人口头申请行政复议的，行政复议机构应当依照本条例第十九条规定的事项，当场制作行政复议申请笔录交申请人核对或者向申请人宣读，并由申请人签字确认。

第二十一条 有下列情形之一的，申请人应当提供证明材料：

（一）认为被申请人不履行法定职责的，提供曾经要求被申请人履行法定职责而被申请人未履行的证明材料；

（二）申请行政复议时一并提出行政赔偿请求的，提供受具体行政行为侵害而造成损害的证明材料；

（三）法律、法规规定需要申请人提供证据材料的其他情形。

第二十二条 申请人提出行政复议申请时错列被申请人的，行政复议机构应当告知申请人变更被申请人。

● *部门规章及文件*

2. 《公安机关办理行政复议案件程序规定》（2002 年 11 月 2 日）

第十七条 申请行政复议，可以书面申请，也可以口头申请。

第十八条 书面申请的，应当提交《行政复议申请书》，载明以下内容：

（一）申请人及其代理人的姓名、性别、出生年月日、工作单位、住所、联系方式，法人或者其他组织的名称、地址、法定代表人或者主要负责人的姓名、职务、住所、联系方式；

（二）被申请人的名称、地址、法定代表人的姓名；

（三）行政复议请求；

（四）申请行政复议的事实和理由；

（五）申请行政复议的日期。

《行政复议申请书》应当由申请人签名或者捺手印。

第十九条 口头申请的，公安行政复议机构应当当场记录申请人的基本情况、行政复议请求、申请行政复议的主要事实、理由和时间，经申请人核对或者向申请人宣读并确认无误后，由申请人签名或者捺指印。

第二十三条 【复议前置】有下列情形之一的，申请人应当先向行政复议机关申请行政复议，对行政复议决定不服的，可以再依法向人民法院提起行政诉讼：

（一）对当场作出的行政处罚决定不服；

（二）对行政机关作出的侵犯其已经依法取得的自然资源的所有权或者使用权的决定不服；

（三）认为行政机关存在本法第十一条规定的未履行法定职责情形；

（四）申请政府信息公开，行政机关不予公开；

（五）法律、行政法规规定应当先向行政复议机关申请行政复议的其他情形。

对前款规定的情形，行政机关在作出行政行为时应当告知公民、法人或者其他组织先向行政复议机关申请行政复议。

【理解与适用】

本条明确了行政复议前置之法定情形。

本条文明确了法定的行政复议前置情况，即在该条规定的情形下，行政复议为提起行政诉讼必经程序，除本条规定之情形外，司法实践中仍以当事人自主选择为原则，行政复议前置为例外。

行政复议前置，是指公民、法人或者其他组织不服行政机关的行政行为，在向人民法院提起行政诉讼之前，必须先申请复议，对复议不服的，才可以再向人民法院提起行政诉讼。该规定不仅体现高效、便民的原则，而且便于行政机关实行上下级的监督。

在复议前置的情况下，公民、法人或者其他组织在法定行政复议期限内不得向人民法院提起行政诉讼。如果行政复议机关决定不予受理、驳回申请或者受理后超过行政复议期限不作答复的、公民、法人或者其他组织可以自收到决定书之日起或者行政复议期满之日起十五日内，依法向人民法院提起行政诉讼。

第一款第一项，"当场作出的行政处罚"中的"当场"并非"现场"，主要是指可以不经行政机关负责人审批或合议、集体讨论等程序直接处罚，即通过简易程序作出行政处罚。

第一款第二项，"自然资源"包括土地、矿藏、水流、森林、山岭、草原、荒地、滩涂、海域等，适用中仅限于政府对自然资源权属纠纷作出确权处理决定的行政裁决案件，不包括颁发自然资源权属证书的案件，也不包括对自然资源所有权、使用权作出行政处罚、行政强制措施、行政强制执行等行为的案件。

第一款第三项，"未履行法定职责"是指行政机关负有法律、法规、规章明确规定的行政管理职责，在公民、法人或者其他组织要求履行职责时不予答复、拖延履行或拒绝履行，包括：对侵犯人身权利和财产权利应当制止而不制止；对各种许可证明提出申请应批准而不批准；行政机关对属于自己职责范围内事项拖延不办或者迟迟不予答复。构成不履行法定职责需满足以下条件：（1）行政机关必须是法律、法规、规章明确规定的机关；（2）行政管理职责具有履行的可能性；（3）一般要有相对人的合法申请。

第一款第四项，"申请政府信息公开"是被征收人维权程序的第一步，被征收人可以通过申请信息公开程序收集证据资料，找到征收部门的违法点。公民、法人或者其他组织申请公开政府信息，不需要证明是否与其存在利害关系，只要申请公开的政府信息存在，且属于公开范围，负有公开政府信息义务的行政机关就应当依法公开该政府信息。但公民、法人或者其他组织以申请政府信息公开为名，请求解答相关事项疑问，属于向政府提出咨询的行为，不属于政府信息公开申请。

"法律、行政法规规定的其他情形"，如反垄断法中有关经营者集中的决定、税收征收管理法中有关一般纳税争议等。本条对行政复议前置的其他情形的权限设定为"法律、行政法规"，不包括地方性法规、规章和其他规范性文件。

【相关规范】

● 法律

1. 《中华人民共和国行政诉讼法》（2017 年 6 月 27 日）

第四十四条　对属于人民法院受案范围的行政案件，公民、法人或者其他组织可以先向行政机关申请复议，对复议决定不服的，再向人民法院提起诉讼；也可以直接向人民法院提起诉讼。

法律、法规规定应当先向行政机关申请复议，对复议决定不服再向人民法院提起诉讼的，依照法律、法规的规定。

2. 《中华人民共和国反垄断法》（2022 年 6 月 24 日）

第三十四条　经营者集中具有或者可能具有排除、限制竞争效果的，国务院反垄断执法机构应当作出禁止经营者集中的决定。但是，经营者能够证明该集中对竞争产生的有利影响明显大于不利影响，或者符合社会公共利益的，国务院反垄断执法机构可以作出对经营者集中不予禁止的决定。

第三十五条　对不予禁止的经营者集中，国务院反垄断执法机构可以决定附加减少集中对竞争产生不利影响的限制性条件。

第六十五条　对反垄断执法机构依据本法第三十四条、第三十五条作出的决定不服的，可以先依法申请行政复议；对行政复议决定不服的，可以依法提起行政诉讼。

对反垄断执法机构作出的前款规定以外的决定不服的，可以依法申请行政复议或者提起行政诉讼。

3. 《中华人民共和国税收征收管理法》（2015 年 4 月 24 日）

第八十八条第一款　纳税人、扣缴义务人、纳税担保人同税务机关在纳税上发生争议时，必须先依照税务机关的纳税决定缴纳或者解缴税款及滞纳金或者提供相应的担保，然后可以依法申请行政复议；对行政复议决定不服的，可以依法向人民法院起诉。

● 司法解释及文件

4.《最高人民法院关于适用〈中华人民共和国行政诉讼法〉的解释》（2018年2月6日）

第五十六条　法律、法规规定应当先申请复议，公民、法人或者其他组织未申请复议直接提起诉讼的，人民法院裁定不予立案。

依照行政诉讼法第四十五条的规定，复议机关不受理复议申请或者在法定期限内不作出复议决定，公民、法人或者其他组织不服，依法向人民法院提起诉讼的，人民法院应当依法立案。

第五十七条　法律、法规未规定行政复议为提起行政诉讼必经程序，公民、法人或者其他组织既提起诉讼又申请行政复议的，由先立案的机关管辖；同时立案的，由公民、法人或者其他组织选择。公民、法人或者其他组织已经申请行政复议，在法定复议期间内又向人民法院提起诉讼的，人民法院裁定不予立案。

第五十八条　法律、法规未规定行政复议为提起行政诉讼必经程序，公民、法人或者其他组织向复议机关申请行政复议后，又经复议机关同意撤回复议申请，在法定起诉期限内对原行政行为提起诉讼的，人民法院应当依法立案。

第四节　行政复议管辖

第二十四条　【县级以上地方人民政府管辖】县级以上地方各级人民政府管辖下列行政复议案件：

（一）对本级人民政府工作部门作出的行政行为不服的；

（二）对下一级人民政府作出的行政行为不服的；

（三）对本级人民政府依法设立的派出机关作出的行政行为不服的；

（四）对本级人民政府或者其工作部门管理的法律、法规、规章授权的组织作出的行政行为不服的。

除前款规定外，省、自治区、直辖市人民政府同时管辖对本机关作出的行政行为不服的行政复议案件。

省、自治区人民政府依法设立的派出机关参照设区的市级人民政府的职责权限，管辖相关行政复议案件。

对县级以上地方各级人民政府工作部门依法设立的派出机构依照法律、法规、规章规定，以派出机构的名义作出的行政行为不服的行政复议案件，由本级人民政府管辖；其中，对直辖市、设区的市人民政府工作部门按照行政区划设立的派出机构作出的行政行为不服的，也可以由其所在地的人民政府管辖。

【理解与适用】

本条文规定了有关级别管辖的内容，以列举的方式规定了县级以上各级人民政府管辖的行政复议案件类型。相较于修订前的条文，本条文在行政复议体制、管辖权限等方面作了较大改动。

本条第一款调整了原《中华人民共和国行政复议法》第十三条、第十四条以及第十五条的相关内容，取消了地方人民政府工作部门的行政复议职责，将行政复议管辖权统一集中至县级以上地方人民政府。在以往行政复议"条块结合"的管辖体制下，区县级、市级、省级人民政府及其工作部门和国务院工作部门同时拥有行政复议管辖权，过于分散的复议资源不仅导致行政复议效率低下，还使得案件审理标准存在分歧，这进一步影响了行政复议的质量和公正性，行政复议亦难以形成化解行政争议的合力。随着行政复议体制改革的推进，整合地方行政复议职责成为行政复议体制改革的核心内容。原来属于政府工作部门的行政复议权限被收回，本级人民政府实现了复议管辖权的有效集中与合理分配，充分保障了行政复议在解决行政争议中的专业性、便利性等优势，有助于提升行政复议的公正性，更有利于推动行政复议发挥解决行政争议的主渠道作用，为建设公正高效、便民为民的行政复议制度奠定坚实基础。

本条第一款"县级以上地方各级人民政府"具体包括县级人民政府、设区的市级人民政府和省级人民政府，其对以下五类案件具有行政复议管辖权：

第一，对本级人民政府工作部门作出的行政行为不服的，如民政局、教育局等都是地方政府的工作部门，若不服其作出的行政行为，应当向该部门所属的人民政府申请行政复议。

第二，对下一级人民政府作出的行政行为不服的，如设区的市级人民政府负责审理其下辖县级人民政府相关的行政复议案件。

第三，对本级人民政府依法设立的派出机关作出的行政行为不服的。目前县级以上地方人民政府设立的派出机关有三种：一是省、自治区政府派出的行政公署；二是县、自治县政府设立的区公所；三是市辖区、不设区的市设立的街道办事处。从派出机关的性质看，它不是一级国家机关，不设与之相应的国家权力机关，但在其所管辖的范围内对本辖区的经济文化治安等社会生活的各个方面行使管理权。它们虽不是一级政府，但受政府委托履行了一级政府的职能，以自己的名义实施具体行政行为引起了行政复议，自然成为被申请人，而管辖这一复议案件的理应是设立它的地方人民政府。具体而言，对行政公署作出的具体行政行为不服，向派出它的省或者自治区人民政府申请复议；对区公所作出的具体行政行为不服，向派出它的县或者自治县人民政府申请复议；对街道办事处作出的具体行政行为不服，向派出它的市辖区或者不设区的市人民政府申请复议。

第四，对本级人民政府或者其工作部门管理的法律、法规、规章授权的组织作出的行政行为不服的。此处所称授权是指法律、法规、规章将某些行政管理权授予非行政机关的组织行使。经过授权，该组织取得了行政管理的主体资格，可以以自己的名义行使行政管理权，以自己的名义独立承担因行使行政管理权而引起的法律后果。理论上，国家行政管理权应当由国家行政机关行使，其他任何个人和组织都无权行使行政管理权，但随着社会生活日趋复杂，为了满足现实行政管理的需要，法律、法规、规章就有必要授权一些有公共事务管理职能的组织来代行一些行政管理权，同时规定相应的责任。

第五，对本级人民政府工作部门依法设立的派出机构依照法律、法规、规章规定，以自己的名义作出的行政行为不服的。政府派出机构，指作为某一级人民政府工作部门的行政机关根据实际需要，针对某项特定行政事务并根据有关法律、法规和规章的规定而设置的工作机构，如公安派出所、税务所等，但这些派出机构并非都有权力以自己的名义作出行政行为。最典型的例子是一些市、县税务局派出的税务所有权以自己的名义作出征税的行政行为，但对违反税收征管的行政处罚行为，大多数税务所无权以自己的名义实施。对于政府工作部门设立的派出机构作出的行政行为引起的复议案件，本条规定只能由派出它的部门所在的同级人民政府管辖，如对县税务局派出的税务所作出的行政行为提起复议应由县人民政府管辖。

本条第二款保留了有关省级人民政府对本机关作出行政行为的复议权限。理论上，省级人民政府的上一级政府是国务院，若严格遵循本条第一款的规定，则国务院应管辖与省级人民政府相关的行政复议案件，但考虑到国务院是最高国家行政机关，其主要是从全局上处理行政事务、制定方针政策的，一般不宜也难以处理大量的行政复议案件，故鉴于省级人民政府地位的特殊性，本条第二款保留了省级人民政府对本机关作出行政行为的复议权限，即行为人若对省级人民政府作出的行政行为不服，应当向该省级人民政府申请行政复议。

本条第三款在原行政复议法的基础上完善了省、自治区人民政府依法设立的派出机关的行政复议管辖权限规定。《中华人民共和国地方各级人民代表大会和地方各级人民政府组织法》第八十五条第一款规定，省、自治区的人民政府在必要的时候，经国务院批准，可以设立若干派出机关。此处派出机关主要包括地区行政公署或者盟，它们不是一级独立的人民政府，受派出它的省级人民政府的领导，同时又代表派出它的省级人民政府领导和管理下级人民政府和自身所属的工作部门完成行政管理任务。故省、自治区的人民政府设立的派出机关在地位上等同于设区的市级人民政府，可以根据本条第一款的规定参照设区的市级人民政府的职责权限，管辖相关行政复议案件。

本条第四款是本次修法的新增规定，对于县级以上地方各级人民政府工作部门依法设立的派出机构依照法律、法规、规章规定，以自己的名义作出的行政行为不服的行政复议案件确立了新的行政复议管辖规则。这是因为实践中政府工作部门派出机构的情况比较复杂，如县级人民政府工作部门设立的派出机构一般位于该县级行政区划内，而直辖市、设区的市人民政府工作部门按照行政区划设立的派出机构所在地可能位于该市下辖的其他行政区划内，对于这些由政府工作部门设立的派出机构作出的行政行为不服的复议案件，不宜一律由派出机构所属工作部门的本级人民政府管辖，否则会加重复议申请人的负担。因此，从便民的原则出发，本款规定原则上县级以上地方各级人民政府工作部门依法设立的派出机构依照法律、法规、规章规定，以派出机构的名义作出的行政行为不服的行政复议案件，由本级人民政府管辖；而对于直辖市、设区的市人民政府工作部门按照行政区划设立的派出机构作出的行政行为不服的，也可以由其所在地的人民政府管辖，这样，申请人就不会因派出机构和复议机关位居两地而来回周折了。

【相关规范】

● **法律**

《中华人民共和国地方各级人民代表大会和地方各级人民政府组织法》
（2022 年 3 月 11 日）

第八十五条 省、自治区的人民政府在必要的时候，经国务院批准，可以设立若干派出机关。

县、自治县的人民政府在必要的时候，经省、自治区、直辖市的人民政府批准，可以设立若干区公所，作为它的派出机关。

市辖区、不设区的市的人民政府，经上一级人民政府批准，可以设立若干街道办事处，作为它的派出机关。

● **案例指引**

胡某等 57 人诉吉林省白城市洮北区人民政府不履行公安行政复议法定职责案①

裁判要旨： 派出机构，是指国家行政机关在其管辖的某一区域内设立的管理具体事务的代表机构，派出机构直接向委派机关负责。行政相对人对派出机构以自己的名义作出的行政行为不服时，应当向设立该派出机构的行政机关申请复议，行政相对人申请行政复议时，受理申请的复议机关应当对申请先进行审查，复议机关对该申请不具有法律规定的复议职责时，应当告知其向有关行政复议机关提出行政复议。

> **第二十五条 【国务院部门管辖】** 国务院部门管辖下列行政复议案件：
> （一）对本部门作出的行政行为不服的；
> （二）对本部门依法设立的派出机构依照法律、

---

① 最高人民法院（2016）最高法行申 4124 号行政裁定书，载中国裁判文书网，https：//wenshu. court. gov. cn/website/wenshu/181107ANFZ0BXSK4/index. html？docId = r05t/O + YDgaQMU-zERCkNiOp6JdywhHorE + Jc5fJIz77lV5ZARcwW/fUKq3u + IEo4u + dbW5N/CfxXzheOhOqpBgcHuCwSJAm-CirDVWK + bNT + u5Aq/hnjW9eAXL10G4cu7，最后访问时间：2023 年 9 月 6 日。

行政法规、部门规章规定，以派出机构的名义作出的行政行为不服的；

（三）对本部门管理的法律、行政法规、部门规章授权的组织作出的行政行为不服的。

【理解与适用】

本条文规定了有关级别管辖的内容，以列举的方式规定了国务院部门管辖的行政复议案件类型。

本条基本保留了原行政复议法中有关国务院部门行政复议管辖权限的规定，在修订过程中，本条综合了各方意见，基本维持了原行政复议法确立的部门管辖权规定，国务院部门仍应负责审理与本机关及派出机关、授权组织相关的行政复议案件。详述如下：

第一，对本部门作出的行政行为不服的。如对商务部作出的行政行为不服的，应当继续向商务部申请行政复议。

第二，对本部门依法设立的派出机构依照法律、行政法规、部门规章规定以自己的名义作出的行政行为不服的。与地方各级人民政府设立派出机构类似，国务院各工作部门同样也会根据工作需要设立一些工作机构以配合完成工作，如我国财政部在各地都设置有相应的监管局（财政部天津监管局、财政部甘肃监管局等）。倘若行为人对财政部天津监管局以自己的名义作出的行政行为不服，可向财政部申请行政复议。

第三，对本部门管理的法律、行政法规、部门规章授权的组织作出的行政行为不服的。例如，我国证券业协会为行业性自律性组织，接受证券监督管理委员会和民政部的业务指导和监督管理，并能依据证券法等法律及行政法规的规定行使部分管理权。

若行为人不服证券业协会作出的行政行为，可向证券监督管理委员会申请行政复议。

【相关规范】

● *行政法规及文件*
《中华人民共和国行政复议法实施条例》（2007 年 5 月 29 日）

　　第二十三条　申请人对两个以上国务院部门共同作出的具体行政行为不服的，依照行政复议法第十四条的规定，可以向其中任何一个国务院部门提出行政复议申请，由作出具体行政行为的国务院部门共同作出行政复议决定。

> **第二十六条　【原级行政复议决定的救济途径】**
> 对省、自治区、直辖市人民政府依照本法第二十四条第二款的规定、国务院部门依照本法第二十五条第一项的规定作出的行政复议决定不服的，可以向人民法院提起行政诉讼；也可以向国务院申请裁决，国务院依照本法的规定作出最终裁决。

【理解与适用】

　　本条文规定了申请人不服国务院部门或省级人民政府复议决定的救济途径。

　　根据本法第二十四条和第二十五条的规定，若行为人对国务院部门或者省、自治区、直辖市人民政府作出的行政行为不服，应当先向作出该行政行为的国务院部门或者省、自治区、直辖市人民政府申请行政复议。然而，受制于上述行政机关在地位上的特殊性，这种复议管辖体制并不具有层级监督的性质，毕竟存在自我审查的弊端；另外，国务院部门和省级人民政府作出的行政行为一般都涉及行政相对人的重大利益，继续向原机关申请复议，也有可能给申请人带来负面影响。鉴于此，为维护复议申请人的合法权益，有效地纠正不当的行政行为，保障公民、法人或者其他组织的合法权益，本条从发挥行政复议解决行政争议主渠道的作用出发，为上述情况下的申请人提供了两条救济渠道，即申请人若对行政复议决定不服，既可以向人民法院提起行政诉讼，也可以继续向国务院申请裁决。这两条救济途径体现了国家审判机关对行政机关的监督，也体现了国务院对下级行政机关的层级监督。但必须注意，这两条救济途径只能选择其一，且相互排斥，否则会造成有限司法资源与复议资源的浪费。换言之，若申请人选择向人民法院提起行政诉讼，就不得再向国务院申请裁决；若申请人选择了国务院申请裁决，就不得再向法院提起行政诉讼，且国务院作出的行政复议决定为终局决定，不允许对该终局决定再次提起行政诉讼。

【相关规范】

● 行政法规及文件

《中华人民共和国行政复议法实施条例》（2007 年 5 月 29 日）

第二十三条 申请人对两个以上国务院部门共同作出的具体行政行为不服的，依照行政复议法第十四条的规定，可以向其中任何一个国务院部门提出行政复议申请，由作出具体行政行为的国务院部门共同作出行政复议决定。

第二十七条 【垂直领导行政机关等管辖】 对海关、金融、外汇管理等实行垂直领导的行政机关、税务和国家安全机关的行政行为不服的，向上一级主管部门申请行政复议。

【理解与适用】

本条文规定了对实行垂直领导的行政机关、税务和国家安全机关申请行政复议管辖的特殊情形。

本条保留了原行政复议法第十二条第二款的规定，并在原来列举的特殊行政机关基础上增加了税务机关。目前我国行政机关实行垂直管理的形式主要有两类，一类是中央垂直管理，即在全国范围内实行垂直领导体制的海关、金融、外汇管理机关等，这些行政机关的管理体制主要是以"条条"为主，各级机关只接受上级主管部门的管理与监督；另一类是省级以下垂直管理的国家机关，如设区的市级和县级国土资源部门同时受省级国土资源部门管理。本条所称"实行垂直领导的行政机关"主要指的是上述第一类行政机关。由于此类行政机关工作管理的领域具有多样性和复杂性，相关法律、法规、规章的规定专业性较强，在行政复议管辖问题上如果仍由同级人民政府负责，将不利于行政监督工作的有效开展，也不符合当前我国行政管理工作的实际。因此，本条对上述两类行政机关的复议管辖体制作了特殊规定。比如，行为人若对县税务局作出的行政行为不服，应当向该县所在的市税务局申请行政复议；行为人若对省级税务机关作出的行政行为不服，应当向国家税务总局申请行政复议。

需要注意，本条对适用特殊复议管辖规定的国家机关作了明确规定，实践中应当遵循法律保留的原则，不宜随意扩大范围。在行政复议工作实践中，必须严格把握本条确立的特殊行政机关范围，依照法律规定的程序开展行政复议工作，任何部门不能违反法律的规定，限制行政管理相对人向其有权提出申请的行政机关申请行政复议。

【相关规范】

● 行政法规及文件

1. 《中华人民共和国行政复议法实施条例》（2007 年 5 月 29 日）

第二十四条　申请人对经国务院批准实行省以下垂直领导的部门作出的具体行政行为不服的，可以选择向该部门的本级人民政府或者上一级主管部门申请行政复议；省、自治区、直辖市另有规定的，依照省、自治区、直辖市的规定办理。

● 部门规章及文件

2. 《税务行政复议规则》（2018 年 6 月 15 日）

第十六条　对各级税务局的具体行政行为不服的，向其上一级税务局申请行政复议。

对计划单列市税务局的具体行政行为不服的，向国家税务总局申请行政复议。

第十七条　对税务所（分局）、各级税务局的稽查局的具体行政行为不服的，向其所属税务局申请行政复议。

3. 《中华人民共和国海关行政复议办法》（2014 年 3 月 13 日）

第十七条　对海关具体行政行为不服的，向作出该具体行政行为的海关的上一级海关提出行政复议申请。

对海关总署作出的具体行政行为不服的，向海关总署提出行政复议申请。

4. 《国家外汇管理局行政复议程序》（2020 年 10 月 23 日）

第二条　公民、法人或者其他组织认为外汇局的具体行政行为侵犯其合法权益，向有管辖权的外汇局提出行政复议申请，作为行政复议机关的外汇局（以下简称行政复议机关）受理行政复议申请、作出行政复议决定，适用本程序。

第五条　公民、法人或者其他组织可以作为申请人，依照本程序在《中华人民共和国行政复议法》及其实施条例规定的范围内申请行政复议。作出具体行政行为的外汇局为被申请人。

第二十八条 【司法行政部门的管辖】对履行行政复议机构职责的地方人民政府司法行政部门的行政行为不服的，可以向本级人民政府申请行政复议，也可以向上一级司法行政部门申请行政复议。

【理解与适用】

本条文对行政复议管辖制度进行了完善，体现了高效便民的原则。

本条对行政复议机关的司法行政部门自身作为被申请人的行政复议案件的受理和管辖作出明确规定。该类案件由本级人民政府或上一级司法行政部门审理，是地方人民政府相对集中复议管辖权的特殊规定，保留原有的"条块管辖"制度，既保护了申请人行使行政复议管辖选择权，方便申请人申请行政复议，又符合正当程序原则和公正原则。

负有"履行行政复议机构职责的地方人民政府司法行政部门"，例如，公民、法人或者其他组织对区司法局的行政行为不服，可以向区政府或者市司法局申请行政复议。

在实践中，司法行政部门可以在程序上履行告知和释明义务，以保证案件审查的公平公正，尽量避免"自己审理自己"的现象，即对司法行政部门自身作为被申请人的行政复议案件，申请人选择向司法行政部门所在同级人民政府提出行政复议申请的，司法行政部门可以向申请人进行法律规定的释明工作，告知申请人可以向上一级司法行政部门提出行政复议申请；在申请人明确拒绝变更管辖的情况下，由本级人民政府继续审查和处理。本级人民政府在司法行政部门内部，可以将行使行政复议审查职责的机构与履行行政复议被申请人职责的机构分离，例如，确定由某一业务处室或者由引发行政争议的相关业务处室代表司法行政机关，履行行政复议被申请人职责，参与行政复议案件审理。

● *部门规章及文件*
《司法行政机关行政复议应诉工作规定》（2001 年 6 月 22 日）

第五条　有下列情形之一的，公民、法人或者其他组织可以向司法行政机关申请行政复议：

（一）认为符合法定条件，申请司法行政机关办理颁发资格证、执业证、许可证手续，司法行政机关拒绝办理或者在法定期限内没有依法办理的；

（二）对司法行政机关作出的警告、罚款、没收违法所得、没收非法财物、责令停业、吊销执业证等行政处罚决定不服的；

（三）认为符合法定条件，申请司法行政机关办理审批、审核、公告、登记的有关事项，司法行政机关不予上报申办材料、拒绝办理或者在法定期限内没有依法办理的；

（四）认为符合法定条件，申请司法行政机关注册执业证，司法行政机关未出示书面通知说明理由，注册执业证期满六个月仍不予注册的；

（五）认为符合法定条件，申请司法行政机关参加资格考试，司法行政机关没有依法办理的；

（六）认为司法行政机关违法收费或者违法要求履行义务的；

（七）对司法行政机关作出的撤销、变更或者维持公证机构关于公证书的决定不服的；

（八）对司法行政机关作出的留场就业决定或根据授权作出的延长劳动教养①期限的决定不服的；

（九）对司法行政机关作出的关于行政赔偿、刑事赔偿决定不服的；

（十）认为司法行政机关作出的其他具体行政行为侵犯其合法权益的。

---

① 根据 2013 年 23 月 28 日公布的《全国人民代表大会常务委员会关于废止有关劳动教养法律规定的决定》，劳动教养制度已被废除。

> **第二十九条 【行政复议与行政诉讼的选择】**公民、法人或者其他组织申请行政复议，行政复议机关已经依法受理的，在行政复议期间不得向人民法院提起行政诉讼。
>
> 公民、法人或者其他组织向人民法院提起行政诉讼，人民法院已经依法受理的，不得申请行政复议。

【理解与适用】

本条对公民、法人或者其他组织如何处理行政复议和行政诉讼的关系作出了规定。

通常情况下，依照法律、法规的规定，行政相对人对行政机关作出的行政行为不服，可以采取两种救济手段，一是向复议机关申请复议，二是向法院提起行政诉讼。由于二者具有选择适用关系，实践中就有可能造成两种救济途径的冲突。因此，本条规定了如何处理行政复议和行政诉讼关系的问题，对充分保障公民、法人及其他组织的合法权益有着积极的作用，也便于行政复议机关和行政审判机关高效受理和审查案件。本条确立的主要原则是，相对人可以选择适用行政程序和司法程序，行政程序正在进行时，司法程序不能介入；进入了司法程序，也就意味着对行政程序的放弃。

本条第一款规定的是行政复议程序正式启动后，在法定的行政复议期限内，行政复议申请人不得再向人民法院提起行政诉讼的问题。关于"行政复议机关已经依法受理"的理解，本法第三十条对此作出了规定："行政复议机关收到行政复议申请后，应当在五日内进行审查。对符合下列规定的，行政复议机关应当予以受理……"由此可知，申请人向行政复议机关提出复议申请，如果在申请提出的五日内，没有接到复议机关不予受理的书面通知，也没有被告知该复议申请不属于该复议机关受理的复议事项，需再向其他行政复议机关提出复议申请，申请人就有理由认为行政复议机关已经受理。关于行政复议期限，本法第六十二条也明确规定，适用一般程序审理的行政复议案件期限为六十日（但因法律特殊规定或行政复议机构负责人批准，实际复议期限可能少于六十日，也可能多于六十日，但最多不能超过九十日）；适用简易程序审理的行政复议案件期限为三十日。如果行政复议机关已经受理了该复议申请，在上述规定的行政复议期限内，申请人不得向人民法院提起行政诉讼。

本条第二款规定的是行政相对人向人民法院提起行政诉讼并已受理的，不得再申请行政复议的问题。行政相对人向人民法院起诉，人民法院决定立案，意味着司法程序已经开始，对原告来说，表明其已经选择了司法救济的途径，行政救济程序便告终结，因此，不得再申请行政复议。

【相关规范】

● 法律

1.《中华人民共和国行政诉讼法》（2017年6月27日）

第四十四条 对属于人民法院受案范围的行政案件，公民、法人或者其他组织可以先向行政机关申请复议，对复议决定不服的，再向人民法院提起诉讼；也可以直接向人民法院提起诉讼。

法律、法规规定应当先向行政机关申请复议，对复议决定不服再向人民法院提起诉讼的，依照法律、法规的规定。

第五十一条 人民法院在接到起诉状时对符合本法规定的起诉条件的，应当登记立案。

对当场不能判定是否符合本法规定的起诉条件的，应当接收起诉状，出具注明收到日期的书面凭证，并在七日内决定是否立案。不符合起诉条件的，作出不予立案的裁定。裁定书应当载明不予立案的理由。原告对裁定不服的，可以提起上诉。

起诉状内容欠缺或者有其他错误的，应当给予指导和释明，并一次性告知当事人需要补正的内容。不得未经指导和释明即以起诉不符合条件为由不接收起诉状。

对于不接收起诉状、接收起诉状后不出具书面凭证，以及不一次性告知当事人需要补正的起诉状内容的，当事人可以向上级人民法院投诉，上级人民法院应当责令改正，并对直接负责的主管人员和其他直接责任人员依法给予处分。

第五十二条 人民法院既不立案，又不作出不予立案裁定的，当事人可以向上一级人民法院起诉。上一级人民法院认为符合起诉条件的，应当立案、审理，也可以指定其他下级人民法院立案、审理。

● **行政法规及文件**

2. 《中华人民共和国行政复议法实施条例》（2007 年 5 月 29 日）

第十五条 行政复议法第九条第一款规定的行政复议申请期限的计算，依照下列规定办理：

（一）当场作出具体行政行为的，自具体行政行为作出之日起计算；

（二）载明具体行政行为的法律文书直接送达的，自受送达人签收之日起计算；

（三）载明具体行政行为的法律文书邮寄送达的，自受送达人在邮件签收单上签收之日起计算；没有邮件签收单的，自受送达人在送达回执上签名之日起计算；

（四）具体行政行为依法通过公告形式告知受送达人的，自公告规定的期限届满之日起计算；

（五）行政机关作出具体行政行为时未告知公民、法人或者其他组织，事后补充告知的，自该公民、法人或者其他组织收到行政机关补充告知的通知之日起计算；

（六）被申请人能够证明公民、法人或者其他组织知道具体行政行为的，自证据材料证明其知道具体行政行为之日起计算。

行政机关作出具体行政行为，依法应当向有关公民、法人或者其他组织送达法律文书而未送达的，视为该公民、法人或者其他组织不知道该具体行政行为。

第十六条 公民、法人或者其他组织依照行政复议法第六条第（八）项、第（九）项、第（十）项的规定申请行政机关履行法定职责，行政机关未履行的，行政复议申请期限依照下列规定计算：

（一）有履行期限规定的，自履行期限届满之日起计算；

（二）没有履行期限规定的，自行政机关收到申请满 60 日起计算。

公民、法人或者其他组织在紧急情况下请求行政机关履行保护人身权、财产权的法定职责，行政机关不履行的，行政复议申请期限不受前款规定的限制。

第十七条 行政机关作出的具体行政行为对公民、法人或者其他组织的权利、义务可能产生不利影响的，应当告知其申请行政复议的权利、行政复议机关和行政复议申请期限。

● *案例指引*

王某等诉某省人民政府复议申请决定案[①]

裁判要旨：根据行政复议受理条件的相关规定，对于同一主体，其他复议机关尚未受理行政复议申请且人民法院也未受理行政诉讼时，复议机关应当受理行为人的复议申请。由此可知，法院已经受理行为人提起的行政诉讼后，行为人就同一事实又向其他行政复议机关申请行政复议的，该复议申请不符合受理条件，复议机关应当驳回复议申请。

---

① 最高人民法院（2017）最高法行申 6714 号行政裁定书，载中国裁判文书网，https：// wenshu. court. gov. cn/website/wenshu/181107ANFZ0BXSK4/index. html? docId = nQaEQdsLTgtj + pCk- aADgbviYc6Y4FiF4G1iBHuG1ihS43rK2GGwMcPUKq3u + IEo4u + dbW5N/CfxXzheOhOqpBgeHuCwSJAm- CirDVWK+bNT8UXxGByhDxOFL8ujSDjEJT，最后访问时间 2023 年 9 月 6 日。

第三章　行政复议受理

第三十条　【受理条件】行政复议机关收到行政复议申请后，应当在五日内进行审查。对符合下列规定的，行政复议机关应当予以受理：

（一）有明确的申请人和符合本法规定的被申请人；

（二）申请人与被申请行政复议的行政行为有利害关系；

（三）有具体的行政复议请求和理由；

（四）在法定申请期限内提出；

（五）属于本法规定的行政复议范围；

（六）属于本机关的管辖范围；

（七）行政复议机关未受理过该申请人就同一行政行为提出的行政复议申请，并且人民法院未受理过该申请人就同一行政行为提起的行政诉讼。

对不符合前款规定的行政复议申请，行政复议机关应当在审查期限内决定不予受理并说明理由；不属于本机关管辖的，还应当在不予受理决定中告知申请人有管辖权的行政复议机关。

行政复议申请的审查期限届满，行政复议机关未作出不予受理决定的，审查期限届满之日起视为受理。

【理解与适用】

本条是关于复议申请的审查和受理的规定。本条对原行政复议法第十七条作了较大幅度修改，内容丰富，规定了一系列制度，包括：

第一，审查期限。行政复议机关收到行政复议申请后，应当在五日内就复议申请是否符合受理条件进行审查，并对是否受理复议申请作出决定。

第二，新增规定行政复议机关应当受理复议申请的条件。本条通过规定行政复议机关应当受理复议申请的条件的方式，规定了类似起诉条件的复议申请条件。公民、法人或其他组织提出的复议申请符合本条规定的全部条件的，行政复议机关必须受理，不得拒绝；反之，公民、法人或其他组织的复议申请如果有不符合本条规定的情形之一的，行政复议机关对复议申请不予受理。原行政复议法没有集中规定复议机关应当受理行政复议申请的条件，与受理复议申请相关的要件被分散规定在不同条文中，造成实践中有的复议申请即使符合所有的受理条件，复议机关也不予受理。针对这一现象，《中华人民共和国行政复议法实施条例》第二十八条规定复议申请符合所列举的情形的，行政复议机关应当受理，不得拒绝受理，以保障符合条件的复议申请获得受理。修法吸收了这一规定，新增规定当复议申请符合法定条件的，行政复议机关必须受理复议申请，不得拒绝受理。

复议申请条件包括七项：一是有明确的申请人和符合本法规定的被申请人。这是关于申请人和被申请人的形式要件规定：申请人为提出复议申请的公民、法人或其他组织，被申请人为符合《中华人民共和国行政复议法》第十九条规定的行政机关或者法律、法规、规章授权的组织。二是申请人与被申请行政复议的行政行为有利害关系。这是关于复议申请人资格的规定，公民、法人或其他组织需与被申请复议的行政行为之间具有利害关系。行政行为的相对人是当然的与行政行为有利害关系的主体，相对人之外的其他主体，如果与行政行为有利害关系，也具备复议申请人资格。三是有具体的行政复议请求和理由。申请人对复议请求的表述应当具体、明确。四是复议申请在法定申请期限内提出。五是被申请复议的行政行为在复议范围内。六是行政复议机关有管辖权。七是行政复议机关未受理过该申请人就同一行政行为提出的行政复议申请，并且人民法院未受理过该申请人就同一行政行为提起的行政诉讼。

第三，行政复议机关作出不予受理决定，负有说明理由和告知义务。行政复议机关经审查，认为复议申请不符合受理条件的，作出不予受理决定。修法新增规定行政复议机关要在决定中说明不予受理复议申请的理由。不予受理复议申请的决定对申请人的救济权利有重大不利影响，说明理由机制的引入，有利于促进复议机关更慎重地作出不予受理复议申请的决定，更好地保护申请人的申请复议权。此外，修法还增加规定对由于不属于本机关管辖而作出不予受理决定的，行政复议机关应当在决定中告知申请人有管辖权的行政复议机关，以便于申请人及时向正确的行政复议机关提出复议申请。

第四，审查期限届满后的默示受理机制。原行政复议法第十七条第二款规定，"除前款规定外，行政复议申请自行政复议机关负责法制工作的机构收到之日起即为受理"，新法对此作了修改，将"收到之日起即为受理"修改为"审查期限届满之日起视为受理"，以审查期限届满之日作为受理时间，更为合理。行政复议申请的审查期限届满，行政复议机关未作出不予受理决定的，审查期限届满之日起视为复议机关受理复议申请。将复议机关的沉默视为产生一定法律结果的意思表示，有利于促进行政机关及时作出决定，也有利于保护申请人的权利。

综合前述几点，本条对复议机关对复议申请的审查和处理作出了系统、完善的制度规定。既明确了复议机关应当受理复议申请的情形，也规定了复议机关作出不予受理决定时所应承担的程序性义务，这些规定对于保障公民、法人或其他组织均具有重要意义，有利于将更多数量的行政争议实际纳入复议渠道予以化解，进而实现行政复议作为化解行政争议主渠道的立法定位。对于复议机关来说，只要复议申请符合本条第一款规定的，就应当受理复议申请，不得拒绝受理复议申请。

【相关规范】

● 行政法规及文件

1. 《中华人民共和国行政复议法实施条例》（2007 年 5 月 29 日）

　　第二十八条　行政复议申请符合下列规定的，应当予以受理：

　　（一）有明确的申请人和符合规定的被申请人；

　　（二）申请人与具体行政行为有利害关系；

　　（三）有具体的行政复议请求和理由；

　　（四）在法定申请期限内提出；

　　（五）属于行政复议法规定的行政复议范围；

　　（六）属于收到行政复议申请的行政复议机构的职责范围；

　　（七）其他行政复议机关尚未受理同一行政复议申请，人民法院尚未受理同一主体就同一事实提起的行政诉讼。

● 部门规章及文件

2. 《公安机关办理行政复议案件程序规定》（2002 年 11 月 2 日）

　　第二十六条　公安行政复议机构收到行政复议申请后，应当对该申请是否符合下列条件进行初步审查：

　　（一）提出申请的公民、法人和其他组织是否具备申请人资格；

　　（二）是否有明确的被申请人和行政复议请求；

　　（三）是否符合行政复议范围；

　　（四）是否超过行政复议期限；

　　（五）是否属于本机关受理。

　　第二十七条　公安行政复议机构自收到行政复议申请之日起五日内应当分别作出以下处理：

（一）符合行政复议法规定的，予以受理；

（二）不符合行政复议法规定的，决定不予受理，并制发《行政复议申请不予受理决定书》；

（三）符合行政复议法规定，但不属于本机关受理的，应当告知申请人向有权受理的行政复议机关提出。

> **第三十一条 【申请材料补正】** 行政复议申请材料不齐全或者表述不清楚，无法判断行政复议申请是否符合本法第三十条第一款规定的，行政复议机关应当自收到申请之日起五日内书面通知申请人补正。补正通知应当一次性载明需要补正的事项。
>
> 申请人应当自收到补正通知之日起十日内提交补正材料。有正当理由不能按期补正的，行政复议机关可以延长合理的补正期限。无正当理由逾期不补正的，视为申请人放弃行政复议申请，并记录在案。
>
> 行政复议机关收到补正材料后，依照本法第三十条的规定处理。

【理解与适用】

本条是关于申请人补正复议申请材料的规定。本条为新增条款，吸收了《中华人民共和国行政复议法实施条例》第二十九条的规定，并在该条的基础上作了进一步的完善。

第一，补正适用情形。补正是对瑕疵的治愈，通过实施一定行为治愈瑕疵，维持既存状态，以避免消极法律后果的发生。由于复议申请材料存在一定瑕疵，复议机关无法对申请是否符合《中华人民共和国行政复议法》第三十条第一款的规定作出判断，此时尚未形成明确的结论，故不宜以申请不符合复议条件而驳回复议申请，而应当由申请人先行补正材料，待瑕疵治愈后，再由复议机关对申请是否符合受理条件作出判断。申请人补正申请材料的情形有两种：一是复议申请材料不齐全，二是对申请事项的表述不清楚。

第二，书面通知申请人予以补正。需要申请人补正申请材料的，行政复议机关应当自收到申请之日起五日内，以书面方式通知申请人补正申请材料。复议机关应当在补正通知中一次性载明需要补正的事项，避免申请人反复补正材料，影响复议案件办理效率。

第三，申请人提交材料的期限和法律后果。为保证复议申请得到及时处理，本条规定申请人应当自收到补正通知之日起十日内提交补正材料。申请人有正当理由不能按期补正的，行政复议机关可以延长合理的补正期限。申请人没有正当理由逾期不补正的，视为申请人放弃行政复议申请，并记录在案。

第四，行政复议机关的处理。申请材料的瑕疵通过申请人提交补正材料得以治愈。复议机关收到申请人提交的补正材料后，依照《中华人民共和国行政复议法》第三十条的规定，对复议申请是否应予受理进行处理。

补正通过治愈瑕疵维系了现状，避免了消极性法律后果的发生，有利于保障申请人救济权的行使。复议申请仅存在本条规定的瑕疵情形的，复议机关在审查时应当告知申请人对申请材料进行补正，在申请人补正后再审查申请是否符合《中华人民共和国行政复议法》第三十条第一款的规定，不能直接作出不予受理决定。此外，需要强调的是，如果申请人需要补正的材料事项超过一项，复议工作人员应当一次性告知其需要补正提交的材料。

【相关规范】

● *行政法规及文件*

《中华人民共和国行政复议法实施条例》（2007 年 5 月 29 日）

　　第二十九条　行政复议申请材料不齐全或者表述不清楚的，行政复议机构可以自收到该行政复议申请之日起 5 日内书面通知申请人补正。补正通知应当载明需要补正的事项和合理的补正期限。无正当理由逾期不补正的，视为申请人放弃行政复议申请。补正申请材料所用时间不计入行政复议审理期限。

> **第三十二条**　**【部分案件的复核处理】** 对当场作出或者依据电子技术监控设备记录的违法事实作出的行政处罚决定不服申请行政复议的，可以通过作出行政处罚决定的行政机关提交行政复议申请。
>
> 　　行政机关收到行政复议申请后，应当及时处理；认为需要维持行政处罚决定的，应当自收到行政复议申请之日起五日内转送行政复议机关。

【理解与适用】

　　本条是关于部分案件向作出行政行为的行政机关递交行政复议申请的规定，为本次修法新增加的规定。复议申请向作出行政行为的机关提交，由原行为机关先行处理，体现了行政复议的行政性特点。

　　第一，行政复议申请书可以向作出行政处罚决定的行政机关提交。行政复议法仅规定申请人向复议机关递交复议申请书，本条规定部分案件复议申请书也可以向作出行政行为的机关递交。增加这一规定正是行政复议较之行政诉讼所具有的便捷性优势的体现。行政诉讼是法院审查行政机关的行政行为，当事人所有行为应当直接向法院为之，而行政复议是上级行政机关审查下级行政机关，申请人的行为不必都直接向复议机关为之。

第二，本条的适用情形。本法将可以直接向原行政行为机关提交复议申请的情形限定在一定范围内，仅适用于当场作出或者依据电子技术监控设备记录的违法事实作出的行政处罚决定。在这两类行政处罚决定数量较多，通常违法事实确凿，由原行为机关先行处理复议申请，有利于提高复议的效率。

第三，原行为机关收到复议申请后的处理。原行为机关收到行政复议申请后，应当及时处理。原行为机关认为复议理由不成立，需要维持行政处罚决定的，应当自收到行政复议申请之日起五日内转送行政复议机关。但是，本条没有规定原行为机关认为复议理由成立的，应当如何处理。如果复议理由成立，原行为机关可以直接变更或者撤销行政行为，这也是本条规定提升复议效率的基础所在。

【相关规范】

● **法律**

1. **《中华人民共和国行政处罚法》**（2021 年 1 月 22 日）

第四十一条 行政机关依照法律、行政法规规定利用电子技术监控设备收集、固定违法事实的，应当经过法制和技术审核，确保电子技术监控设备符合标准、设置合理、标志明显，设置地点应当向社会公布。

电子技术监控设备记录违法事实应当真实、清晰、完整、准确。行政机关应当审核记录内容是否符合要求；未经审核或者经审核不符合要求的，不得作为行政处罚的证据。

行政机关应当及时告知当事人违法事实，并采取信息化手段或者其他措施，为当事人查询、陈述和申辩提供便利。不得限制或者变相限制当事人享有的陈述权、申辩权。

2. 《中华人民共和国治安管理处罚法》（2012 年 10 月 26 日）

第一百条 违反治安管理行为事实清楚，证据确凿，处警告或者二百元以下罚款的，可以当场作出治安管理处罚决定。

第一百零一条 当场作出治安管理处罚决定的，人民警察应当向违反治安管理行为人出示工作证件，并填写处罚决定书。处罚决定书应当当场交付被处罚人；有被侵害人的，并将决定书副本抄送被侵害人。

前款规定的处罚决定书，应当载明被处罚人的姓名、违法行为、处罚依据、罚款数额、时间、地点以及公安机关名称，并由经办的人民警察签名或者盖章。

当场作出治安管理处罚决定的，经办的人民警察应当在二十四小时内报所属公安机关备案。

第一百零二条 被处罚人对治安管理处罚决定不服的，可以依法申请行政复议或者提起行政诉讼。

● **部门规章及文件**

3. 《道路交通安全违法行为处理程序规定》（2020 年 4 月 7 日）

第五十二条 对交通技术监控设备记录的违法行为，当事人应当及时到公安机关交通管理部门接受处理，处以警告或者二百元以下罚款的，可以适用简易程序；处以二百元（不含）以上罚款、吊销机动车驾驶证的，应当适用一般程序。

第六十七条 当事人对公安机关交通管理部门采取的行政强制措施或者作出的行政处罚决定不服的，可以依法申请行政复议或者提起行政诉讼。

4. 《公安机关办理行政案件程序规定》（2020 年 8 月 6 日）

第三十七条 违法事实确凿，且具有下列情形之一的，人民警察可以当场作出处罚决定，有违禁品的，可以当场收缴：

（一）对违反治安管理行为人或者道路交通违法行为人处二百元以下罚款或者警告的；

（二）出入境边防检查机关对违反出境入境管理行为人处五百元以下罚款或者警告的；

（三）对有其他违法行为的个人处五十元以下罚款或者警告、对单位处一千元以下罚款或者警告的；

（四）法律规定可以当场处罚的其他情形。

涉及卖淫、嫖娼、赌博、毒品的案件，不适用当场处罚。

第三十八条　当场处罚，应当按照下列程序实施：

（一）向违法行为人表明执法身份；

（二）收集证据；

（三）口头告知违法行为人拟作出行政处罚决定的事实、理由和依据，并告知违法行为人依法享有的陈述权和申辩权；

（四）充分听取违法行为人的陈述和申辩。违法行为人提出的事实、理由或者证据成立的，应当采纳；

（五）填写当场处罚决定书并当场交付被处罚人；

（六）当场收缴罚款的，同时填写罚款收据，交付被处罚人；未当场收缴罚款的，应当告知被处罚人在规定期限内到指定的银行缴纳罚款。

5. 《交通运输行政执法程序规定》（2021 年 6 月 30 日）

第六十条　违法事实确凿并有法定依据，对公民处二百元以下、对法人或者其他组织处三千元以下罚款或者警告的行政处罚的，可以适用简易程序，当场作出行政处罚决定。法律另有规定的，从其规定。

> **第三十三条　【驳回复议申请】**行政复议机关受理行政复议申请后，发现该行政复议申请不符合本法第三十条第一款规定的，应当决定驳回申请并说明理由。

【理解与适用】

本条为新增条文，是关于复议机关受理复议申请之后作出驳回申请决定的规定。

行政复议机关对复议申请进行审查，认为不符合《中华人民共和国行政复议法》第三十条第一款规定的，一般情形是作出不予受理决定。而在有的案件中，行政复议机关是在已经作出受理决定或被视为作出受理决定后，才发现复议申请不符合《中华人民共和国行政复议法》第三十条第一款规定，不应予以受理，但此时再作出不予受理决定已经不合适了。对于此种情形应当如何处理，原《中华人民共和国行政复议法》并没有作出规定，造成实践中复议机关无所适从，缺乏作出驳回复议申请决定的法律依据。修法填补了这一制度空白，明确规定行政复议受理复议申请后，才发现不应当受理的，不再作出不予受理决定，而是作出驳回复议申请的决定。驳回复议申请决定是针对复议申请不符合受理条件作出的决定，尚未涉及案件的实质审理，因而该决定不同于复议请求不成立场景下所作出的决定，后者是对复议请求是否成立作出的回应。本条规定进一步完善了行政复议中的程序性决定的类型，形成了不予受理决定、驳回申请决定、维持决定的决定体系，分别适用于不同阶段。复议工作人员需要准确把握每一种决定适用的阶段和情形，准确选择适用相应的决定类型。复议机关作出驳回申请决定的，与作出不予受理决定一样，应当说明理由。

【相关规范】

● **行政法规及文件**

1. 《最高人民法院关于适用〈中华人民共和国行政诉讼法〉的解释》（2018年2月6日）

　　第二十六条　原告所起诉的被告不适格，人民法院应当告知原告变更被告；原告不同意变更的，裁定驳回起诉。

　　应当追加被告而原告不同意追加的，人民法院应当通知其以第三人的身份参加诉讼，但行政复议机关共同被告的除外。

● **部门规章及文件**

2. 《关于审理政府信息公开行政复议案件若干问题的指导意见》（2021年12月22日）

　　第十三条　有下列情形之一的，行政复议机关应当决定驳回行政复议申请：

（一）申请人认为被申请人未履行政府信息公开职责，行政复议机关受理后发现被申请人没有相应法定职责或者在受理前已经履行政府信息公开职责的；

（二）受理行政复议申请后，发现该行政复议申请属于本指导意见第三条规定情形之一的；

（三）被申请人未对申请人提出的政府信息公开申请作出处理符合《中华人民共和国政府信息公开条例》第三十条、《政府信息公开信息处理费管理办法》第六条规定的；

（四）其他依法应当决定驳回行政复议申请的情形。

> **第三十四条　【复议前置后的行政诉讼】**法律、行政法规规定应当先向行政复议机关申请行政复议、对行政复议决定不服再向人民法院提起行政诉讼的，行政复议机关决定不予受理、驳回申请或者受理后超过行政复议期限不作答复的，公民、法人或者其他组织可以自收到决定书之日起或者行政复议期限届满之日起十五日内，依法向人民法院提起行政诉讼。

【理解与适用】

本条是关于复议前置情形下，行政复议与行政诉讼衔接机制的规定，分别规定了三种情形中公民、法人或者其他组织向人民法院提起行政诉讼的起诉期限。

在复议前置的案件中，公民、法人或者其他组织必须先申请行政复议，对复议决定不服再向人民法院提起行政诉讼。在有的复议案件中，案件未能进入实质审理阶段，复议程序即告终结，此时，复议机关尚未针对案件实体问题作出复议决定。本条专门针对三种特殊情形，规定了申请人向人民法院提起行政诉讼的期限，这三种情形为：一是行政复议机关决定不予受理。复议机关决定不予受理复议申请，造成复议程序未能启动，申请人经由行政复议未能获得救济，此种情形之下，申请人即可向人民法院提起行政诉讼。二是行政复议机关决定驳回申请，此种情形为修法新增情形。复议机关在受理复议申请后才发现申请不符合《中华人民共和国行政复议法》第三十条规定的，作出驳回申请决定，复议程序因申请被驳回而终结，申请人此时可以向人民法院提起行政诉讼。三是受理后超过行政复议期限不作答复。《中华人民共和国行政复议法》第六十二条规定，适用一般程序审理的复议案件，行政复议期限为六十日；适用简易程序审理的复议案件，行政复议期限为三十日。复议机关受理复议申请后超过行政复议期限，仍然没有作出答复的，复议程序虽形式上尚未终结，但是申请人的复议请求并未获得回应，其合法权益尚未获得救济和保护。行政复议机关的不作为直接影响了申请人救济权的实现，此种情形下，公民、法人或其他组织可以向人民法院提起行政诉讼。

出现前述三种情形的，公民、法人或者其他组织可以自收到决定书之日起或者行政复议期满之日起十五日内，依法向人民法院提起行政诉讼。十五日的期限比较短，因此，在出现前述三种情形时，申请人应当及时行使诉权，及时向人民法院提起行政诉讼。

【相关规范】

● **法律**

1. 《中华人民共和国行政诉讼法》（2017 年 6 月 27 日）

　　第四十五条　公民、法人或者其他组织不服复议决定的，可以在收到复议决定书之日起十五日内向人民法院提起诉讼。复议机关逾期不作决定的，申请人可以在复议期满之日起十五日内向人民法院提起诉讼。法律另有规定的除外。

2. 《中华人民共和国税收征收管理法》（2015年4月24日）

　　第八十八条第一款　纳税人、扣缴义务人、纳税担保人同税务机关在纳税上发生争议时，必须先依照税务机关的纳税决定缴纳或者解缴税款及滞纳金或者提供相应的担保，然后可以依法申请行政复议；对行政复议决定不服的，可以依法向人民法院起诉。

3. 《中华人民共和国海关法》（2021年4月29日）

　　第六十四条　纳税义务人同海关发生纳税争议时，应当缴纳税款，并可以依法申请行政复议；对复议决定仍不服的，可以依法向人民法院提起诉讼。

> 　　**第三十五条**　**【对行政复议受理的监督】**公民、法人或者其他组织依法提出行政复议申请，行政复议机关无正当理由不予受理、驳回申请或者受理后超过行政复议期限不作答复的，申请人有权向上级行政机关反映，上级行政机关应当责令其纠正；必要时，上级行政复议机关可以直接受理。

【理解与适用】

　　本条是关于上级行政机关对复议申请的审查和受理进行监督的规定。本条吸收了《中华人民共和国行政复议法实施条例》第三十一条的规定。

　　第一，监督情形。原《中华人民共和国行政复议法》第二十条规定的监督情形仅为"行政复议机关无正当理由不予受理的"，新法将监督情形扩展为"行政复议机关无正当理由不予受理、驳回申请或者受理后超过行政复议期限不作答复的"三种情形。

　　第二，上级行政机关的监督方式。上级行政机关的监督方式为：一般情形下，由上级行政机关责令复议机关自行纠正。只有在必要时，上级行政机关才直接受理。这是因为复议机关尚未对案件进行实质审理，仅仅是针对是否启动复议程序的决定进行监督，所以原则上仍应当由复议机关对案件进行审理，上级行政机关要解决的是复议机关不受理、不处理复议申请的问题，不涉及对案件本身进行审理的问题的监督。

监督方式是本条修法的核心内容。原《中华人民共和国行政复议法》第二十条规定的监督方式是"上级行政机关应当责令其受理；必要时，上级行政机关也可以直接受理"；《中华人民共和国行政复议法实施条例》第三十一条规定的监督方式为"可以先行督促其受理；经督促仍不受理的，应当责令其限期受理，必要时也可以直接受理"；本条规定的监督方式为"申请人有权向上级行政机关反映，上级行政机关应当责令其纠正；必要时，上级行政复议机关可以直接受理"。关于监督方式的规定的变化，有以下几点需要注意：一是基于监督情形的扩展，监督方式由上级行政机关直接责令复议机关受理复议申请，修改为上级行政机关责令复议机关纠正；二是增加规定"申请人有权向上级行政机关反映"，更有利于保护申请人的权利；三是明确了案件的审理原则上仍然由复议机关进行，只有在必要时，才由上级行政机关直接受理。

【相关规范】

● 行政法规及文件

1. 《中华人民共和国行政复议法实施条例》（2007 年 5 月 29 日）

第三十一条 依照行政复议法第二十条的规定，上级行政机关认为行政复议机关不予受理行政复议申请的理由不成立的，可以先行督促其受理；经督促仍不受理的，应当责令其限期受理，必要时也可以直接受理；认为行政复议申请不符合法定受理条件的，应当告知申请人。

● *部门规章及文件*

2. 《公安机关办理行政复议案件程序规定》（2002 年 11 月 2 日）

第三十四条 申请人依法提出行政复议申请，公安行政复议机关无正当理由拖延或者拒绝受理的，上级公安机关应当责令其受理。

第四章　行政复议审理

第一节　一般规定

> **第三十六条　【审理程序及要求】** 行政复议机关受理行政复议申请后，依照本法适用普通程序或者简易程序进行审理。行政复议机构应当指定行政复议人员负责办理行政复议案件。
>
> 行政复议人员对办理行政复议案件过程中知悉的国家秘密、商业秘密和个人隐私，应当予以保密。

【理解与适用】

本条是关于行政复议机关审理行政复议案件的审理程序、行政复议人员指定、保密条款的规定。它明确了行政复议机关审理行政复议案件的两种审理程序，即普通程序和简易程序。同时在第二款特别强调对行政复议人员的保密要求。

本条第一款是新增条款，它是行政复议案件审理程序的一般规定，且增设行政复议审理的简易程序。本法首次在行政复议审理的一般规定中明确规定简易程序。行政复议机关受理行政复议申请后，依照本法关于普通程序或简易程序的规定根据案件情形确定审理程序：符合本法关于普通程序规定的，采用普通程序；符合本法关于简易程序规定的，则采用简易程序。本条关于普通程序和简易程序的规定，健全和完善了行政复议审理程序，规范了审理标准。本款后半句同时规定指定行政复议人员办理行政复议案件。行政复议机关是独立行使行政权力的行政机关，行政复议机构是办理行政复议事项的内部机构。行政复议人员是指具备专业能力和职业素养从事行政复议工作的人员。行政复议机关、行政复议机构、行政复议人员各司其职，行政复议机关统筹协调复议案件，行政复议机构办理具体的行政复议案件，而行政复议人员是办理具体行政复议案件的具体负责人。从人到机构到机关，组成点、线、面的关系，共同做好行政复议工作。

所谓"依照本法"，是指行政复议机关审理行政复议案件，应当依照本法第四章第三节、第四节适用普通程序或简易程序。行政复议审理的普通程序，是指行政复议机关通过灵活方式听取当事人的意见或例外采取书面审查的方式，对重大、疑难、复杂的行政复议案件实行听证制度和行政复议委员会制度的审理程序。行政复议审理的简易程序，是指行政复议机关审理特定类型的案件，认为事实清楚、权利义务关系明确、争议不大的，可以适用的审理程序。当事人各方同意适用简易程序的，可以适用简易程序。另外，简易程序在特定条件下可以转为普通程序审理。本法均以专节规定普通程序和简易程序，通过区分行政复议审理的普通程序和简易程序，能实现复议案件繁简分流，在保障当事人合法权益的同时提高办案效率和质量。与此同时，听证制度和复议委员会制度能增强纠纷解决的准确性和规范性，建立健全便民又高效、快捷又灵活、公正又专业的复议案件纠纷解决机制，切实发挥行政复议作为纠纷化解主渠道的作用。

本条第二款为新增条款，是对行政复议人员的保密要求。国家秘密是指关系国家的安全和利益，依照法定程序确定，在一定时间内只限一定范围的人员知悉的事项。国家秘密分为绝密、机密和秘密。商业秘密是指不为公众所知悉，具有商业价值并经权利人采取相应保密措施的技术信息和经营信息等商业信息。隐私是自然人的私人生活安宁和不愿为他人知晓的私密空间、私密活动、私密信息。

【相关规范】

● **法律**

1. 《中华人民共和国法律援助法》（2021年8月20日）

第二十一条 法律援助机构、法律援助人员对提供法律援助过程中知悉的国家秘密、商业秘密和个人隐私应当予以保密。

2. 《中华人民共和国行政处罚法》（2021年1月22日）

第五十条 行政机关及其工作人员对实施行政处罚过程中知悉的国家秘密、商业秘密或者个人隐私，应当依法予以保密。

3. 《中华人民共和国监察法》（2018年3月20日）

第十八条第二款 监察机关及其工作人员对监督、调查过程中知悉的国家秘密、商业秘密、个人隐私，应当保密。

第三十七条 【审理依据】 行政复议机关依照法律、法规、规章审理行政复议案件。

行政复议机关审理民族自治地方的行政复议案件，同时依照该民族自治地方的自治条例和单行条例。

【理解与适用】

本条是关于行政复议机关审理行政复议案件的审理依据的规定。它是行政复议机关对于不同层级的法律规范适用的基本标准，本条为新增条款。

此条明确了行政复议机关审理行政复议案件的法律依据。所谓依照，即按照。对于法律、法规和规章，行政复议机关在审理行政复议案件中，应当按照其相关规定的要求执行。从制定主体来看，法律为全国人大及其常委会制定，法规包括行政法规和地方性法规，前者为国务院制定，后者为省、自治区和直辖市人大及其常委会、设区的市人大及其常委会制定。规章包含部门规章和地方政府规章，前者为国务院所属的各部、委员会制定，后者为省、自治区、直辖市、设区的市政府等制定。

　　需要指出的是，在本法修改前后，行政复议机关对于规章适用作了调整。从既往来看，对规章的适用一般采用"参照"的基本态度。在《中华人民共和国行政诉讼法》（1989年4月4日，已被修改）出台时，其第五十三条第一款确立了法院参照规章适用的基本规定。而后，《中华人民共和国立法法》（2000年3月15日，已被修改）的出台，按照立法限权的思路，规章设定的权限范围不断被限缩，规章对权利义务的设定受到严格的限制。2023年修改后的《中华人民共和国立法法》第九十一条和第九十三条分别对部门规章的和地方政府规章的设定作出规定，即没有上位法的依据，规章不得设定减损行政相对人权利或者增加其义务的规范。在法律、法规的设定之下，规章设定的主要目的便是落实上位法的要求，从而将其具体化、细则化，方便在实践中实施。因此，行政复议机关在审理行政复议案件时，对规章的适用也应具体落实上位法的考量。

　　本条在规定行政复议机关审理行政复议案件的一般性规定外，还同时考虑了民族自治地方行政复议机关审理行政复议案件的实际情况，并在其第二款对民族自治地方的行政复议作出规定：行政复议机关审理民族自治地方的行政复议案件，同时依照该民族自治地方的自治条例和单行条例。这意味着，在民族自治地方，行政复议机关审理行政复议案件，不仅依照法律、法规、规章，还需依照民族自治地方的自治条例和单行条例。事实上，民族自治地方的自治条例和单行条例反映和体现了地方民族自治的特色。将其纳入行政复议审理加以考虑，行政复议机关审理行政案件可更好地结合当地的民族自治实际来适用当地规范并契合当地的行政纠纷特点，从而确保行政复议的审理工作依照地方立法推进，保障行政复议工作在民族自治地方得以顺利有效展开。

【相关规范】

● **法律**

1.《中华人民共和国行政诉讼法》（2017 年 6 月 27 日）

第六十三条　人民法院审理行政案件，以法律和行政法规、地方性法规为依据。地方性法规适用于本行政区域内发生的行政案件。

人民法院审理民族自治地方的行政案件，并以该民族自治地方的自治条例和单行条例为依据。

人民法院审理行政案件，参照规章。

2.《中华人民共和国立法法》（2023 年 3 月 13 日）

第九十一条　国务院各部、委员会、中国人民银行、审计署和具有行政管理职能的直属机构以及法律规定的机构，可以根据法律和国务院的行政法规、决定、命令，在本部门的权限范围内，制定规章。

部门规章规定的事项应当属于执行法律或者国务院的行政法规、决定、命令的事项。没有法律或者国务院的行政法规、决定、命令的依据，部门规章不得设定减损公民、法人和其他组织权利或者增加其义务的规范，不得增加本部门的权力或者减少本部门的法定职责。

第九十三条　省、自治区、直辖市和设区的市、自治州的人民政府，可以根据法律、行政法规和本省、自治区、直辖市的地方性法规，制定规章。

地方政府规章可以就下列事项作出规定：

（一）为执行法律、行政法规、地方性法规的规定需要制定规章的事项；

（二）属于本行政区域的具体行政管理事项。

设区的市、自治州的人民政府根据本条第一款、第二款制定地方政府规章，限于城乡建设与管理、生态文明建设、历史文化保护、基层治理等方面的事项。已经制定的地方政府规章，涉及上述事项范围以外的，继续有效。

除省、自治区的人民政府所在地的市，经济特区所在地的市和国务院已经批准的较大的市以外，其他设区的市、自治州的人民政府开始制定规章的时间，与本省、自治区人民代表大会常务委员会确定的本市、自治州开始制定地方性法规的时间同步。

应当制定地方性法规但条件尚不成熟的，因行政管理迫切需要，可以先制定地方政府规章。规章实施满两年需要继续实施规章所规定的行政措施的，应当提请本级人民代表大会或者其常务委员会制定地方性法规。

没有法律、行政法规、地方性法规的依据，地方政府规章不得设定减损公民、法人和其他组织权利或者增加其义务的规范。

3. 《中华人民共和国行政处罚法》（2021 年 1 月 22 日）

第四条　公民、法人或者其他组织违反行政管理秩序的行为，应当给予行政处罚的，依照本法由法律、法规、规章规定，并由行政机关依照本法规定的程序实施。

> 第三十八条　【提级审理】上级行政复议机关根据需要，可以审理下级行政复议机关管辖的行政复议案件。
>
> 下级行政复议机关对其管辖的行政复议案件，认为需要由上级行政复议机关审理的，可以报请上级行政复议机关决定。

【理解与适用】

本条是关于上级行政复议机关与下级行政复议机关对案件审理管辖权转移的一般规定。它明确了上下级行政复议机关在对行政复议案件管辖时认为该由上级行政复议机关管理的情况。

本条是新增条款，是为了提高行政复议公信力，提升行政复议审理的公正性，使行政复议取信于民，着力完善行政复议审理程序的一般规定。由上级行政复议机关决定，将案件的管辖权，由下级复议机关移交给上级行政复议机关。此种管辖权转移分为两种情况：一种是上级行政复议机关有权将下级行政复议机关审理的案件提上来自己审理，另一种是下级行政复议机关对其审理的行政复议案件，认为确有困难，需要由上级行政复议机关审理的，可以报请上级行政复议机关决定。在《中华人民共和国行政诉讼法》第二十四条中有关于上下级法院对于行政案件管辖的具体规定，即可以由上级法院决定，将案件的管辖权由下级法院移交给上级法院或者由上级法院移交给下级法院，是一种对级别管辖的变通和补充。在《中华人民共和国行政复议法》第三十八条中添加上下级行政复议机关对于行政复议案件审理的转移规定，对于完善行政复议审理程序、提高行政审理公正性有十分重要的作用。

行政复议往往情况复杂，它不仅涉及法律法规、行政政策，还涉及当事人的利益。行政复议一般向作出具体行政行为的行政机关的上一级地方人民政府申请。行政复议的审理机关是行政机关本身，而不是司法机关。关于"根据需要"，是指上级行政复议机关认为由下级行政复议机关审理有困难，需要由自己审理的情况下，可以直接审理下级行政复议机关管辖的案件。关于"认为需要"，是指下级行政复议机关在案件审理过程中，认为案件复杂或者不该由自己审理的情况出现时，可以报请上级行政复议机关决定是否可以将案件移送到上级行政复议机关进行审理。

本条丰富了行政复议审理的一般规定，使得行政复议的程序更加完善，可以减少行政机关在行政处理中的错误和纰漏，规范和标准化行政管理程序，有利于维护行政法治的尊严和稳定。行政复议上下级行政复议机关案件管辖转移制度的完善可以为社会公正提供更加有效的保障，公正和合法是法律的价值，而行政复议的存在可以提供更加有效的保障，当事人也有机会获得更加公正和满意的结果。

【相关规范】

● **法律**

1. **《中华人民共和国行政诉讼法》**（2017 年 6 月 27 日）

第二十四条　上级人民法院有权审理下级人民法院管辖的第一审行政案件。

下级人民法院对其管辖的第一审行政案件，认为需要由上级人民法院审理或者指定管辖的，可以报请上级人民法院决定。

2. **《中华人民共和国民事诉讼法》**（2023 年 9 月 1 日）

第三十七条　人民法院发现受理的案件不属于本院管辖的，应当移送有管辖权的人民法院，受移送的人民法院应当受理。受移送的人民法院认为受移送的案件依照规定不属于本院管辖的，应当报请上级人民法院指定管辖，不得再自行移送。

> **第三十九条　【复议中止】** 行政复议期间有下列情形之一的，行政复议中止：
>
> （一）作为申请人的公民死亡，其近亲属尚未确定是否参加行政复议；
>
> （二）作为申请人的公民丧失参加行政复议的行为能力，尚未确定法定代理人参加行政复议；
>
> （三）作为申请人的公民下落不明；
>
> （四）作为申请人的法人或者其他组织终止，尚未确定权利义务承受人；
>
> （五）申请人、被申请人因不可抗力或者其他正当理由，不能参加行政复议；
>
> （六）依照本法规定进行调解、和解，申请人和被申请人同意中止；

（七）行政复议案件涉及的法律适用问题需要有权机关作出解释或者确认；

（八）行政复议案件审理需要以其他案件的审理结果为依据，而其他案件尚未审结；

（九）有本法第五十六条或者第五十七条规定的情形；

（十）需要中止行政复议的其他情形。

行政复议中止的原因消除后，应当及时恢复行政复议案件的审理。

行政复议机关中止、恢复行政复议案件的审理，应当书面告知当事人。

【理解与适用】

本条是关于行政复议中止的规定。

行政复议中止，是行政复议过程中出现法定情形后，行政复议机关暂停有关行政复议案件的审理，待有关影响行政复议案件正常审理的情形消除后，再继续审理行政复议案件。关于行政复议中止，此前仅在行政复议法实施条例第四十一条第一款中有具体的八项情形，原行政复议法仅在第二十六条、第二十七条规定了有权处理机关在审查具体行政行为的依据时，行政复议活动可以中止。但实践中行政复议案件情况复杂，行政复议案件审理期限比较短，有时难以及时结案，因此，需要在行政复议法中予以更加具体的规定。结合行政复议实践的需要，参照司法的一些做法，本条第一款列举规定了行政复议中止的九种具体情形，并对其他需要中止的情形作了兜底规定。

根据本条规定，行政复议中止的十种情形包括：

1. 作为申请人的公民死亡，其近亲属尚未确定是否参加行政复议的；作为申请人的公民丧失参加行政复议的行为能力，尚未确定法定代理人参加行政复议的；作为申请人的公民下落不明或者被宣告失踪的；作为申请人的法人或者其他组织终止，尚未确定权利义务承受人的（即本条规定的前四种情形）

本法第十四条规定："依照本法申请行政复议的公民、法人或者其他组织是申请人。有权申请行政复议的公民死亡的，其近亲属可以申请行政复议。有权申请行政复议的法人或者其他组织终止的，其权利义务承受人可以申请行政复议。有权申请行政复议的公民为无民事行为能力人或者限制民事行为能力人的，其法定代理人可以代为申请行政复议。"依据该规定，行政复议原则上由申请人本人提出，当本人不能申请时，其行政复议权利仍然存在，可以由公民的近亲属、法定代理人或者法人、其他组织的权利承受人代为提起。因此，申请行政复议的权利主体发生了转移。但是行政复议作为一种权利，权利人是可以放弃的，因此，在行政复议权利主体发生转移的情况下，是否行使这一权利需要由行政复议权利受让人来决定，在其决定继续行使行政复议权利之前，基于行政复议的依申请而启动的被动性质，行政复议机关可以中止对行政复议申请的审理，等待权利承受人明确的意思表示。具体来说，公民死亡的，有权代其申请行政复议的近亲属包括配偶、父母、祖父母、成年子女、兄弟姐妹等；申请人丧失参加行政复议能力的，应当由其法定代理人即监护人代为参加行政复议；法人或者其他组织的终止，包括法人或者其他组织的消灭或者变更（合并、分立）；作为申请人的公民下落不明或者被宣告失踪的，需要根据民法通则和民事诉讼法的规定来予以确定。上述四种情况，均属于申请人本人无法参加行政复议，而相应的行政复议权利承受人又没有明确表示参加，因此有关行政复议活动需要中止。

2. 申请人、被申请人因不可抗力或者其他正当理由，不能参加行政复议的

不可抗力，是指不能预见、不能避免并且不能克服的客观情

况。战争、地震、火灾、水灾、暴风雪等自然灾害或者发生的其他意外事件，都属于不可抗力的范畴。但是并不是只要发生不可抗力，就得中止行政复议，而只有因为不可抗力的发生，导致申请人、被申请人无法参加行政复议活动的，行政复议才能中止。遇到不可抗力的对象，既包括申请人，如致使无法行使行政复议查阅权，也包括被申请人，如致使无法进行正常的行政复议答辩，甚至还可以包括行政复议机关，如导致无法进行必需的证据调查核实活动。

3. 依照本法规定进行调解、和解，申请人和被申请人同意中止的

行政复议和解是行政相对人和作出具体行政行为的机关自行和解，行政复议申请人与被申请人达成和解必须经行政复议机构准许，达成和解以后，行政复议中止。申请人和被申请人就申请行政复议的具体行政行为依法达成和解，表明双方的行政争议已经得到自行解决，行政复议机关无需继续进行审理。因此，双方同意中止的，行政复议中止。

同理，行政复议调解是在行政复议机关的主持下，对行政相对人和作出具体行政行为的机关之间发生的争议进行有关协调。当事人经调解达成协议，由行政复议机关制作行政复议调解书，经双方当事人签字以后生效。申请人与被申请人如果同意调解后中止的，则行政复议中止。

4. 行政复议案件涉及的法律适用问题需要有权机关作出解释或者确认的

案件涉及法律适用问题，既包括对有关法律规定的具体含义的理解，也包括对所适用法律规范的效力的确认，比如是否有效、是否与上位法相抵触等。对于行政复议案件涉及的法律适用问题，行政复议机关无权作出处理的，需要送有权机关作出解释以明确其具体含义或者作出确认以明确其法律效力。在有权机关处理期间，行政复议机关无法对行政复议案件作出处理，因此，

应当中止行政复议活动。

5. 行政复议案件审理需要以其他案件的审理结果为依据，而其他案件尚未审结的

实践中，有的行政法律关系比较复杂，某一具体行政行为可能同时涉及民事、行政甚至刑事责任，当事人可能同时提起诉讼，这些案件之间相互关联，有时行政复议案件需要以其他案件的审理结果为依据，在其他案件审结之前，也就是有权机关作出生效的法律文书之前，行政复议案件所依据的事实具有不确定性。因此，行政复议机关应当中止行政复议。需要注意的是，行政复议案件的审理结果需要以其他案件的审理结果为依据，但是，在行政案件、民事案件和刑事案件之间并不存在绝对的哪个优先问题，而是以相互之间是否关联为前提，决定哪个案件先行中止。

6. 有本法第五十六条或者第五十七条规定情形的

本法第五十六条是关于申请人对行政机关制定的有关文件等抽象行政行为提出申请的，行政复议机关处理方式及处理期限的规定。本法第五十七条是关于行政复议机关认为作出具体行政行为的依据不合法的，其处理方式及处理期限的规定。

此两种情况在处理过程中也适用本条的中止规定，在对抽象行政行为审理期间和认为具体行政行为的依据不合法的处理期间，行政复议中止。行政复议机关应当将中止复议的理由等记录在案，并通知申请人、被申请人及第三人。

7. 需要中止行政复议的其他情形

社会生活复杂多变，法律的规定永远跟不上社会生活的变化，实践中，影响行政复议案件正常审理的因素还会有很多，不可能做到一一穷尽列举。所以，本条运用了设立兜底条款的立法技术，以便将其他行政复议中止的情形也包括在内。

行政复议中止只是行政复议审理活动的暂时停止，而不是行政复议活动的彻底终结。因此，一旦行政复议中止的原因消除，

行政复议机构应当及时恢复行政复议案件的审理，并及时作出行政复议决定。

为了充分保障行政复议申请人、被申请人和第三人参与行政复议的权利，规范行政复议中止活动，行政复议机构无论是中止还是恢复行政复议案件的审理，都应当书面告知当事人。同时，由于行政复议中止是行政复议审理过程中的程序性事项，对当事人的实体权利义务并不产生实际影响，因此行政复议机构就可以决定行政复议中止，而不必由行政复议机关决定，这样可以减少内部审批程序，提高行政复议效率。

【相关规范】

● 法律

1. 《中华人民共和国立法法》（2023 年 3 月 13 日）

第四十八条 法律解释权属于全国人民代表大会常务委员会。

法律有以下情况之一的，由全国人民代表大会常务委员会解释：

（一）法律的规定需要进一步明确具体含义的；

（二）法律制定后出现新的情况，需要明确适用法律依据的。

● 行政法规及文件

2. 《中华人民共和国行政复议法实施条例》（2007 年 5 月 29 日）

第四十一条 行政复议期间有下列情形之一，影响行政复议案件审理的，行政复议中止：

（一）作为申请人的自然人死亡，其近亲属尚未确定是否参加行政复议的；

（二）作为申请人的自然人丧失参加行政复议的能力，尚未确定法定代理人参加行政复议的；

（三）作为申请人的法人或者其他组织终止，尚未确定权利义务承受人的；

（四）作为申请人的自然人下落不明或者被宣告失踪的；

（五）申请人、被申请人因不可抗力，不能参加行政复议的；

（六）案件涉及法律适用问题，需要有权机关作出解释或者确认的；

（七）案件审理需要以其他案件的审理结果为依据，而其他案件尚未审结的；

（八）其他需要中止行政复议的情形。

行政复议中止的原因消除后，应当及时恢复行政复议案件的审理。

行政复议机构中止、恢复行政复议案件的审理，应当告知有关当事人。

● 案例指引

黄某诉某市人力资源和社会保障局、某市人民政府、第三人某市人民公园行政不作为案①

案例要旨：行政不作为，通常是指行政主体及其工作人员有积极实施行政行为的职责和义务，应当履行而未履行或拖延履行其法定职责的状态。行政复议中止，则是指复议机关基于法律事由暂时停止对行政复议的具体行政行为进行审查的制度；在行政复议实践中，复议机关往往因为出现某些特殊事由而无法正常开展行政复议工作，但又不能因此撤销案件，在此情况下复议机关可以通过复议中止制度暂时中断行政复议程序，待影响案件审理的事由和因素消除后，再恢复对涉案具体行政行为的复议审查，复议中止时间不计入办案期限，中止事由消除后，行政复议期限将继续计算。由此可见，行政复议中止既不是行政不作为，也不是行政复议终止。本案当中，市政府在复议期间，因有关案件事实有待进一步与相关部门协调认定而决定中止审理，并在告知上诉人黄某中止审理的同时，一并告知了有待中止原因消除后，将依法恢复审理；因此，市政府中止对涉案具体行政行为的复议审查，符合《中华人民共和国行政复议法实施条例》的规定。上诉人黄某已经申请行政复议，在法定复议期间内又向一审法院提起诉讼，一审法院因此裁定不予立案，并无不当。

> **第四十条　【恢复审理】行政复议期间，行政复议机关无正当理由中止行政复议的，上级行政机关应当责令其恢复审理。**

---

① 广西壮族自治区南宁市中级人民法院（2017）桂 01 行终 290 号行政裁定书，载中国裁判文书网，https://wenshu.court.gov.cn/website/wenshu/181107ANFZ0BXSK4/index.html? docId = KdK8nV0FwhPi6/rHKrfqoa1oHRnZpvSJ3pfZ7ElpYgmdfA9JINXIc/UKq3u + IEo4y7CH6ryVVovlKi6E9CyY +EKGCHEo/7kXhqzDxzuCGHBd901Htw4NRyLpfKMBN1mu，最后访问时间：2023 年 8 月 25 日。

【理解与适用】

本条是关于行政复议机关无正当理由中止行政复议的规定，这也是为加强行政复议程序公正的产物。

所谓无正当理由，是指从合法性、因果性和逻辑性考虑没有合理的依据。本法第三十六条已经明确规定九种行政复议可以中止的情形以及一项兜底条款，但行政复议机关自己作出的中止行政复议的决定也可能属于无正当理由中止行政复议的行为，是不规范的行政行为。

依据本法的规定，除了本法第三十九条第一款规定的十项法定行政复议中止情形以外，行政复议机关都不得随意中止，否则就是违反规定的行为，上级行政机关可以进行监督。对于下级行政复议机关无正当理由中止行政复议的，应当如何处理？本条规定了应该责令恢复审理的处理程序。对于无正当理由中止行政复议的，上级行政机关要先行责令下级行政机关恢复审理，通过内部沟通，说服行政复议机关自行纠正。我国行政管理一般实行下管一级的原则，行政复议既是对申请人权利的救济和保护，也是行政机关内部层级监督纠错的制度。虽然从法律上讲，上级行政机关对下级行政机关都有监督的权力，但是为了维护行政管理的秩序，尊重不同行政机关之间权力的配置，上级行政机关不宜经常越级管理下级机关的事务。因此，上级行政机关应责令恢复下级机关进行审理。

行政复议机关在办理行政复议案件过程中，要始终坚持"以人为本、复议为民"的宗旨，做到依法审查、公正裁决，通过依法办案、以法明理，做到"定分止争、案结事了"，实现法律效果与社会效果的统一。针对当前利益主体多元化、利益冲突表面化、利益关系复杂化、行政争议解决难度大的新情况，必须不断创新行政复议审理方式，提高案件办理质量和效率，充分发挥便捷高效、解决实际问题的优势，力争成为我国解决行政争议的主要渠道，为构建和谐社会提供法律保障。

【相关规范】

● *行政法规及文件*

《中华人民共和国行政复议法实施条例》（2007年5月29日）

第四十一条　行政复议期间有下列情形之一，影响行政复议案件审理的，行政复议中止：

（一）作为申请人的自然人死亡，其近亲属尚未确定是否参加行政复议的；

（二）作为申请人的自然人丧失参加行政复议的能力，尚未确定法定代理人参加行政复议的；

（三）作为申请人的法人或者其他组织终止，尚未确定权利义务承受人的；

（四）作为申请人的自然人下落不明或者被宣告失踪的；

（五）申请人、被申请人因不可抗力，不能参加行政复议的；

（六）案件涉及法律适用问题，需要有权机关作出解释或者确认的；

（七）案件审理需要以其他案件的审理结果为依据，而其他案件尚未审结的；

（八）其他需要中止行政复议的情形。

行政复议中止的原因消除后，应当及时恢复行政复议案件的审理。

行政复议机构中止、恢复行政复议案件的审理，应当告知有关当事人。

第四十一条　【复议终止】行政复议期间有下列情形之一的，行政复议机关决定终止行政复议：

（一）申请人撤回行政复议申请，行政复议机构准予撤回；

（二）作为申请人的公民死亡，没有近亲属或者其近亲属放弃行政复议权利；

（三）作为申请人的法人或者其他组织终止，没有权利义务承受人或者其权利义务承受人放弃行政复议权利；

（四）申请人对行政拘留或者限制人身自由的行政强制措施不服申请行政复议后，因同一违法行为涉嫌犯罪，被采取刑事强制措施；

（五）依照本法第三十九条第一款第一项、第二项、第四项的规定中止行政复议满六十日，行政复议中止的原因仍未消除。

【理解与适用】

本条是关于行政复议终止的规定。它明确了行政复议机关决定终止行政复议的五种情形。

本条对于复议终止情形的明确规定有重要的法治意义，行政复议作为化解行政争议的主渠道，发挥复议独特的社会治理优势、行政复议机关高效率、实质性化解行政争议变得尤为重要。本条修改与本法第一条的修改相呼应，优化了行政复议的监督作用，促进深入推进依法行政、加快建设法治政府的深度转型发展目标的达成。

"终止"是程序的结束，而不是暂停，是指在特定的法律程序中由于出现法定或者约定的事由而提前结束该程序的行为，复议终止则是复议案件的终结，与作出复议决定的效力是一样的。终止的意义在于使没有继续进行必要或已经不可能再进行的程序终止，使不确定的法律关系确定下来，减少社会关系的不稳定性。行政复议终止特别之处在于：它不对被复议的具体行政行为作出任何肯定或否定的评价。

本条第一项属于没有继续进行必要的情形，在原有基础上新增了一个行政复议终止的条件，即须经行政复议机关准予申请人撤回申请。申请人在行政复议决定作出前自愿撤回复议申请的，经复议机构同意，可以撤回，复议申请一经撤回，表明该复议案件不需要再行审理，需要有一个程序来终结案件。此处修改是保护当事人合法权益的表现，同时也有利于保障复议机关办理复议案件的同时履行对下级机关的领导、监督职责。

　　与原有的终止情形相比，本条新增了第二项至第四项终止情形。第二项与复议中止相对应，有近亲属且近亲属不放弃权利，就要以中止的方式等待其参加复议，反之如没有近亲属或者近亲属放弃权利，则该复议即以终止结案。第三项作为申请人的法人或者其他组织终止，其权利义务的承受人放弃行政复议权利的，也应当终止。有些权利义务承受人由于受该企业债权债务等压力影响，不愿意再抽精力继续复议，可能会选择放弃复议的做法，此时复议终止。第四项就是虽然申请人对行政机关作出的具体行政行为申请了复议，但是在复议过程中发现申请人的这些行为实际上涉嫌犯罪，应当追究刑事责任，从而改变了原来的行政强制措施，此时，复议案件终止。本条新增的第五项则与行政复议程序中止存在关联，此次修改前关于行政复议中止的规定已比较粗糙，无法满足实践需要，此次修改将行政复议中止情形也在第三十九条中明确为十项，与本条结合完善了行政复议中止、终止程序，解决了存在多年的实践问题。

【相关规范】

● 行政法规及文件

1. 《中华人民共和国行政复议法实施条例》（2007 年 5 月 29 日）

　　第四十二条　行政复议期间有下列情形之一的，行政复议终止：

　　（一）申请人要求撤回行政复议申请，行政复议机构准予撤回的；

　　（二）作为申请人的自然人死亡，没有近亲属或者其近亲属放弃行政复议权利的；

　　（三）作为申请人的法人或者其他组织终止，其权利义务的承受人放弃行政复议权利的；

（四）申请人与被申请人依照本条例第四十条的规定，经行政复议机构准许达成和解的；

（五）申请人对行政拘留或者限制人身自由的行政强制措施不服申请行政复议后，因申请人同一违法行为涉嫌犯罪，该行政拘留或者限制人身自由的行政强制措施变更为刑事拘留的。

依照本条例第四十一条第一款第（一）项、第（二）项、第（三）项规定中止行政复议，满 60 日行政复议中止的原因仍未消除的，行政复议终止。

● *部门规章及文件*
2. *《公安机关办理行政复议案件程序规定》*（2002 年 11 月 2 日）

第六十三条 行政复议期间，除行政复议法第二十五条规定外，有下列情形之一的，行政复议终止：

（一）被申请人撤销其作出的具体行政行为，且申请人依法撤回行政复议申请的；

（二）受理行政复议申请后，发现该申请不符合行政复议法规定的；

（三）申请行政复议的公民死亡而且没有近亲属，或者近亲属自愿放弃申请行政复议的；

（四）申请行政复议的法人或者其他组织终止后，没有承继其权利的法人或者其他组织，或者承继其权利的法人或者其他组织放弃申请行政复议的；

（五）申请人因公安机关作出具体行政行为的同一违法事实被判处刑罚的。

行政复议终止的，公安行政复议机关应当制作《行政复议终止通知书》，送达申请人、被申请人或者第三人。

> **第四十二条　【复议期间行政行为不停止执行及其例外】**行政复议期间行政行为不停止执行；但是有下列情形之一的，应当停止执行：
>
> （一）被申请人认为需要停止执行；
>
> （二）行政复议机关认为需要停止执行；
>
> （三）申请人、第三人申请停止执行，行政复议机关认为其要求合理，决定停止执行；
>
> （四）法律、法规、规章规定停止执行的其他情形。

【理解与适用】

本条是关于行政复议期间行政行为不停止执行例外情形的规定，行政复议期间原则上不停止执行行政行为，本条规定了四种例外情形。与行政诉讼法第五十六条类似，本条考虑更多的是公共利益的维护，是行政行为的有效实施。

复议期间不停止执行原则依据的是行政行为效力先定理论和行政管理秩序稳定理论。行政行为效力先定理论认为，行政行为的公定力，是指行政主体作出的行政行为，不论合法还是违法，都推定为合法有效，即行政行为一经作出后，就事先假定其符合法律规定，在没有被有权国家机关宣布为违法或不当之前，对行政主体本身和相对方以及其他国家机关都具有拘束力，任何个人和团体都必须遵守和服从。行政管理秩序稳定理论认为，行政机关管理行政事务主要通过抽象行政行为和具体行政行为进行，一旦作出就具有效力，若是阻断其效力，便会影响行政管理的秩序，使行政行为处于一个不稳定的状态，公共利益也将不可避免地受到损害。同时，为了防止恶意申请行政复议以拖延具体行政行为执行的情况出现，必须将行政复议期间不停止执行作为原则。

本条将"可以停止执行"修改为"应当停止执行"，由授权性规范修改为义务性规范，缩减了行政复议机关的自由裁量权；本条第三项将第三人纳入有权申请停止执行的主体，明确要考量第三人的利益；本条第四项是前三项例外情形之外，适用不同层级的法律规范停止执行，与原法相比增加了"法规、规章"，扩大了停止执行的适用范围，并且使本法与其他法律、法规、规章相协调。

从立法本意分析，"停止执行"只是临时救济措施，目的是为私人权益提供一种具有法律实效的保护。一方面不能因当事人寻求救济而任意停止行政行为的效力，致使滥诉和公共利益受损；另一方面行政权的运行难以确保完美与公正。本条如此修改是兼顾效率和公平、公共利益和个人利益的体现，更强调行政复议解决争议和权利救济的功能，将矛盾化解在行政系统内部，也是对行政相对人合法权益保护的加强，在避免给行政相对人造成不可弥补的损害方面更进一步。

【相关规范】

● **法律**

《中华人民共和国行政诉讼法》（2017 年 6 月 27 日）

第五十六条 诉讼期间，不停止行政行为的执行。但有下列情形之一的，裁定停止执行：

（一）被告认为需要停止执行的；

（二）原告或者利害关系人申请停止执行，人民法院认为该行政行为的执行会造成难以弥补的损失，并且停止执行不损害国家利益、社会公共利益的；

（三）人民法院认为该行政行为的执行会给国家利益、社会公共利益造成重大损害的；

（四）法律、法规规定停止执行的。

当事人对停止执行或者不停止执行的裁定不服的，可以申请复议一次。

第二节　行政复议证据

> **第四十三条　【证据种类】** 行政复议证据包括：
>
> （一）书证；
>
> （二）物证；
>
> （三）视听资料；
>
> （四）电子数据；
>
> （五）证人证言；
>
> （六）当事人的陈述；
>
> （七）鉴定意见；
>
> （八）勘验笔录、现场笔录。
>
> 以上证据经行政复议机构审查属实，才能作为认定行政复议案件事实的根据。

【理解与适用】

本条是关于证据种类的规定，是新法新增条文，它是完善行政复议审理程序的产物，体现了便民为民的制度要求。

1. 证据的种类

（1）书证。是指以文字、符号所记录或者表达的思想内容，证明案件事实的文书，如罚款单据、财产没收单据、营业执照、商标注册证、档案、报表、图纸、会计账册、专业技术资料等。

（2）物证。是指用外形、特征、质量等说明案件事实的部分或者全部的物品。物证是独立于主观意志以外的客观事物，具有较强的客观性、特定性和不可替代性。书证和物证的区别在于，书证以其内容来证明案件事实，物证则以其物质属性和外观特征来证明案件事实。

（3）视听资料。是指运用录音、录像等科学技术手段记录下来的有关案件事实和材料，如用录音机录制的当事人的谈话、用摄像机拍摄的当事人形象及其活动等。向复议机关提供的视听资料应是原始载体，提供原始载体确有困难的，可以提供复印件；视听资料应注明制作方法、制作时间、制作人和证明对象等；声音资料应当附有该声音内容的文字记录。

（4）电子数据。是指以数字化形式存储、处理、传输的数据，如电子邮件、网上聊天记录、电子签名、网络访问记录等电子形式的证据。电子数据具有复合性、高科技性、脆弱性、隐蔽性等特点。如要使用，需借助于适当的工具。

（5）证人证言。是指证人以口头或者书面方式就其了解的案件情况向行政复议机构所作的陈述。证人是指直接或者间接了解案件情况的单位和个人。

（6）当事人的陈述。是指当事人就自己所经历的案件事实，向复议机构所作的叙述、承认和陈词。当事人是行政法律关系的参与者，其陈述往往限于对自己有利的部分，对案件事实可能有所隐瞒、删减甚至歪曲，因此具有主观性、片面性等特点。

（7）鉴定意见。是指鉴定机构或者复议机构指定具有专门知识或者技能的人，对行政案件中出现的专门性问题，通过分析、检验、鉴别等方式作出的书面意见。如医疗事故鉴定、产品质量鉴定、药品质量鉴定、审计分析鉴定等。

（8）勘验笔录、现场笔录。勘验笔录是指复议机构对能够证明案件事实的现场或者不能、不便拿到复议机构的物证，就地进行分析、检验、勘查后作出的记录。现场笔录是指被申请人对申请人的行为当场处理而制作的文字记载材料。与勘验笔录相比，现场笔录着重于对执法过程和处理结果的记录，而勘验笔录则是对案件现场或物品静态的全面综合的勘查、检验记录，往往具有滞后性。

2. 证据经行政复议机构审查属实，才能作为认定行政复议案件事实的根据

根据本条第一款的概念，证据只是可以用于证明案件事实的材料，真实性还需要经过行政复议机构的审查。行政复议机构应当按照法定程序，全面、客观地审查核实证据。"审查"是指复议机构经过法定程序，对证据的关联性、客观性、合法性等情况，针对证据有无证明效力以及证明效力大小进行查证、去伪存真，从而确定证据是否真实，准确认定案件事实。而未经行政复议机构审查属实的，不能作为认定案件事实的根据。

【相关规范】

● *法律*

1. 《中华人民共和国行政诉讼法》（2017 年 6 月 27 日）

第三十三条 证据包括：

（一）书证；

（二）物证；

（三）视听资料；

（四）电子数据；

（五）证人证言；

（六）当事人的陈述；

（七）鉴定意见；

（八）勘验笔录、现场笔录。

以上证据经法庭审查属实，才能作为认定案件事实的根据。

2. 《中华人民共和国行政处罚法》（2021 年 1 月 22 日）

第四十六条第一款 证据包括：

（一）书证；

（二）物证；

（三）视听资料；

（四）电子数据；

（五）证人证言；

（六）当事人的陈述；

（七）鉴定意见；

（八）勘验笔录、现场笔录。

第四十六条第二款　证据必须经查证属实，方可作为认定案件事实的根据。

● **部门规章及文件**

3.《**税务行政复议规则**》（2018 年 6 月 15 日）

第五十二条　行政复议证据包括以下类别：

（一）书证；

（二）物证；

（三）视听资料；

（四）电子数据；

（五）证人证言；

（六）当事人的陈述；

（七）鉴定意见；

（八）勘验笔录、现场笔录。

第五十四条　行政复议机关应当依法全面审查相关证据。行政复议机关审查行政复议案件，应当以证据证明的案件事实为依据。定案证据应当具有合法性、真实性和关联性。

第四十四条　**【举证责任】**被申请人对其作出的行政行为的合法性、适当性负有举证责任。

有下列情形之一的，申请人应当提供证据：

（一）认为被申请人不履行法定职责的，提供曾经要求被申请人履行法定职责的证据，但是被申请人应当依职权主动履行法定职责或者申请人因正当理由不能提供的除外；

（二）提出行政赔偿请求的，提供受行政行为侵害而造成损害的证据，但是因被申请人原因导致申请人无法举证的，由被申请人承担举证责任；

（三）法律、法规规定需要申请人提供证据的其他情形。

【理解与适用】

本条是关于举证责任承担的规定，是新法新增条文，对举证责任予以明确规定，有利于提高行政复议公信力。

第一款规定了被申请人承担举证责任。新法将被申请人的证明对象进一步明确为"行政行为的合法性、适当性"，与新法第一条中的"违法的或者不当的行政行为"相呼应，再次重申了本法的立法目的。同时，在概念上建立了一种统一的叙述方式。

规定被申请人对作出的行政行为负举证责任，主要是出于以下考虑：（1）贯彻公平原则。被申请人在行政管理活动中，处于支配者的地位，而申请人处在被支配者的地位。在举证责任分配的制度设计上，要求被申请人负担比申请人更大的责任，有利于侧重保护申请人一方的利益，保障复议机构作出公正的复议决定。（2）当事人举证能力的差异性。在行政程序中，行政机关可以依职权调查收集证据，在收集掌握证据方面有优势。而申请人由于在行政法律关系中始终处于弱势地位，其取证手段有限，取证较为困难。由被申请人承担举证责任既符合行政执法的一般规律，也有利于平衡申请人和被申请人双方在举证能力上的差异。（3）有利于促使行政机关依法行政，防止滥用职权。在行政复议中，由被申请人承担更多的举证责任，也就对被申请人的执法行为提出了更高的要求，要求其在作出行政行为时，充分收集证据、了解案件事实，从而减少被申请人违法行政的行为。

第二款规定了由申请人承担举证责任的三种特殊情况。

第一，在被申请人不作为的案件中，一般情况下申请人应当提供其曾经向被申请人提出要求被申请人履行法定职责的证据，这主要是针对依申请的行政行为。对于依申请的行政行为，如果由被申请人对申请人的申请行为举证，会十分困难，尤其是在申请人根本没有提出申请的情况下，被申请人更是无从举证。因此，在此种情况下，由申请人提供证据更为合理。

但是由申请人提供证据有两种例外情况：一是被申请人应当依职权主动履行法定职责的。依职权的行政行为的主要特征是积极主动性，行政机关应当及时主动为之，而无须行政相对人申请。如警察看到正在遭受不法侵害的公民，须依职权进行保护，即属此情形。二是申请人因正当理由不能提供证据的。如被申请人受理申请的登记制度不完备，致使申请人不能提供相关证据材料，并且申请人能够对此作出合理说明。此种情形下，若再由申请人承担举证责任是不适宜的。

第二，在行政赔偿案件中，一般情况下申请人应当提供其受行政行为侵害而造成损害的证据。即申请人认为被申请人行使职权的行为侵犯了其合法权益并造成了损害，应对损害事实提供相应的证据。受行政行为侵害而造成损害的事实是指实际上已经发生或者一定会发生的损害结果，如违法使用武器、警械造成公民身体伤害或者死亡。

但是也有例外情况：因被申请人的原因导致申请人无法举证的，由被申请人承担举证责任。这种情况主要指被申请人实施的行政行为违法，而该违法行为又直接导致申请人无法固定、取得相应损失的证据，此种情况下，损害的程度和范围由被申请人承担举证责任。这主要是基于公平原则的考量，行政机关违法行使职权，造成申请人无法取证或者举证困难，完全由申请人承担责任是不公平的。

第三，法律、法规规定需要申请人提供证据的其他情形。虽然以上两种特殊情况几乎概括了行政复议领域举证责任倒置的主要情形，但是人的认识还难以穷尽所有需要申请人承担举证责任的事项。为适应未来行政管理工作的需要，新法还设定了开放条款，即法律、法规可以根据情况和需要，对上述范围之外的事项设定由申请人提供证据。但要特别注意，在运用这一条认定申请人承担举证责任时，应当比照前两项的性质和类别，对于那些被申请人难以提供证据举证或者由申请人提供证据更为便利的其他事项，才可以运用此条。

【相关规范】

● 法律

1.《中华人民共和国行政诉讼法》（2017 年 6 月 27 日）

第三十四条 被告对作出的行政行为负有举证责任，应当提供作出该行政行为的证据和所依据的规范性文件。

被告不提供或者无正当理由逾期提供证据，视为没有相应证据。但是，被诉行政行为涉及第三人合法权益，第三人提供证据的除外。

第三十八条 在起诉被告不履行法定职责的案件中，原告应当提供其向被告提出申请的证据。但有下列情形之一的除外：

（一）被告应当依职权主动履行法定职责的；

（二）原告因正当理由不能提供证据的。

在行政赔偿、补偿的案件中，原告应当对行政行为造成的损害提供证据。因被告的原因导致原告无法举证的，由被告承担举证责任。

2.《中华人民共和国国家赔偿法》（2012 年 10 月 26 日）

第十五条 人民法院审理行政赔偿案件，赔偿请求人和赔偿义务机关对自己提出的主张，应当提供证据。

赔偿义务机关采取行政拘留或者限制人身自由的强制措施期间，被限制人身自由的人死亡或者丧失行为能力的，赔偿义务机关的行为与被限制人身自由的人的死亡或者丧失行为能力是否存在因果关系，赔偿义务机关应当提供证据。

● 行政法规及文件

3.《中华人民共和国行政复议法实施条例》（2007 年 5 月 29 日）

第二十一条 有下列情形之一的，申请人应当提供证明材料：

（一）认为被申请人不履行法定职责的，提供曾经要求被申请人履行法定职责而被申请人未履行的证明材料；

（二）申请行政复议时一并提出行政赔偿请求的，提供受具体行政行为侵害而造成损害的证明材料；

（三）法律、法规规定需要申请人提供证据材料的其他情形。

● **部门规章及文件**

4.《税务行政复议规则》（2018 年 6 月 15 日）

第四十一条 有下列情形之一的，申请人应当提供证明材料：

（一）认为被申请人不履行法定职责的，提供要求被申请人履行法定职责而被申请人未履行的证明材料。

（二）申请行政复议时一并提出行政赔偿请求的，提供受具体行政行为侵害而造成损害的证明材料。

（三）法律、法规规定需要申请人提供证据材料的其他情形。

第五十三条 在行政复议中，被申请人对其作出的具体行政行为负有举证责任。

● **司法解释及文件**

5.《最高人民法院关于行政诉讼证据若干问题的规定》（2002 年 7 月 24 日）

第四条第二款 在起诉被告不作为的案件中，原告应当提供其在行政程序中曾经提出申请的证据材料。但有下列情形的除外：

（一）被告应当依职权主动履行法定职责的；

（二）原告因被告受理申请的登记制度不完备等正当事由不能提供相关证据材料并能够作出合理说明的。

6.《最高人民法院关于审理政府信息公开行政案件若干问题的规定》（2011年 7 月 29 日）

第五条第一款 被告拒绝向原告提供政府信息的，应当对拒绝的根据以及履行法定告知和说明理由义务的情况举证。

7.《最高人民法院关于审理行政赔偿案件若干问题的规定》（2022 年 3 月20 日）

第十一条第一款 行政赔偿诉讼中，原告应当对行政行为造成的损害提供证据；因被告的原因导致原告无法举证的，由被告承担举证责任。

8.《最高人民法院关于适用〈中华人民共和国行政诉讼法〉的解释》（2018年 2 月 6 日）

第四十七条第一款 根据行政诉讼法第三十八条第二款的规定，在行政赔偿、补偿案件中，因被告的原因导致原告无法就损害情况举证的，应当由被告就该损害情况承担举证责任。

> **第四十五条　【调查取证】**行政复议机关有权向有关单位和个人调查取证，查阅、复制、调取有关文件和资料，向有关人员进行询问。
>
> 　　调查取证时，行政复议人员不得少于两人，并应当出示行政复议工作证件。
>
> 　　被调查取证的单位和个人应当积极配合行政复议人员的工作，不得拒绝或者阻挠。

【理解与适用】

　　本条是关于行政复议机构依职权调取证据的规定。调取证据是行政复议机关行使行政复议权所进行的重要职权活动。本条是本次修订新增条款，是对行政复议审理机制的健全，对增强行政复议过程的公正性和复议结果的可接受性更是具有重要意义。

　　复议机构要正确解决行政争议，必须运用证据证明案件的事实。复议机构只有掌握了充分的证据，才能在事实清楚的基础上适用法律，对行政案件作出正确的处理。行政复议中一般应由被申请人举证，除被申请人不作为、行政赔偿、补偿案件外一般都应由被申请人举证。当然，在被申请人负举证责任的情形下，申请人依然可以进行举证。但有时经当事人举证，仍不能获取充分的证据，复议机关为了查清案件事实，有权向有关单位和个人调查取证。复议机关的调查取证权有利于弥补申请人和第三人在特殊情况下案卷查阅、复制权利的不足，对涉及国家秘密、商业秘密、个人隐私的或者可能危及国家安全、公共安全、社会稳定的文件和资料进行调查取证，既可降低泄露秘密的风险，又有助于还原案件事实。

　　行政复议法基本承袭了行政诉讼法中的人民法院职权查证规则与当事人主义查证规则相结合的证据提供和调取规则。对此，《中华人民共和国行政诉讼法》第四十条规定，人民法院有权向有关行政机关以及其他组织、公民调取证据。

　　证据是判断事实合法性的重要依据，但不同于司法审判，行政复议的审查更深，即司法审判审查侧重合法性审查，而行政复议审查不仅涉及合法性审查，而且对行政行为合理性进行审查。因此，纯粹沿袭行政诉讼法中的查阅、复制、调取"证据"，并不能满足行政复议审查的要求。将证据扩展至"文件和资料"，有助于行政复议进行更深入的调查取证。此外，文件和资料也赋予了复议机关更多自由裁量的空间，凸显了复议的行政性、主动性、灵活性和高效性，有利于发挥行政复议公正高效、便民为民的制度优势。

　　本次修订对复议工作程序作出了一定完善。行政复议工作开展必须由两名或者两名以上具有执法主体资格的行政复议人员共同进行。另外，在行政复议调查取证过程中，当事人享有辨认执法人员身份的权利，即当事人有权确认调查人员是否具备法定资格。本条要求表明执法身份，主要有两方面的原因：一方面，防止被调查取证人员由于对行政复议工作人员身份不清楚而产生不必要的误解和冲突；另一方面，有利于防止不法分子冒充执法人员进行招摇撞骗或从事其他违法犯罪活动。

　　复议工作的开展不是单向度的，其需要多方配合才能完成。向行政复议机关提供证据是有关单位和个人应尽的义务，否则，应承担相应的法律后果（《中华人民共和国行政复议法》第八十四条）。部分单位可能对复议机构调取证据的复议活动置之不理，认为复议机构无权对其作出的行政行为进行复议，是否向复议机关提供与案件有关的文件和材料是自己的自由，其不愿配合复议机关的调查取证工作；部分个人会认为案件与自己无利害关系，拒绝配合调查。为保障案件的正常审理，被调查取证的单位和个人，有义务提供自己知道的文件和材料，协助和支持复议机关的复议工作。

【相关规范】

● **法律**

1. 《中华人民共和国行政诉讼法》（2017 年 6 月 27 日）

第四十条 人民法院有权向有关行政机关以及其他组织、公民调取证据。但是，不得为证明行政行为的合法性调取被告作出行政行为时未收集的证据。

第四十一条 与本案有关的下列证据，原告或者第三人不能自行收集的，可以申请人民法院调取：

（一）由国家机关保存而须由人民法院调取的证据；

（二）涉及国家秘密、商业秘密和个人隐私的证据；

（三）确因客观原因不能自行收集的其他证据。

2. 《中华人民共和国民事诉讼法》（2023 年 9 月 1 日）

第七十条 人民法院有权向有关单位和个人调查取证，有关单位和个人不得拒绝。

人民法院对有关单位和个人提出的证明文书，应当辨别真伪，审查确定其效力。

● **行政法规及文件**

3. 《中华人民共和国行政复议法实施条例》（2007 年 5 月 29 日）

第三十四条 行政复议人员向有关组织和人员调查取证时，可以查阅、复制、调取有关文件和资料，向有关人员进行询问。

调查取证时，行政复议人员不得少于 2 人，并应当向当事人或者有关人员出示证件。被调查单位和人员应当配合行政复议人员的工作，不得拒绝或者阻挠。

需要现场勘验的，现场勘验所用时间不计入行政复议审理期限。

4.《中华人民共和国海关行政复议办法》（2014 年 3 月 13 日）

第五十条　海关行政复议机构向有关组织和人员调查取证时，可以查阅、复制、调取有关文件和资料，向有关人员进行询问。

调查取证时，行政复议人员不得少于 2 人，并且应当主动向有关人员出示调查证。被调查单位和人员应当配合行政复议人员的工作，不得拒绝或者阻挠。

调查情况、听取意见应当制作笔录，由被调查人员和行政复议人员共同签字确认。

第四十六条　【被申请人收集和补充证据限制】
行政复议期间，被申请人不得自行向申请人和其他有关单位或者个人收集证据；自行收集的证据不作为认定行政行为合法性、适当性的依据。

行政复议期间，申请人或者第三人提出被申请行政复议的行政行为作出时没有提出的理由或者证据的，经行政复议机构同意，被申请人可以补充证据。

【理解与适用】

本条是关于被申请人不得自行向申请人和其他有关单位或者个人收集证据以及特殊情况下补充证据的规定。本条第二款为新增条款，是关于补充证据的规定。

本条体现了案卷主义规则（案卷排他主义原则）。案卷主义规则是指行政机关在行政程序之外形成的证据不能作为证明行政机关的行为合法或者定案的根据。与民事诉讼法中被告及其诉讼代理人可以收集证据不同，行政诉讼对被告及其诉讼代理人收集证据作了严格的限定。

相较于 2017 年行政复议法第二十四条，本条第一款共计三处变化。首先，行政复议过程改为行政复议期间，一是为了体现期间的及时性，过程虽强调程序性，但无法突出复议的及时性；二是期间的计算标准更加科学和规范。其次，其他有关"组织"改为其他有关"单位"，单位与个人相对应。最后，新增"自行收集的证据不作为认定行政行为合法性、适当性的依据"的法律后果，此句是对不得自行收集证据的机制保障。

行政复议期间，行政机关不能为证明行政行为的合法性而再行收集新的证据。行政机关应当依法行政，以证据证明其行政行为认定的事实，以法律为依据作出行政行为，是对行政机关的基本要求。因此，行政机关应当"先取证后裁决"，即行政机关只能以其在作出行政行为时收集的证据作为证明行政行为合法的依据。行政决定一旦送达生效，行政机关不应再自行收集证据。如果行政机关先作出行政行为，等行政行为被诉到法院后，再向原告、第三人和证人收集证据，就意味着行政机关可以"先裁决，后取证"，这就等于纵容行政机关在程序上违法，是与依法行政的原则相悖的。这样规定，可以促使行政机关依法行政，防止行政机关轻率、片面地作出行政行为，并可以更好地保护公民、法人和其他组织的合法权益。此外，行政机关在作出行政行为的过程中向申请人和其他有关单位和个人收集证据是合法的。因为行政行为被申请复议后，法律关系才由纯粹行政法律关系转入带有行政司法性质的行政法律关系。

自行收集的证据不得作为认定行政行为合法性、适当性的依据。此句包含两层意思：首先，虽然自行收集的证据不可作为认定合法和适当的依据，但是可以作为认定行政行为不合法、不适当的依据。在作出被申请复议的行政行为时，行政机关没有确实充分的证据证明事实，便在不清楚事实的基础上作出行政行为，这恰恰证明了行政行为的不合法性与不适当性。其次，自行收集的证据既不能作为认定行为合法性的依据，也不能作为认定适当性的依据。本次修订将内容适当作为认定事实的标准之一延续了下来。此处与诉讼法有所不同，限于专业性和管理体制等因素，行政诉讼审理对于行政行为仅就合法性进行认定，不对合理性或者适当性进行过多考量，而复议机关对于行政行为的审理在审查深度、范围广度上均具有优势。因此，在行政复议中对被申请人自行收集的证据进行兼顾合法性和适当性的审理，对行政行为的认定更加全面、透彻，也更具备行政争议实质性解决的条件。

本条第二款表明，被申请人只有在复议机关准许的特殊情况下，才可以补充证据。被申请人补充证据是指被申请人在法定举证期限提交证据以后进一步提供证据的行为。特殊情况具体如下：首先，必须经复议机构同意。主要是排除被申请人补充证据的随意性。虽然本条已经限定了被申请人可以补充证据的两种情形，但具体的认定权只有交给复议机构，才能体现公正性，也可防止该项权力的滥用。其次，申请人或者第三人提出了其在行政行为作出时没有提出的理由或者证据的。补充证据并非因行政机关的过错，而是因为申请人或者第三人提出了新的理由或者证据。《最高人民法院关于适用〈中华人民共和国行政诉讼法〉的解释》第四十五条规定，被告有证据证明其在行政程序中依照法定程序要求原告或者第三人提供证据，原告或者第三人依法应当提供而没有提供，在诉讼程序中提供的证据，人民法院一般不予采纳。对此，行政复议法可以参照前述规定处理补充证据。此外，行政复议法对补充证据的实践应有所限制：一是应在复议机关指定的期限内提出；二是应在行政复议期间内提出，复议期间参照民事诉讼法关于期间、送达的规定。

【相关规范】

● 法律

1.《中华人民共和国行政诉讼法》（2017 年 6 月 27 日）

第三十五条 在诉讼过程中，被告及其诉讼代理人不得自行向原告、第三人和证人收集证据。

第三十六条 被告在作出行政行为时已经收集了证据，但因不可抗力等正当事由不能提供的，经人民法院准许，可以延期提供。

原告或者第三人提出了其在行政处理程序中没有提出的理由或者证据的，经人民法院准许，被告可以补充证据。

第六十七条 人民法院应当在立案之日起五日内，将起诉状副本发送被告。被告应当在收到起诉状副本之日起十五日内向人民法院提交作出行政行为的证据和所依据的规范性文件，并提出答辩状。人民法院应当在收到答辩状之日起五日内，将答辩状副本发送原告。

被告不提出答辩状的，不影响人民法院审理。

● 部门规章及文件

2.《公安机关办理行政复议案件程序规定》（2002 年 11 月 2 日）

第五十六条 在行政复议过程中，被申请人不得自行向申请人和其他组织或者个人收集证据。

有下列情形之一的，经公安行政复议机关准许，被申请人可以补充相关证据：

（一）在作出具体行政行为时已经收集证据，但因不可抗力等正当理由不能提供的；

（二）申请人或者第三人在行政复议过程中，提出了其在公安机关实施具体行政行为过程中没有提出的反驳理由或者证据的。

● 司法解释及文件

3.《最高人民法院关于行政诉讼证据若干问题的规定》（2002 年 7 月 24 日）

第五十九条 被告在行政程序中依照法定程序要求原告提供证据，原告依法应当提供而拒不提供，在诉讼程序中提供的证据，人民法院一般不予采纳。

> **第四十七条　【申请人等查阅、复制权利】**行政复议期间，申请人、第三人及其委托代理人可以按照规定查阅、复制被申请人提出的书面答复、作出行政行为的证据、依据和其他有关材料，除涉及国家秘密、商业秘密、个人隐私或者可能危及国家安全、公共安全、社会稳定的情形外，行政复议机构应当同意。

【理解与适用】

本条是关于申请人、第三人及其委托代理人查阅、复制案件材料权利的规定。它是对 2017 年《中华人民共和国行政复议法》第二十三条第二款的扩充，本次修订将其单独作为一条予以规定。

从条文可以看出，申请人查阅有关资料，行政复议机构以同意为原则，不同意为例外。本次修订则进一步实现了由负面规定向正面规定的转变，使指引更加明确。在此之前，2014 年《中华人民共和国行政诉讼法》第三十二条就对 1989 年《中华人民共和国行政诉讼法》第三十条进行修改，取消了经人民法院许可查阅限制，增设了复制权和"按照规定"阅卷权。

本条新增申请人、第三人及其委托代理人"按照规定"查阅有关材料的权利。首先，查阅权的主体拓展到申请人和第三人的委托代理人，实质上是当事人权利的延伸。随着行政复议程序的不断完善，其复杂程度亦有所提高，当事人可能需要委托代理人来辅助自己完成行政复议。其次，关于"按照规定"查阅。行政复议法本条所称"按照规定"查阅的权利，可以按照《中华人民共和国政府信息公开条例》的相关规定和《机关档案管理规定》处理相关查阅工作。后续可以参照上述两规定等，制定专属于行政复议工作的"行政复议机关当事人与代理人查阅行政复议案件材料规定"，形成公正权威、统一高效的复议体系，让人民群众在每一件复议案件中感受到公平正义。

完整的卷宗阅览权包括查阅、摘抄、复制三项内容。2017年《中华人民共和国行政复议法》第二十三条第二款仅规定了查阅权，其内容并不完整，可能会对申请人等产生诸多不利，所以本次修订扩展申请人、第三人复议卷宗阅览权至完整状态具有必要性。阅览卷宗制度是平等原则在复议程序中的要求，也是申请人与第三人能够有效参与复议，更好地维护自己权利的前提和基础。

卷宗阅览权经历了由经过复议机关许可才能查阅到除例外情况原则上不得拒绝查阅再到原则上应当同意查阅的发展历程，总体来看卷宗阅览权在不断扩张，但扩张中也有限制。

关于"两安全一稳定"的理解。从文义上看，国家安全、公共安全、社会稳定包含的领域非常广泛。对于本条中的"两安全一稳定"有两种理解：一是"两安全一稳定"作为一种兜底规定，以防三种秘密之外的情形出现而缺乏依据；二是"两安全一稳定"作为一种原则性规定，国家秘密、商业秘密、个人隐私是其具体体现。前者更利于回旋，后者更利于公开。

"两安全一稳定"信息属于敏感信息。正因为其敏感性，实务中行政主体可能保持保守处理此类信息公开的习惯。但站在行政相对人的角度来看，敏感信息可能涉及个人利益乃至社会普遍关注的问题，行政主体不公开决定意味着阻碍或者拒绝个人利益的实现或者社会普遍关注问题的渠道。

对此，应该从思维方式和解决思路两种维度去解决此类问题，但二者本质上是殊途同归。就思维方式而言，复议机关及其工作人员有必要反思和改变思维定式。应以公开为原则，秉持服务的宗旨，尽可能满足群众需求。要清楚地认识到政府对信息的公开要建立在公共利益的基础之上，而不是政府及其部门的自身利益基础之上。就解决思路而言，在处理时，首先，应该对被申请公开的信息进行准确界定。明确被申请信息属于何种性质，是否涉国家安全、公共安全抑或是社会稳定。当然，不排除某一信息可能同时涉及三个方面的危害性。其次，明确信息的具体种类，即何种信息可能具有这种属性。一般来说，信息可能会涉及秘密或者隐私。同时，要注意辨别信息是涉密信息还是敏感信息。涉密信息法定不予公开，而敏感信息可以有条件地公开。当然，也有可能不属于上述类型，却又在"两安全一稳定"的属性之内。那么，此类信息就需要更清晰的说明。最后，除上述理由外，行政主体即便确定存在不宜公开的敏感信息，也有必要说明相关信息的公开为何足以构成危害。行政主体应当在深刻、全面认识"两安全一稳定"的基础上举证并释明，而不能简单地认定相关信息属于公开后可能导致危害的信息，这不能视为"说明"，只能称为任意和专断。

【相关规范】

● **法律**

1. 《中华人民共和国行政诉讼法》（2017 年 6 月 27 日）

　　第三十二条　代理诉讼的律师，有权按照规定查阅、复制本案有关材料，有权向有关组织和公民调查，收集与本案有关的证据。对涉及国家秘密、商业秘密和个人隐私的材料，应当依照法律规定保密。

　　当事人和其他诉讼代理人有权按照规定查阅、复制本案庭审材料，但涉及国家秘密、商业秘密和个人隐私的内容除外。

2. 《中华人民共和国民事诉讼法》（2023 年 9 月 1 日）

　　第五十二条　当事人有权委托代理人，提出回避申请，收集、提供证据，进行辩论，请求调解，提起上诉，申请执行。

　　当事人可以查阅本案有关材料，并可以复制本案有关材料和法律文书。查阅、复制本案有关材料的范围和办法由最高人民法院规定。

当事人必须依法行使诉讼权利，遵守诉讼秩序，履行发生法律效力的判决书、裁定书和调解书。

3.《中华人民共和国保守国家秘密法》（2010 年 4 月 29 日）

第二条 国家秘密是关系国家安全和利益，依照法定程序确定，在一定时间内只限一定范围的人员知悉的事项。

● *行政法规及文件*

4.《中华人民共和国政府信息公开条例》（2019 年 4 月 3 日）

第十四条 依法确定为国家秘密的政府信息，法律、行政法规禁止公开的政府信息，以及公开后可能危及国家安全、公共安全、经济安全、社会稳定的政府信息，不予公开。

5.《中华人民共和国行政复议法实施条例》（2007 年 5 月 29 日）

第三十五条 行政复议机关应当为申请人、第三人查阅有关材料提供必要条件。

6.《国务院办公厅关于施行〈中华人民共和国政府信息公开条例〉若干问题的意见》（2008 年 4 月 29 日）

五、关于依申请公开政府信息问题

……

（十四）行政机关对申请人申请公开与本人生产、生活、科研等特殊需要无关的政府信息，可以不予提供；对申请人申请的政府信息，如公开可能危及国家安全、公共安全、经济安全和社会稳定，按规定不予提供，可告知申请人不属于政府信息公开的范围。

● *部门规章及文件*

7.《国家知识产权局行政复议规程》（2012 年 7 月 18 日）

第十七条 行政复议机构应当自受理行政复议申请之日起 7 日内将行政复议申请书副本转交有关部门。该部门应当自收到行政复议申请书副本之日起 10 日内提出维持、撤销或者变更原具体行政行为的书面答复意见，并提交当时作出具体行政行为的证据、依据和其他有关材料。期满未提出答复意见的，不影响行政复议决定的作出。

复议申请人、第三人可以查阅前款所述书面答复意见以及作出具体行政行为所依据的证据、依据和其他有关材料，但涉及保密内容的除外。

8. 《中华人民共和国海关行政复议办法》（2014 年 3 月 13 日）

第四十三条 被申请人应当自收到申请书副本或者行政复议申请笔录复印件之日起 10 日内，向海关行政复议机构提交《行政复议答复书》，并且提交当初作出具体行政行为的证据、依据和其他有关材料。

《行政复议答复书》应当载明下列内容：

（一）被申请人名称、地址、法定代表人姓名及职务；

（二）被申请人作出具体行政行为的事实、证据、理由及法律依据；

（三）对申请人的行政复议申请要求、事实、理由逐条进行答辩和必要的举证；

（四）对有关具体行政行为建议维持、变更、撤销或者确认违法，建议驳回行政复议申请，进行行政复议调解等答复意见；

（五）作出答复的时间。

《行政复议答复书》应当加盖被申请人印章。

被申请人提交的有关证据、依据和其他有关材料应当按照规定装订成卷。

第五十三条 申请人、第三人可以查阅被申请人提出的书面答复、提交的作出具体行政行为的证据、依据和其他有关材料，除涉及国家秘密、商业秘密、海关工作秘密或者个人隐私外，海关行政复议机关不得拒绝，并且应当为申请人、第三人查阅有关材料提供必要条件。

有条件的海关行政复议机关应当设立专门的行政复议接待室或者案卷查阅室，配备相应的监控设备。

9. 《自然资源行政复议规定》（2019 年 7 月 19 日）

第十七条 行政复议机构认为申请人以外的公民、法人或者其他组织与被复议的行政行为有利害关系的，可以通知其作为第三人参加行政复议。

申请人以外的公民、法人或者其他组织也可以向行政复议机构提出申请，并提交有利害关系的证明材料，经审查同意后作为第三人参加行政复议。

第二十一条 行政复议机关应当为申请人、第三人及其代理人查阅行政复议案卷材料提供必要的便利条件。

申请人、第三人申请查阅行政复议案卷材料的，应当出示身份证件；代理人申请查阅行政复议案卷材料的，应当出示身份证件及授权委托书。申请人、第三人及其代理人查阅行政复议案卷材料时，行政复议机构工作人员应当在场。

● **司法解释及文件**

10. **《最高人民法院关于审理政府信息公开行政案件若干问题的规定》**（2011 年 7 月 29 日）

第八条 政府信息涉及国家秘密、商业秘密、个人隐私的，人民法院应当认定属于不予公开范围。

政府信息涉及商业秘密、个人隐私，但权利人同意公开，或者不公开可能对公共利益造成重大影响的，不受前款规定的限制。

第三节 普通程序

> **第四十八条 【被申请人书面答复】**行政复议机构应当自行政复议申请受理之日起七日内，将行政复议申请书副本或者行政复议申请笔录复印件发送被申请人。被申请人应当自收到行政复议申请书副本或者行政复议申请笔录复印件之日起十日内，提出书面答复，并提交作出行政行为的证据、依据和其他有关材料。

【理解与适用】

本条是关于行政复议机构受理案件后，向被申请人发送材料以及被申请人及时答复和提交证据的程序性规定，对应原行政复议法第二十三条第一款。

行政复议作为一种特殊的行政法律制度，在现代法治体系中占据着重要的地位。这一制度的核心目的是通过法定程序解决行政争议，保护公民、法人和其他组织的合法权益。本条规定是行政复议程序的关键组成部分，系行政复议前期程序。

首先，本条规定体现了行政复议的效率价值。行政复议机构应当自行政复议申请受理之日起七日内向被申请人发送行政复议申请书副本或者行政复议申请笔录复印件的期限，以及被申请人十日内的答复期限、提交证据和其他材料的期限，均体现了行政复议程序的效率价值。

其次，本条规定强调了程序的透明度和公正性。行政复议机构及时将申请书副本或者行政复议申请笔录复印件发送给被申请人，确保了被申请人有足够、适当的时间了解被行政复议的事实和理由并及时答复、提交相关证据和材料，有助于平衡申请人和被申请人之间的权益，促进公正审理。

最后，本条也明确规定了被申请人对其行政行为负有及时举证的责任，即举证责任倒置。证据的准确性和完整性是行政复议结果的关键因素，被申请人需提交的证据和依据是审理行政复议案件的关键。

【相关规范】

● **法律**

1. 《中华人民共和国行政诉讼法》（2017 年 6 月 27 日）

第六十七条　人民法院应当在立案之日起五日内，将起诉状副本发送被告。被告应当在收到起诉状副本之日起十五日内向人民法院提交作出行政行为的证据和所依据的规范性文件，并提出答辩状。人民法院应当在收到答辩状之日起五日内，将答辩状副本发送原告。

被告不提出答辩状的，不影响人民法院审理。

● **部门规章及文件**

2. 《税务行政复议规则》（2018 年 6 月 15 日）

第四十五条　行政复议机关收到行政复议申请以后，应当在 5 日内审查，决定是否受理。对不符合本规则规定的行政复议申请，决定不予受理，并书面告知申请人。

对不属于本机关受理的行政复议申请，应当告知申请人向有关行政复议机关提出。

行政复议机关收到行政复议申请以后未按照前款规定期限审查并作出不予受理决定的，视为受理。

第四十六条 对符合规定的行政复议申请，自行政复议机构收到之日起即为受理；受理行政复议申请，应当书面告知申请人。

第四十七条 行政复议申请材料不齐全、表述不清楚的，行政复议机构可以自收到该行政复议申请之日起5日内书面通知申请人补正。补正通知应当载明需要补正的事项和合理的补正期限。无正当理由逾期不补正的，视为申请人放弃行政复议申请。

补正申请材料所用时间不计入行政复议审理期限。

第四十八条 上级税务机关认为行政复议机关不予受理行政复议申请的理由不成立的，可以督促其受理；经督促仍然不受理的，责令其限期受理。

上级税务机关认为行政复议申请不符合法定受理条件的，应当告知申请人。

3.《交通运输行政复议规定》（2015年9月9日）

第十四条 交通运输行政复议机关设置的法制工作机构应当自行政复议申请受理之日起七日内，将交通运输行政复议申请书副本或者《交通运输行政复议申请笔录》复印件及《交通运输行政复议申请受理通知书》送达被申请人。

被申请人应当自收到前款通知之日起十日内向交通运输行政复议机关提交《交通运输行政复议答复意见书》（见附件6），并提交作出具体行政行为的证据、依据和其他有关材料。

> **第四十九条 【听取意见程序】** 适用普通程序审理的行政复议案件，行政复议机构应当当面或者通过互联网、电话等方式听取当事人的意见，并将听取的意见记录在案。因当事人原因不能听取意见的，可以书面审理。

【理解与适用】

本条是关于行政复议机构适用普通程序审理的行政复议案件，除因当事人原因可以书面审理外，原则上应当听取当事人意见并记录在案的规定。

首先，本条规定适用的前提为普通程序。本法的一项重大革新在于对案件的适用程序进行"繁简分流"，规定了普通程序和简易程序，而听取当事人意见的程序规定建立于普通程序的前提之下。

其次，本条规定体现了对效率的追求。听取意见的方式具有比书面审理方式更加便捷、灵活的优点，行政复议普通程序审理听取当事人意见的方式可采取当面，也可以采取电话、互联网等方式，是对原行政复议法第二十二条列举方式的更新和发展。立法机关丰富了媒介种类，使听取意见方式更加多元化，拓宽了民众参与渠道，力图构建公正与效率并重的行政复议制度。

再次，本条规定是行政复议审理方式的变革。以往复议案件的审理原则为书面审理，只有在申请人提出要求或复议机构认为必要时，才启动听取意见的程序。

最后，本条规定对因当事人原因无法听取意见的情况进行了补充性规定。因当事人原因无法听取意见的情况下仍可书面审理，两种方式衔接灵活、互相补充，更有利于还原事实、贴近真相，保障了当事人的合法权益。

【相关规范】

● **法律**

1. 《中华人民共和国行政强制法》（2011 年 6 月 30 日）

第三十六条 当事人收到催告书后有权进行陈述和申辩。行政机关应当充分听取当事人的意见，对当事人提出的事实、理由和证据，应当进行记录、复核。当事人提出的事实、理由或者证据成立的，行政机关应当采纳。

2. 《中华人民共和国行政处罚法》（2021 年 1 月 22 日）

第四十五条　当事人有权进行陈述和申辩。行政机关必须充分听取当事人的意见，对当事人提出的事实、理由和证据，应当进行复核；当事人提出的事实、理由或者证据成立的，行政机关应当采纳。

行政机关不得因当事人陈述、申辩而给予更重的处罚。

● *部门规章及文件*

3. 《市场监督管理行政处罚程序规定》（2022 年 9 月 29 日）

第五十八条　市场监督管理部门在告知当事人拟作出的行政处罚决定后，应当充分听取当事人的意见，对当事人提出的事实、理由和证据进行复核。当事人提出的事实、理由或者证据成立的，市场监督管理部门应当予以采纳，不得因当事人陈述、申辩或者要求听证而给予更重的行政处罚。

4. 《生态环境行政处罚办法》（2023 年 5 月 8 日）

第四十五条　当事人进行陈述、申辩的，生态环境主管部门应当充分听取当事人意见，将当事人的陈述、申辩材料归入案卷。对当事人提出的事实、理由和证据，应当进行复核。当事人提出的事实、理由或者证据成立的，应当予以采纳；不予采纳的，应当说明理由。

不得因当事人的陈述、申辩而给予更重的处罚。

> **第五十条　【听证情形和人员组成】** 审理重大、疑难、复杂的行政复议案件，行政复议机构应当组织听证。
>
> 行政复议机构认为有必要听证，或者申请人请求听证的，行政复议机构可以组织听证。
>
> 听证由一名行政复议人员任主持人，两名以上行政复议人员任听证员，一名记录员制作听证笔录。

【理解与适用】

本条是有关行政复议案件听证程序适用条件、人员组成的规定，为新增条款。

听证制度是行政复议乃至现代行政程序法的核心制度，是公正原则、正当程序原则、法治原则的集结和体现。听证是法律赋予相对人的救济手段，在听证制度体系中，行政复议听证尤为典型和重要。准司法性的特质使行政复议制度无法脱离博弈、质证的本质，而以往以书面审查为原则的行政复议制度本身难以为当事人和案件事实提供足够的展示空间。听证制度在主持人和相关人员的组织下，能让当事人及证据就有关的事实和法律问题进行充分展示，为行政复议决定的公正性提供依据。

首先，本条规定对行政复议听证制度适用条件进行了规定和区分。从听证程序启动方式上看，可以分为"依职权"和"依申请"两种。从必要性程度的角度来看，该内容将听证程序的启动依据事实繁简、难易程度等因素分为"应当"组织听证和"可以"组织听证。由此可见，听证制度主要适用于重大、复杂、疑难的案件，针对符合条件的案件强制启动听证程序，而对于具体涉案金额及利益，考虑到我国幅员辽阔、各地区发展程度的参差，可由各省级行政复议主管部门予以确定。该内容细化了听证程序的适用条件，使程序规则层次突出，有利于提高复议决定的正当性和科学性，敦促行政机关在重大案件中实现复议公开化，提升行政复议的阳光度和透明度。

其次，本条对于行政复议听证人员组成的规定体现了程序法定原则，规定了听证程序的人员组成，即由一名主持人、两名以上听证员和一名记录员组成。合规的程序与申请人的合法权益密切相关，该规定能够最大限度地使申请人、被申请人及第三人之间的权益得到对质后的平衡。

【相关规范】

● 法律

1. 《中华人民共和国行政许可法》（2019 年 4 月 23 日）

第四十六条 法律、法规、规章规定实施行政许可应当听证的事项，或者行政机关认为需要听证的其他涉及公共利益的重大行政许可事项，行政机关应当向社会公告，并举行听证。

2. 《中华人民共和国行政处罚法》（2021 年 1 月 22 日）

第六十三条 行政机关拟作出下列行政处罚决定，应当告知当事人有要求听证的权利，当事人要求听证的，行政机关应当组织听证：

（一）较大数额罚款；

（二）没收较大数额违法所得、没收较大价值非法财物；

（三）降低资质等级、吊销许可证件；

（四）责令停产停业、责令关闭、限制从业；

（五）其他较重的行政处罚；

（六）法律、法规、规章规定的其他情形。

当事人不承担行政机关组织听证的费用。

● 部门规章及文件

3. 《公安机关办理行政案件程序规定》（2020 年 8 月 6 日）

第一百二十三条 在作出下列行政处罚决定之前，应当告知违法嫌疑人有要求举行听证的权利：

（一）责令停产停业；

（二）吊销许可证或者执照；

（三）较大数额罚款；

（四）法律、法规和规章规定违法嫌疑人可以要求举行听证的其他情形。

前款第三项所称"较大数额罚款"，是指对个人处以二千元以上罚款，对单位处以一万元以上罚款，对违反边防出境入境管理法律、法规和规章的个人处以六千元以上罚款。对依据地方性法规或者地方政府规章作出的罚款处罚，适用听证的罚款数额按照地方规定执行。

4. 《市场监督管理行政处罚程序规定》(2022 年 9 月 29 日)

第五十七条 拟给予行政处罚的案件,市场监督管理部门在作出行政处罚决定之前,应当书面告知当事人拟作出的行政处罚内容及事实、理由、依据,并告知当事人依法享有陈述权、申辩权。拟作出的行政处罚属于听证范围的,还应当告知当事人有要求听证的权利。法律、法规规定在行政处罚决定作出前需责令当事人退还多收价款的,一并告知拟责令退还的数额。

当事人自告知书送达之日起五个工作日内,未行使陈述、申辩权,未要求听证的,视为放弃此权利。

● 案例指引

沈某诉北京市某区人民政府行政复议案①

案例要旨: 听证程序依职权启动由案情决定。审理重大、疑难、复杂的行政复议案件,行政复议机构应当组织听证。行政复议机构认为有必要听证,或者申请人请求听证的,行政复议机构可以组织听证。本案争议焦点之一是被诉复议程序中未进行听证是否适当。所谓听证,是行政机关在作出影响行政相对人权益的行政决定时,应当听取当事人的陈述、申辩和质证,并根据经双方质证、核实的材料作出行政决定的一种制度。本案中关于沈某主张的复议期间区政府未处理其申请听证问题,根据行政复议法规定,申请人提出要求或者行政复议机构认为有必要时可以组织听证,行政复议机构可根据案件是否重大、疑难、复杂,依申请或职权决定是否采取听证的审理方式,并非必须采取听证。本案针对沈某在行政复议期间提出的听证申请,区政府有权根据案件的具体情况决定是否有必要进行听证,区政府综合衡量案情后未进行听证,其行为并不违反上述法律及行政法规的规定。

行政复议听证规则在肯定了言词审理的地位的同时,也规定了听证的适用条件,即案件重大、疑难、复杂,申请人提出要求或者行政复议机构认为必要时,才可以采取听证的方式审理。对于"可以"而非"应当"听证的行政复议案件,最终是否采取听证的裁量权仍在于行政机关,由其根据案件具体情况综合衡量后决定。

---

① 北京市第一中级人民法院(2022)京 01 行终 383 号行政判决书,载中国裁判文书网,https://wenshu.court.cn/website/wenshu/181217BMTKHNT2W0/index.html? pageId=e3d49a05f11aa751f9a646f0f5c0c9f7&s8=04,最后访问时间:2023 年 9 月 20 日。

> **第五十一条 【听证程序和要求】**行政复议机构组织听证的，应当于举行听证的五日前将听证的时间、地点和拟听证事项书面通知当事人。
>
> 申请人无正当理由拒不参加听证的，视为放弃听证权利。
>
> 被申请人的负责人应当参加听证。不能参加的，应当说明理由并委托相应的工作人员参加听证。

【理解与适用】

本条规定了行政复议机构组织听证的通知程序及申请人拒不参加听证的法律后果，为新增条款。

听证制度是行政程序法基本制度的核心，听证制度通过其"与生俱来"的公正性来遏制行政机关的恣意，规范行政权力运行，保障行政相对人的合法权益。我国行政复议听证制度应充分发挥其两方面的功能：一是"刀刃向内"监督依法行政；二是有利于保障公民法人和其他组织的参与权。听证能够让"复议在阳光下进行"，当事人及民众能够了解行政复议的全过程，当事人会对作出的复议决定更加信服。[①] 本条规定了五日前将听证的时间、地点和拟听证事项书面通知申请人，使听证制度具有更强的可操作性和规范性。

"视为放弃听证权利"仅是申请人不可再次申请听证。放弃听证权利，并未影响行政复议申请权，充分保护了申请人的合法权益。

本条还设定了被申请人的负责人参加听证的义务。如不能参加的，应当说明理由并委托相应的工作人员参加听证，从而确保听证顺利开展并发挥实效。

---

① 沈福俊：《我国行政复议听证程序的实践与制度发展》，载《江淮论坛》2011 年第 2 期。

【相关规范】

● *法律*

1. 《中华人民共和国行政处罚法》（2021 年 1 月 22 日）

　　第六十四条　听证应当依照以下程序组织：

　　（一）当事人要求听证的，应当在行政机关告知后五日内提出；

　　（二）行政机关应当在举行听证的七日前，通知当事人及有关人员听证的时间、地点；

　　（三）除涉及国家秘密、商业秘密或者个人隐私依法予以保密外，听证公开举行；

　　（四）听证由行政机关指定的非本案调查人员主持；当事人认为主持人与本案有直接利害关系的，有权申请回避；

　　（五）当事人可以亲自参加听证，也可以委托一至二人代理；

　　（六）当事人及其代理人无正当理由拒不出席听证或者未经许可中途退出听证的，视为放弃听证权利，行政机关终止听证；

　　（七）举行听证时，调查人员提出当事人违法的事实、证据和行政处罚建议，当事人进行申辩和质证；

　　（八）听证应当制作笔录。笔录应当交当事人或者其代理人核对无误后签字或者盖章。当事人或者其代理人拒绝签字或者盖章的，由听证主持人在笔录中注明。

2. 《中华人民共和国行政许可法》（2019 年 4 月 23 日）

　　第四十七条　行政许可直接涉及申请人与他人之间重大利益关系的，行政机关在作出行政许可决定前，应当告知申请人、利害关系人享有要求听证的权利；申请人、利害关系人在被告知听证权利之日起五日内提出听证申请的，行政机关应当在二十日内组织听证。

　　申请人、利害关系人不承担行政机关组织听证的费用。

● *行政法规及文件*

3. 《重大行政决策程序暂行条例》（2019 年 4 月 20 日）

　　第十六条　决策事项直接涉及公民、法人、其他组织切身利益或者存在较大分歧的，可以召开听证会。法律、法规、规章对召开听证会另有规定的，依照其规定。

决策承办单位或者组织听证会的其他单位应当提前公布决策草案及其说明等材料，明确听证时间、地点等信息。

需要遴选听证参加人的，决策承办单位或者组织听证会的其他单位应当提前公布听证参加人遴选办法，公平公开组织遴选，保证相关各方都有代表参加听证会。听证参加人名单应当提前向社会公布。听证会材料应当于召开听证会7日前送达听证参加人。

第五十二条 【行政复议委员会组成和职责】县级以上各级人民政府应当建立相关政府部门、专家、学者等参与的行政复议委员会，为办理行政复议案件提供咨询意见，并就行政复议工作中的重大事项和共性问题研究提出意见。行政复议委员会的组成和开展工作的具体办法，由国务院行政复议机构制定。

审理行政复议案件涉及下列情形之一的，行政复议机构应当提请行政复议委员会提出咨询意见：

（一）案情重大、疑难、复杂；

（二）专业性、技术性较强；

（三）本法第二十四条第二款规定的行政复议案件；

（四）行政复议机构认为有必要。

行政复议机构应当记录行政复议委员会的咨询意见。

【理解与适用】

本条是关于行政复议委员会的规定，为新增条款。县级以上各级人民政府应当建立相关政府部门、专家、学者等参与的行政复议委员会，不仅提供咨询意见，而且要就行政复议工作中的重大事项和共性问题提出意见和建议。本条还规定了行政复议委员会的组成和开展工作的具体办法，由国务院行政复议机构制定，确保了后续工作的有序衔接。

自行政复议体制改革以来，复议案件呈现出多样化、复杂化趋势，行政复议机关应发挥专业优势，提升行政复议质效和公信力，充分发挥好行政复议化解行政争议主渠道作用。设置行政复议委员会，巧借"智库外脑"，不断提升行政复议办案质量，有力推动行政争议实质性化解。积极构建专业、灵活、高效的"多维度"案件审议工作机制，必要且可行。

"政策试验"机制作为极具中国特色的政策工具，[①] 在行政复议改革与规则演化进程中扮演了极为重要的角色。2010 年 10 月 10 日，国务院发布的《关于加强法治政府建设的意见》（国发〔2010〕33 号）提出要求，"探索开展相对集中行政复议审理工作，进行行政复议委员会试点"。各地纷纷展开试点工作。截至目前，行政复议委员会模式已在全国大多数省份开展了试点，虽每个地方规定仍有差异，但在吸收相关专业人员纳入复议决定的程序、保障复议决定的公正和公平上达成了一致。[②] 行政复议委员会的成立，既是贯彻落实行政复议体制改革的任务要求，推动行政复议工作不断创新发展的有力举措，也是适应当前行政复议工作形势的迫切需要，对强化行政机关自我纠错、实质化解行政争议、推动法治政府建设具有重要意义。

本条列举了行政复议机构应当提请行政复议委员会提出咨询意见的几种情形：一是案情重大、疑难、复杂的行政复议案件，应当

---

① 韩博天：《红天鹅：中国独特的治理和制度创新》，石磊译，中信出版社 2019 年版，第 37~114 页。

② 卢超：《行政复议改革的"政策试验"机制及其反思》，载《中国政法大学学报》2021 年第 6 期。

提请行政复议委员会提出咨询意见；二是专业性、技术性较强的行政复议案件，应当提请行政复议委员会提出咨询意见；三是本法第二十四条第二款规定的案件，也即由省、自治区、直辖市人民政府管辖的对本机关所作行政行为不服的行政复议案件（常简称为"省级政府行为复议案件"），应当提请行政复议委员会提出咨询意见；四是行政复议机构认为有必要的行政复议案件，应当提请行政复议委员会提出咨询意见，此项规定通过兜底表述方式适当扩展了行政复议委员会的案件咨询职能。

本条增设了行政复议委员会研究工作提出意见制度，也即专门规定了行政复议委员会就行政复议工作中的重大事项和共性问题研究提出意见。这意味着，由县级以上各级人民政府建立，并由相关政府部门、专家、学者等参与的行政复议委员会，除了案件咨询职能之外，还具有一定的工作审议职能，也即在国务院行政复议机构制定出开展工作的具体办法加以细化规定的情况下，行政复议委员会就行政复议工作中的重大事项和共性问题加以研究提出的审议意见，可以具有推动改善行政复议工作的审议决定职能。换言之，行政复议委员会既是案件咨询职能机构，也是具有一定的工作审议职能的机构，这种双重职能定位当由补充性的立法建制予以细化规定。

本条还授权国务院行政复议机构制定行政复议委员会的组成和开展工作的具体办法，换一个角度看，这也是赋予了国务院行政复议机构补充进行实施性的专项组织立法建制的重要职责。

本条最后一款确立了行政复议委员会咨询意见记录制度，明确规定行政复议机构应当记录行政复议委员会的咨询意见，这便于把案件咨询意见作为行政复议机关做出行政复议决定的重要参考依据（这也是本法第六十一条第三款的要求）。这款规定，有助于行政复议机关科学审理和依法处理行政复议案件，积极回应了社会公众非常关注的行政复议委员会的角色定位和职能设置问题。

【相关规范】

● 行政法规及文件

1.《重大行政决策程序暂行条例》（2019 年 4 月 20 日）

第十八条 决策承办单位应当对社会各方面提出的意见进行归纳整理、研究论证，充分采纳合理意见，完善决策草案。

第十九条 对专业性、技术性较强的决策事项，决策承办单位应当组织专家、专业机构论证其必要性、可行性、科学性等，并提供必要保障。

专家、专业机构应当独立开展论证工作，客观、公正、科学地提出论证意见，并对所知悉的国家秘密、商业秘密、个人隐私依法履行保密义务；提供书面论证意见的，应当署名、盖章。

第二十条 决策承办单位组织专家论证，可以采取论证会、书面咨询、委托咨询论证等方式。选择专家、专业机构参与论证，应当坚持专业性、代表性和中立性，注重选择持不同意见的专家、专业机构，不得选择与决策事项有直接利害关系的专家、专业机构。

2.《国务院关于加强法治政府建设的意见》（2010 年 10 月 10 日）

八、依法化解社会矛盾纠纷

24. 加强行政复议工作。充分发挥行政复议在解决矛盾纠纷中的作用，努力将行政争议化解在初发阶段和行政程序中。畅通复议申请渠道，简化申请手续，方便当事人提出申请。对依法不属于复议范围的事项，要认真做好解释、告知工作。加强对复议受理活动的监督，坚决纠正无正当理由不受理复议申请的行为。办理复议案件要深入调查，充分听取各方意见，查明事实、分清是非。注重运用调解、和解方式解决纠纷，调解、和解达不成协议的，要及时依法公正作出复议决定，对违法或者不当的行政行为，该撤销的撤销，该变更的变更，该确认违法的确认违法。行政机关要严格履行行政复议决定，对拒不履行或者无正当理由拖延履行复议决定的，要依法严肃追究有关人员的责任。探索开展相对集中行政复议审理工作，进行行政复议委员会试点。健全行政复议机构，确保复议案件依法由 2 名以上复议人员办理。建立健全适应复议工作特点的激励机制和经费装备保障机制。完善行政复议与信访的衔接机制。

第四节　简　易　程　序

> **第五十三条　【简易程序适用情形】** 行政复议机关审理下列行政复议案件，认为事实清楚、权利义务关系明确、争议不大的，可以适用简易程序：
>
> （一）被申请行政复议的行政行为是当场作出；
>
> （二）被申请行政复议的行政行为是警告或者通报批评；
>
> （三）案件涉及款额三千元以下；
>
> （四）属于政府信息公开案件。
>
> 除前款规定以外的行政复议案件，当事人各方同意适用简易程序的，可以适用简易程序。

【理解与适用】

行政复议法新增简易程序不仅是政府提升高效行政，充分保障当事人程序权利的客观需要，也是创新行政复议审理机制，实现行政复议案件"繁简分流""简案快审""繁案精审"的重要举措，是追求公正与效率的必然要求。根据案件本身的社会价值、繁简程度以及当事人自身的意愿，决定不同案件适用的复议程序所耗费的不同时间、人员与社会成本，从而实现司法资源的最优配置，是行政复议简易程序的价值所在。

本条是关于行政复议简易程序适用范围的规定，通过概括加明确列举的方式限定了简易程序的适用范围。本条在适用中应当注意以下方面：

第一，对简易程序的适用范围作了概括规定，当行政复议案件同时具备"事实清楚、权利义务关系明确、争议不大"三个要素时，才可以适用简易程序，否则其他情况下都应当适用一般程序。一般而言，"事实清楚"，是指当事人对双方争议的事实陈述基本一致，无须大量调查即可判明事实，分清是非，确定责任；"权利义务关系明确"，是指案情简单，当事人各自的权利和义务都比较明确；"争议不大"，是指当事人对案件的是非、责任等争议问题无原则分歧。

第二，明确列举四类行政争议可以适用简易程序，但如若这四类案件不符合上述三要素之一者，便不能适用简易程序，而应适用普通程序。本条明确列举的四类案件中，依法当场作出的行政行为或者行政行为是警告或者通报批评的，一般都是针对那些事实清楚、争议不大的案件，因此按照简易程序来审理也是行政复议的题中应有之义；案件涉及款额为三千元以下的行政案件争议标的较小，而案件争议标的大小一般能够反映出案件的难易程度和影响大小，此类案件适用简易程序可以兼顾行政复议的效率和公平；属于政府信息公开的案件，往往情节较为简单，基本不涉及事实问题，其争议的主要焦点多是围绕某个文件是否属于法律规定免予公开的范围，一般通过简易的审理便可以处理此类争议。

第三，尊重当事人的程序选择权。除了法律规定可以适用简易程序的案件，如果当事人各方同意适用简易程序，那么其他原本应当适用一般程序的案件也可以适用简易程序，也就是说当事人的程序选择可以不受上述三要素的限制。这一规定，使得行政复议简易程序的适用范围大大扩展，启动机制更加多样化。当事人选择更加简便、经济、灵活的审理方式，既为当事人降低了成本，又为行政机关减轻了负担，将更多的资源集中在处理案情复杂、争议较大、影响广泛的案件上，充分体现了法律对当事人及当事人程序处分权的尊重。

需要注意的是，增设行政复议审理的简易程序，实行复议案件繁简分流原则，是为了保障行政复议快捷、便民优势得到更好的发挥。因此，行政复议工作人员在适用本条规定时，一是要坚持做好案件甄别工作，按照规定严格审查拟受理案件，符合适用行政复议简易程序情形的，方可适用简易程序；二是要坚持公正与效率的统一，保证办案质量，高质高效地审理行政复议案件。

【相关规范】

● 法律

1. 《中华人民共和国行政处罚法》（2021 年 1 月 22 日）

第七条 公民、法人或者其他组织对行政机关所给予的行政处罚，享有陈述权、申辩权；对行政处罚不服的，有权依法申请行政复议或者提起行政诉讼。

公民、法人或者其他组织因行政机关违法给予行政处罚受到损害的，有权依法提出赔偿要求。

第九条 行政处罚的种类：

（一）警告、通报批评；

（二）罚款、没收违法所得、没收非法财物；

（三）暂扣许可证件、降低资质等级、吊销许可证件；

（四）限制开展生产经营活动、责令停产停业、责令关闭、限制从业；

（五）行政拘留；

（六）法律、行政法规规定的其他行政处罚。

第五十一条 违法事实确凿并有法定依据，对公民处以二百元以下、对法人或者其他组织处以三千元以下罚款或者警告的行政处罚的，可以当场作出行政处罚决定。法律另有规定的，从其规定。

第五十二条 执法人员当场作出行政处罚决定的，应当向当事人出示执法证件，填写预定格式、编有号码的行政处罚决定书，并当场交付当事人。当事人拒绝签收的，应当在行政处罚决定书上注明。

前款规定的行政处罚决定书应当载明当事人的违法行为，行政处罚的种类和依据、罚款数额、时间、地点，申请行政复议、提起行政诉讼的途径和期限以及行政机关名称，并由执法人员签名或者盖章。

执法人员当场作出的行政处罚决定，应当报所属行政机关备案。

第五十三条 对当场作出的行政处罚决定，当事人应当依照本法第六十七条至第六十九条的规定履行。

第六十七条 作出罚款决定的行政机关应当与收缴罚款的机构分离。

除依照本法第六十八条、第六十九条的规定当场收缴的罚款外，作出行政处罚决定的行政机关及其执法人员不得自行收缴罚款。

当事人应当自收到行政处罚决定书之日起十五日内，到指定的银行或者通过电子支付系统缴纳罚款。银行应当收受罚款，并将罚款直接上缴国库。

第六十八条 依照本法第五十一条的规定当场作出行政处罚决定，有下列情形之一，执法人员可以当场收缴罚款：

（一）依法给予一百元以下罚款的；

（二）不当场收缴事后难以执行的。

第六十九条 在边远、水上、交通不便地区，行政机关及其执法人员依照本法第五十一条、第五十七条的规定作出罚款决定后，当事人到指定的银行或者通过电子支付系统缴纳罚款确有困难，经当事人提出，行政机关及其执法人员可以当场收缴罚款。

第七十条 行政机关及其执法人员当场收缴罚款的，必须向当事人出具国务院财政部门或者省、自治区、直辖市人民政府财政部门统一制发的专用票据；不出具财政部门统一制发的专用票据的，当事人有权拒绝缴纳罚款。

第七十一条 执法人员当场收缴的罚款，应当自收缴罚款之日起二日内，交至行政机关；在水上当场收缴的罚款，应当自抵岸之日起二日内交至行政机关；行政机关应当在二日内将罚款缴付指定的银行。

第七十三条 当事人对行政处罚决定不服，申请行政复议或者提起行政诉讼的，行政处罚不停止执行，法律另有规定的除外。

当事人对限制人身自由的行政处罚决定不服，申请行政复议或者提起行政诉讼的，可以向作出决定的机关提出暂缓执行申请。符合法律规定情形的，应当暂缓执行。

当事人申请行政复议或者提起行政诉讼的，加处罚款的数额在行政复议或者行政诉讼期间不予计算。

2.《中华人民共和国行政许可法》（2019 年 4 月 23 日）

第三十四条 行政机关应当对申请人提交的申请材料进行审查。

申请人提交的申请材料齐全、符合法定形式，行政机关能够当场作出决定的，应当当场作出书面的行政许可决定。

根据法定条件和程序，需要对申请材料的实质内容进行核实的，行政机关应当指派两名以上工作人员进行核查。

3.《中华人民共和国治安管理处罚法》（2012 年 10 月 26 日）

第十条 治安管理处罚的种类分为：

（一）警告；

（二）罚款；

（三）行政拘留；

（四）吊销公安机关发放的许可证。

对违反治安管理的外国人，可以附加适用限期出境或者驱逐出境。

4.《中华人民共和国行政强制法》（2011 年 6 月 30 日）

第十二条 行政强制执行的方式：

（一）加处罚款或者滞纳金；

（二）划拨存款、汇款；

（三）拍卖或者依法处理查封、扣押的场所、设施或者财物；

（四）排除妨碍、恢复原状；

（五）代履行；

（六）其他强制执行方式。

5.《中华人民共和国道路交通安全法》（2021 年 4 月 29 日）

第八十七条 公安机关交通管理部门及其交通警察对道路交通安全违法行为，应当及时纠正。

公安机关交通管理部门及其交通警察应当依据事实和本法的有关规定对道路交通安全违法行为予以处罚。对于情节轻微，未影响道路通行的，指出违法行为，给予口头警告后放行。

第八十八条 对道路交通安全违法行为的处罚种类包括：警告、罚款、暂扣或者吊销机动车驾驶证、拘留。

● **行政法规及文件**

6.《中华人民共和国政府信息公开条例》（2019 年 4 月 3 日）

第二十条 行政机关应当依照本条例第十九条的规定，主动公开本行政机关的下列政府信息：

（一）行政法规、规章和规范性文件；

（二）机关职能、机构设置、办公地址、办公时间、联系方式、负责人姓名；

（三）国民经济和社会发展规划、专项规划、区域规划及相关政策；

（四）国民经济和社会发展统计信息；

（五）办理行政许可和其他对外管理服务事项的依据、条件、程序以及办理结果；

（六）实施行政处罚、行政强制的依据、条件、程序以及本行政机关认为具有一定社会影响的行政处罚决定；

（七）财政预算、决算信息；

（八）行政事业性收费项目及其依据、标准；

（九）政府集中采购项目的目录、标准及实施情况；

（十）重大建设项目的批准和实施情况；

（十一）扶贫、教育、医疗、社会保障、促进就业等方面的政策、措施及其实施情况；

（十二）突发公共事件的应急预案、预警信息及应对情况；

（十三）环境保护、公共卫生、安全生产、食品药品、产品质量的监督检查情况；

（十四）公务员招考的职位、名额、报考条件等事项以及录用结果；

（十五）法律、法规、规章和国家有关规定规定应当主动公开的其他政府信息。

第二十一条 除本条例第二十条规定的政府信息外，设区的市级、县级人民政府及其部门还应当根据本地方的具体情况，主动公开涉及市政建设、公共服务、公益事业、土地征收、房屋征收、治安管理、社会救助等方面的政府信息；乡（镇）人民政府还应当根据本地方的具体情况，主动公开贯彻落实农业农村政策、农田水利工程建设运营、农村土地承包经营权流转、宅基地使用情况审核、土地征收、房屋征收、筹资筹劳、社会救助等方面的政府信息。

第二十二条 行政机关应当依照本条例第二十条、第二十一条的规定，确定主动公开政府信息的具体内容，并按照上级行政机关的部署，不断增加主动公开的内容。

● *部门规章及文件*

7. 《关于审理政府信息公开行政复议案件若干问题的指导意见》 （2021 年 12 月 22 日）

　　第二条　公民、法人或者其他组织认为政府信息公开行为侵犯其合法权益，有下列情形之一的，可以依法向行政复议机关提出行政复议申请：

　　（一）向行政机关申请获取政府信息，行政机关答复不予公开（含部分不予公开，下同）、无法提供、不予处理或者逾期未作出处理的；

　　（二）认为行政机关提供的政府信息不属于其申请公开的内容的；

　　（三）认为行政机关告知获取政府信息的方式、途径或者时间错误的；

　　（四）认为行政机关主动公开或者依申请公开的政府信息侵犯其商业秘密、个人隐私的；

　　（五）认为行政机关的其他政府信息公开行为侵犯其合法权益的。

8. 《商务部行政处罚实施办法》 （2022 年 2 月 11 日）

　　第二十四条　满足《中华人民共和国行政处罚法》第五十一条规定的情形，承办机构拟当场作出罚款或警告行政处罚决定的，应按《中华人民共和国行政处罚法》简易程序的有关规定处理。法律另有规定的，从其规定。

9. 《公安机关办理政府信息公开行政复议案件若干问题的规定》 （2019 年 12 月 27 日）

　　第一条　为规范公安机关办理政府信息公开行政复议案件，根据《中华人民共和国行政复议法》及其实施条例、《中华人民共和国政府信息公开条例》（以下简称条例）等有关法律、行政法规，制定本规定。

　　第二条　公民、法人和其他组织对公安机关依申请政府信息公开行为不服，或者认为公安机关主动公开政府信息损害其商业秘密、个人隐私等合法权益申请行政复议的，依法受理。

10. 《市场监督管理行政处罚程序规定》 （2022 年 9 月 29 日）

　　第六十六条　违法事实确凿并有法定依据，对自然人处以二百元以下、对法人或者其他组织处以三千元以下罚款或者警告的行政处罚的，可以当场作出行政处罚决定。法律另有规定的，从其规定。

11. 《烟草专卖行政处罚程序规定》（2023 年 5 月 16 日）

第三十条 违法事实确凿并有法定依据，对公民处以 200 元以下、对法人或者其他组织处以 3000 元以下罚款或者警告的行政处罚的，执法人员可以当场作出行政处罚决定。

12. 《生态环境行政处罚办法》（2023 年 5 月 8 日）

第六十一条 生态环境主管部门应当依法公开其作出的生态环境行政处罚决定。

第六十二条 生态环境主管部门依法公开生态环境行政处罚决定的下列信息：

（一）行政处罚决定书文号；

（二）被处罚的公民姓名，被处罚的法人或者其他组织名称和统一社会信用代码、法定代表人（负责人）姓名；

（三）主要违法事实；

（四）行政处罚结果和依据；

（五）作出行政处罚决定的生态环境主管部门名称和作出决定的日期。

第六十七条 违法事实确凿并有法定依据，对公民处以二百元以下、对法人或者其他组织处以三千元以下罚款或者警告的行政处罚的，可以适用简易程序，当场作出行政处罚决定。法律另有规定的，从其规定。

13. 《水行政处罚实施办法》（2023 年 3 月 10 日）

第二十七条 违法事实确凿并有法定依据，对公民处以二百元以下、对法人或者其他组织处以三千元以下罚款或者警告的，可以当场作出水行政处罚决定。

14. 《交通运输行政执法程序规定》（2021 年 6 月 30 日）

第六十条 违法事实确凿并有法定依据，对公民处二百元以下、对法人或者其他组织处三千元以下罚款或者警告的行政处罚的，可以适用简易程序，当场作出行政处罚决定。法律另有规定的，从其规定。

15. 《住房和城乡建设行政处罚程序规定》（2022 年 3 月 10 日）

第十二条 违法事实确凿并有法定依据，对公民处以二百元以下、对法人或者其他组织处以三千元以下罚款或者警告的行政处罚的，可以当场作出行政处罚决定。法律另有规定的，从其规定。

第四章

> **第五十四条 【简易程序的具体要求】**适用简易程序审理的行政复议案件，行政复议机构应当自受理行政复议申请之日起三日内，将行政复议申请书副本或者行政复议申请笔录复印件发送被申请人。被申请人应当自收到行政复议申请书副本或者行政复议申请笔录复印件之日起五日内，提出书面答复，并提交作出行政行为的证据、依据和其他有关材料。
>
> 适用简易程序审理的行政复议案件，可以书面审理。

【理解与适用】

本条是关于行政复议机构受理案件并决定适用简易程序后，向被申请人发送材料以及被申请人及时答复、提交证据及审理方式的程序性规定，通过具体规定行政复议机构和被申请人的职责、权利，为行政复议简易程序提供了明确的操作指南。本条在适用中应当注意以下方面：

1. 关于行政复议申请书副本的发送

根据行政复议法第二十二条的规定，申请行政复议应当向行政复议机构提出书面申请；书面申请有困难的，可以口头申请，由行政复议机关当场记录申请人的基本情况、行政复议请求、申请行政复议的主要事实、理由和时间，形成行政复议申请笔录。行政复议机构经过审查，决定受理并可以适用简易程序后，就应在自受理行政复议申请之日起三日内，将行政复议申请书副本发送被申请人；口头申请的，将口头申请笔录复印件发送被申请人，这充分体现了行政复议的效率和便民原则。

2. 关于被申请人的答复、证据、依据及有关材料的提交

行政复议要解决的中心问题是被申请人行政行为的合法性和适当性问题，而被申请人对其行政行为负有及时举证的责任，即举证责任倒置。被申请人作出某种行政行为，一要有事实根据，二要有法律、法规等规范性文件作依据。因此，被申请人应当及时准备行政复议答复、证据及所依据的法律规定等有关材料，并以书面形式予以提交，以此来证明其行政行为的合法性和适当性。其中，行政复议的答复是被申请人对申请人向行政复议机构提出的复议请求及其理由进行答复的文书。证据是被申请人作出行政行为的事实根据。依据及有关材料是被申请人作出行政行为的具体根据、来源。根据证据、依据和有关材料规定作出行政行为是对被申请人的基本要求，因此，本条规定由被申请人在提交复议答复时一并提交证据、依据及有关材料，有利于提高复议效率。尽管被申请人在作出行政行为之前，应当已经掌握证据、依据和有关根据材料，但起草复议回复、内部审批等需要一定的时间，为此，本条规定，被申请人应在收到申请书副本或者申请笔录复印件之日起五日内向行政复议机构提交作出行政行为的材料和书面答复，以便让行政复议机构了解行政机关作出行政行为的根据。这不仅有助于促进行政机关的规范运作，还有助于充分发挥行政复议在化解行政争议中的重要作用，体现了行政复议程序的公正性。

3. 关于简易程序的书面审理方式

所谓书面审理，就是复议人员通过审查材料的方式作出复议判断和决定，主要是审查申请书及所附证据，答复书及所附的当初作出行政行为的证据、依据，第三人提供的有关书面意见及书面材料。行政复议活动是在行政系统内部进行的，行政复议机构与作出行政行为的行政机关一般有上下级领导或者指导的关系，往往不需要通过复杂的审理方式求得对具体事实的认定和把握。在行政复议简易程序中，尽可能减少行政复议申请人在人力、物力、时间上的

浪费，有利于行政复议机构迅速、简练地审理行政复议案件，也可以避免给当事人造成诉累，因此行政复议简易程序可以采取书面审理方式。

【相关规范】

● **法律**

1. 《中华人民共和国行政处罚法》（2021 年 1 月 22 日）

第五条　行政处罚遵循公正、公开的原则。

设定和实施行政处罚必须以事实为依据，与违法行为的事实、性质、情节以及社会危害程度相当。

对违法行为给予行政处罚的规定必须公布；未经公布的，不得作为行政处罚的依据。

第三十七条　实施行政处罚，适用违法行为发生时的法律、法规、规章的规定。但是，作出行政处罚决定时，法律、法规、规章已被修改或者废止，且新的规定处罚较轻或者不认为是违法的，适用新的规定。

第三十八条　行政处罚没有依据或者实施主体不具有行政主体资格的，行政处罚无效。

违反法定程序构成重大且明显违法的，行政处罚无效。

第四十六条　证据包括：

（一）书证；

（二）物证；

（三）视听资料；

（四）电子数据；

（五）证人证言；

（六）当事人的陈述；

（七）鉴定意见；

（八）勘验笔录、现场笔录。

证据必须经查证属实，方可作为认定案件事实的根据。

以非法手段取得的证据，不得作为认定案件事实的根据。

● *行政法规及文件*

2.《中华人民共和国行政复议法实施条例》（2007 年 5 月 29 日）

第二十条 申请人口头申请行政复议的，行政复议机构应当依照本条例第十九条规定的事项，当场制作行政复议申请笔录交申请人核对或者向申请人宣读，并由申请人签字确认。

第四十六条 被申请人未依照行政复议法第二十三条的规定提出书面答复、提交当初作出具体行政行为的证据、依据和其他有关材料的，视为该具体行政行为没有证据、依据，行政复议机关应当决定撤销该具体行政行为。

● *部门规章及文件*

3.《关于审理政府信息公开行政复议案件若干问题的指导意见》（2021 年 12 月 22 日）

第七条 被申请人答复政府信息予以公开的，行政复议机关应当重点审查下列事项：

（一）被申请人向申请人告知获取政府信息的方式、途径和时间是否正确；

（二）被申请人向申请人提供的政府信息是否完整、准确。

第八条 被申请人答复政府信息不予公开的，行政复议机关应当重点审查下列事项：

（一）申请公开的政府信息是否属于依照法定定密程序确定的国家秘密；

（二）申请公开的政府信息是否属于法律、行政法规禁止公开的政府信息；

（三）申请公开的政府信息是否属于公开后可能危及国家安全、公共安全、经济安全、社会稳定的政府信息；

（四）申请公开的政府信息是否属于涉及商业秘密、个人隐私等公开后可能会对第三方合法权益造成损害的政府信息；

（五）申请公开的政府信息是否属于被申请人的人事管理、后勤管理、内部工作流程三类内部事务信息；

（六）申请公开的政府信息是否属于被申请人在履行行政管理职能过程中形成的讨论记录、过程稿、磋商信函、请示报告四类过程性信息；

（七）申请公开的政府信息是否属于行政执法案卷信息；

（八）申请公开的政府信息是否属于《中华人民共和国政府信息公开条

例》第三十六条第七项规定的信息。

第九条 被申请人答复政府信息无法提供的，行政复议机关应当重点审查下列事项：

（一）是否属于被申请人不掌握申请公开的政府信息的情形；

（二）是否属于申请公开的政府信息需要被申请人对现有政府信息进行加工、分析的情形；

（三）是否属于经补正后政府信息公开申请内容仍然不明确的情形。

第十条 被申请人答复对政府信息公开申请不予处理的，行政复议机关应当重点审查下列事项：

（一）申请人提出的政府信息公开申请是否属于以政府信息公开申请的形式进行信访、投诉、举报等活动，或者申请国家赔偿、行政复议等情形；

（二）申请人提出的政府信息公开申请是否属于重复申请的情形；

（三）申请人提出的政府信息公开申请是否属于要求被申请人提供政府公报、报刊、书籍等公开出版物的情形；

（四）申请人提出的政府信息公开申请是否属于申请公开政府信息的数量、频次明显超过合理范围，且其说明的理由不合理的情形；

（五）申请人提出的政府信息公开申请是否属于要求被申请人确认或者重新出具其已经获取的政府信息的情形。

第十一条 申请人要求被申请人更正政府信息而被申请人未予以更正的，申请人应当提供其曾向被申请人提出更正申请的证明材料。

> **第五十五条　【简易程序向普通程序转换】** 适用简易程序审理的行政复议案件，行政复议机构认为不宜适用简易程序的，经行政复议机构的负责人批准，可以转为普通程序审理。

【理解与适用】

本条是关于行政复议简易程序与一般程序转换的概括性规定，

赋予了行政复议机构以自由裁量权。

对案件的适用范围进行明确规定，是为了对案件进行前置性的繁简分流，决定案件的适用程序。行政复议案件适用的程序是在立案时决定的，但是案件的实际情况是否完全符合简易程序的适用情形，还需要进一步审理，即随着案件审理的进行，可能会出现复杂化情形，因此应当赋予行政复议机构灵活的程序适用权，也就是根据案件实际发展的客观需要，提供一个后续的转化程序作为补充，以便及时调整，符合程序正义。对于"程序转化"的理解，实践中应当注意以下问题：

第一，对"不宜适用"的理解。行政复议机构在案件审理过程中，争议案件不符合简易程序适用范围，即出现案情复杂、事实不清楚，或者权利义务关系不明确、争议较大等情形之一的，应当转为普通程序；或者虽然当事人各方同意适用简易程序，但是行政复议机构在审理过程中发现案件较为复杂，或者有其他不宜适用简易程序情形的，也可以转为普通程序。除此之外，在审理过程中，若当事人对适用简易程序提出异议，或者仅有申请人、被申请人双方的合意而遗漏了第三人，且该第三人不同意适用简易程序的，也应当转为普通程序。

第二，行政复议简易程序的设置是为了提高司法效率，因此对程序转化需要有所限制：首先是程序转化的单向性，该条仅适用于简易程序向普通程序的转换，而对于已经进入普通程序审理的案件，在审理过程中无论案情发生如何变化，都不得改用为简易程序，否则便会出现程序繁琐、成本浪费的情况。其次是转化主张的期限，简易程序转化为普通程序的主张可以在行政复议审理终结前提出。最后是将程序转化的启动权限于行政复议机构行使，简易程序转为普通程序的前置程序必须是经行政复议机构的负责人批准，这是为了避免当事人滥用程序转化权，扰乱复议节奏，无故延长审理期限。

第五节　行政复议附带审查

第五十六条　【规范性文件审查处理】申请人依照本法第十三条的规定提出对有关规范性文件的附带审查申请，行政复议机关有权处理的，应当在三十日内依法处理；无权处理的，应当在七日内转送有权处理的行政机关依法处理。

【理解与适用】

本条是关于规范性文件审查申请的程序性规定，对应原行政复议法第二十六条。该规定从程序上加强了行政机关对规范性文件的法治监督，也为公民和法人提供了法律救济途径。

规范性文件的增多可能会导致一些合法性问题的出现，审查规范性文件的机制成为必要的制度安排。该条款明确了行政复议机关在接受审查申请后的具体操作流程和时间表，充分体现了程序正义的法律理念。通过对时间和程序的明确规定，实质性提升了行政复议在解决行政争议中的可操作性和效率。规范性文件的审查程序，为行政机关提供了一个清晰的操作框架，同时，也为公众提供了一条便捷的法律救济渠道。通过明确行政复议机关的审查职责和程序，优化行政复议机制，可以提高行政决策的效率和公信力。

本条在适用中应当注意以下方面：

1. 审查对象的界定

本法第十三条明确了规范性文件的审查对象，涵盖了国务院部门、地方各级人民政府及其工作部门、乡、镇人民政府，以及法律法规、规章授权的组织的规范性文件。同时也排除了规章，对于规章的审查则有单独的法律、行政法规规制。

2. 审查申请提出的主体

当公民、法人或其他组织认为行政机关的行政行为所依据的规范性文件不合法时，可在申请行政复议的同时提出对该规范性文件的审查申请。

3. 审查的权限与程序

本条进一步规定了审查程序，包括审查期限和审查机关的责任。具体来说：如果行政复议机关有权处理审查申请，应在三十日内依法处理；如果行政复议机关无权处理，应在七日内转送有权处理的行政机关依法处理。这一规定增加了行政决策的透明度和可预测性。

4. 对"有权处理"的判断

对"有权处理"的判断，涉及以下几个方面：（1）权限层级。行政复议机关是否具有足够的权限层级来审查该规范性文件。通常来说，复议机关应当是作出该规范性文件的上级机关或其他具有法定审查权的机关。（2）主体适格。行政复议机关是否具有与审查申请相关的职能范围和专业能力。例如，审查与环保相关的规范性文件，可能需要由具备环保职能的复议机关来进行。（3）程序合规。审查申请是否符合相关法律程序的要求，如申请的提出方式、时限等，以及是否符合第十三条所规定的审查对象范围。如果行政复议机关判断自身无权处理审查申请，那么应当按照法定程序，在七日内转送有权处理的行政机关进行审查。"有权处理的行政机关"应当是在法律法规中被明确授权，并具有相应职能和专业能力来对特定规范性文件进行审查的机构。

综上所述，第五十六条旨在确保规范性文件审查过程的合法性与透明性，进一步提升公众对行政行为的信任。通过明确规范性文件审查的责任主体和程序，为规范行政机关的权力行使提供了明确的操作路径。该条款不仅是对行政复议法治化、程序化的深化，还是对公民、法人和其他组织合法权益保护机制的进一步完善。这一规定有助于促进我国行政法治建设的全面深化，为规范性文件审查提供了坚实的法律基础。

【相关规范】

● 法律

1.《中华人民共和国行政诉讼法》（2017 年 6 月 27 日）

第五十三条 公民、法人或者其他组织认为行政行为所依据的国务院部门和地方人民政府及其部门制定的规范性文件不合法，在对行政行为提起诉讼时，可以一并请求对该规范性文件进行审查。

前款规定的规范性文件不含规章。

● 行政法规及文件

2.《中华人民共和国外商投资法实施条例》（2019 年 12 月 26 日）

第二十六条 政府及其有关部门制定涉及外商投资的规范性文件，应当按照国务院的规定进行合法性审核。

外国投资者、外商投资企业认为行政行为所依据的国务院部门和地方人民政府及其部门制定的规范性文件不合法，在依法对行政行为申请行政复议或者提起行政诉讼时，可以一并请求对该规范性文件进行审查。

● 司法解释及文件

3.《最高人民法院关于适用〈中华人民共和国行政诉讼法〉的解释》（2018年 2 月 6 日）

第一百四十五条 公民、法人或者其他组织在对行政行为提起诉讼时一并请求对所依据的规范性文件审查的，由行政行为案件管辖法院一并审查。

第一百四十七条 人民法院在对规范性文件审查过程中，发现规范性文件可能不合法的，应当听取规范性文件制定机关的意见。

制定机关申请出庭陈述意见的，人民法院应当准许。

行政机关未陈述意见或者未提供相关证明材料的，不能阻止人民法院对规范性文件进行审查。

第一百四十八条 人民法院对规范性文件进行一并审查时，可以从规范性文件制定机关是否超越权限或者违反法定程序、作出行政行为所依据的条款以及相关条款等方面进行。

有下列情形之一的，属于行政诉讼法第六十四条规定的"规范性文件不合法"：

（一）超越制定机关的法定职权或者超越法律、法规、规章的授权范围的；

（二）与法律、法规、规章等上位法的规定相抵触的；

（三）没有法律、法规、规章依据，违法增加公民、法人和其他组织义务或者减损公民、法人和其他组织合法权益的；

（四）未履行法定批准程序、公开发布程序，严重违反制定程序的；

（五）其他违反法律、法规以及规章规定的情形。

第一百四十九条 人民法院经审查认为行政行为所依据的规范性文件合法的，应当作为认定行政行为合法的依据；经审查认为规范性文件不合法的，不作为人民法院认定行政行为合法的依据，并在裁判理由中予以阐明。作出生效裁判的人民法院应当向规范性文件的制定机关提出处理建议，并可以抄送制定机关的同级人民政府、上一级行政机关、监察机关以及规范性文件的备案机关。

规范性文件不合法的，人民法院可以在裁判生效之日起三个月内，向规范性文件制定机关提出修改或者废止该规范性文件的司法建议。

规范性文件由多个部门联合制定的，人民法院可以向该规范性文件的主办机关或者共同上一级行政机关发送司法建议。

接收司法建议的行政机关应当在收到司法建议之日起六十日内予以书面答复。情况紧急的，人民法院可以建议制定机关或者其上一级行政机关立即停止执行该规范性文件。

第五十七条　【行政行为依据审查处理】行政复议机关在对被申请人作出的行政行为进行审查时，认为其依据不合法，本机关有权处理的，应当在三十日内依法处理；无权处理的，应当在七日内转送有权处理的国家机关依法处理。

【理解与适用】

本条是关于依据不合法时审查程序和行政复议机关的处理职责及时限的规定，对应原行政复议法第二十七条。

本条的重要性和意义在于，通过明确行政复议机关在审查过程中对不合法依据的处理机制，强化了对行政行为合法性的监督。如果被申请人作出的行政行为所依据的规范性文件不合法，那么该行政行为本身也可能存在合法性问题。因此，本条规定有助于确保行政行为的合法性和正当性。同时，通过明确行政复议机关对不合法依据的处理职责，还设定了具体的处理时限。这有助于避免程序滞留和提高行政复议的效率。明确的时限规定体现了法治的精神，确保了行政审查的及时性。通过设立对不合法依据的审查和处理机制，本条有助于保障公民、法人和其他组织在行政复议过程中的合法权益，使他们能够及时、有效地获得法律救济。

本条在适用中应当注意以下方面：

1. 遵循法定时限

遵循法定时限是确保行政复议审查过程公平、透明和有效的基本要求。本条对审查不合法依据时间限制作出明确规定。这一规定突显了立法者对审查过程的及时性和效率的重视，因为行政复议作为一种行政救济方式，效用在很大程度上取决于其及时性，任何延迟都可能导致被申请人和其他相关方的权益无法得到及时的保障和恢复，进而可能产生更多法律问题和社会问题。同时，法定时限的设定倒逼行政复议机关迅速行动，加强了对行政机关工作效率的约束，促使行政机关优化工作流程、改进工作方法。更为重要的是，合理的时限平衡了行政机关与申请人等各方的权益，防止了复议的拖延或草率，从而维护了审查程序的公正和合法性。

2. 合理选择转送机关

转送合适的机关是确保审查不合法依据得到正确解决的关键环节。本条对于无权处理情况应当及时转送有权处理的国家机关作出明确规定。首先，要确保正确决策，因为有权处理的机关具备了解和解决问题的专业知识和经验，转送从而确保了审查的准确性和公正性。其次，要保证转送的及时性以及整个审查流程的连贯性和顺畅性，避免了流程的中断和滞留，这有利于问题的及时解决。

3. 保障当事人利益

保障当事人权益是行政复议制度的核心价值之一。知情权的保障极为重要，当事人应有权了解审查过程的全部内容和进展，这是他们合理参与和维护自身权益的前提。参与权的实现要求当事人不仅是审查过程的对象，还应是过程的参与者，他们的观点和利益应该得到充分的考虑和尊重。即当事人权益的保障有助于确保整个审查过程的公正性和合法性，增强社会公众对行政复议制度的信任和支持。

综上所述，本条通过明确规定了行政复议机关在审查行政行为时对不合法依据的处理职责和时间限制，不仅有助于确保行政行为的合法性和公民、法人以及其他组织的合法权益，还有助于促进行政复议机关自身的规范化和高效运作。

【相关规范】

● 部门规章及文件

1. 《税务行政复议规则》（2018 年 6 月 15 日）

第七十四条 行政复议机关审查被申请人的具体行政行为时，认为其依据不合法，本机关有权处理的，应当在 30 日内依法处理；无权处理的，应当在 7 日内按照法定程序逐级转送有权处理的国家机关依法处理。处理期间，中止对具体行政行为的审查。

2. 《交通运输行政复议规定》（2015 年 9 月 9 日）

第十七条 交通运输行政复议机关在对被申请人作出的具体行政行为审查时，认为其依据不合法，本机关有权处理的，应当在三十日内依法处理；无权处理的，应当在七日内按照法定程序转送有权处理的国家机关依法处理。处理期间，中止对具体行政行为的审查。

交通运输行政复议机关中止对具体行政行为审查的，应当制作《交通运输行政复议中止审查通知书》送达申请人、被申请人、第三人。

> **第五十八条　【附带审查处理程序】**行政复议机关依照本法第五十六条、第五十七条的规定有权处理有关规范性文件或者依据的，行政复议机构应当自行政复议中止之日起三日内，书面通知规范性文件或者依据的制定机关就相关条款的合法性提出书面答复。制定机关应当自收到书面通知之日起十日内提交书面答复及相关材料。
>
> 　　行政复议机构认为必要时，可以要求规范性文件或者依据的制定机关当面说明理由，制定机关应当配合。

【理解与适用】

本条规定了针对规范性文件制定机关对于行政复议机关提出的规范性文件审查申请处理的具体程序和要求，为新增条款。体现了对行政过程透明度和及时性的法律要求，旨在确保行政复议的公正和效率。

本条规定了行政复议机关在处理有关规范性文件或依据问题方面的权力，并规定了行政复议机构应在行政复议中止之日起三日内书面通知制定机关。此外，该条款还规定了制定机关的责任，即自收到复议机关书面通知之日起十日内提交书面答复及相关证据材料，强调了制定机关在提供准确和完整信息方面的责任，并且规定在十日之内回复的效率要求，确保行政复议过程的合规性、有效性及高效性。

本条规定具有重要的操作指导作用，为行政复议机关提供了明确的操作框架，强调了合法性审查的重要性。行政复议机构必要时可以要求规范性文件或者依据的制定机关说明理由，这一条款强化了行政复议机关对规范性文件的监督和审查职责，促进了行政机关之间的协调和沟通，有助于确保行政行为的合法性和透明度。此外，它还与行政复议法中的其他条款相互关联，共同构成了行政复议的法律框架，确保了行政复议过程的合规性和效率，同时亦为理解和评估行政复议机制提供了重要的视角。

【相关规范】

● **法律**

1. 《中华人民共和国行政诉讼法》（2017 年 6 月 27 日）

第五十三条 公民、法人或者其他组织认为行政行为所依据的国务院部门和地方人民政府及其部门制定的规范性文件不合法，在对行政行为提起诉讼时，可以一并请求对该规范性文件进行审查。

前款规定的规范性文件不含规章。

● **行政法规及文件**

2. 《中华人民共和国外商投资法实施条例》（2019 年 12 月 26 日）

第二十六条 政府及其有关部门制定涉及外商投资的规范性文件，应当按照国务院的规定进行合法性审核。

外国投资者、外商投资企业认为行政行为所依据的国务院部门和地方人民政府及其部门制定的规范性文件不合法，在依法对行政行为申请行政复议或者提起行政诉讼时，可以一并请求对该规范性文件进行审查。

● **司法解释及文件**

3. 《最高人民法院关于适用〈中华人民共和国行政诉讼法〉的解释》（2018年 2 月 6 日）

第一百四十五条 公民、法人或者其他组织在对行政行为提起诉讼时一并请求对所依据的规范性文件审查的，由行政行为案件管辖法院一并审查。

第一百四十七条 人民法院在对规范性文件审查过程中，发现规范性文件可能不合法的，应当听取规范性文件制定机关的意见。

制定机关申请出庭陈述意见的，人民法院应当准许。

行政机关未陈述意见或者未提供相关证明材料的，不能阻止人民法院对规范性文件进行审查。

第一百四十八条 人民法院对规范性文件进行一并审查时，可以从规范性文件制定机关是否超越权限或者违反法定程序、作出行政行为所依据的条款以及相关条款等方面进行。

有下列情形之一的，属于行政诉讼法第六十四条规定的"规范性文件不合法"：

（一）超越制定机关的法定职权或者超越法律、法规、规章的授权范围的；

（二）与法律、法规、规章等上位法的规定相抵触的；

（三）没有法律、法规、规章依据，违法增加公民、法人和其他组织义务或者减损公民、法人和其他组织合法权益的；

（四）未履行法定批准程序、公开发布程序，严重违反制定程序的；

（五）其他违反法律、法规以及规章规定的情形。

第一百四十九条 人民法院经审查认为行政行为所依据的规范性文件合法的，应当作为认定行政行为合法的依据；经审查认为规范性文件不合法的，不作为人民法院认定行政行为合法的依据，并在裁判理由中予以阐明。作出生效裁判的人民法院应当向规范性文件的制定机关提出处理建议，并可以抄送制定机关的同级人民政府、上一级行政机关、监察机关以及规范性文件的备案机关。

规范性文件不合法的，人民法院可以在裁判生效之日起三个月内，向规范性文件制定机关提出修改或者废止该规范性文件的司法建议。

规范性文件由多个部门联合制定的，人民法院可以向该规范性文件的主办机关或者共同上一级行政机关发送司法建议。

接收司法建议的行政机关应当在收到司法建议之日起六十日内予以书面答复。情况紧急的，人民法院可以建议制定机关或者其上一级行政机关立即停止执行该规范性文件。

丹阳市某超市诉丹阳市市场监督管理局不予变更经营范围登记案①

案例要旨：人民法院审理行政案件中，应附带审查行政行为所依据规章以下规范性文件的合法性。为从源头上纠正违法和不当的行政行为，我国行政诉讼法规定，人民法院在审理行政案件中，对行政行为所依据的规章以下规范性文件的合法性具有附带审查的职权。市场经营主体申请变更登记经营范围，市场监管部门依据地方政府文件规定不予办理，人民法院经审查认为该规范性文件相关内容违反上位法规定，存在限制市场公平竞争等违法情形的，该规范性文件不作为认定被诉行政行为合法的依据。市场经营主体起诉要求市场管理部门办理变更登记的，人民法院应予支持。

> **第五十九条　【附带审查处理结果】**行政复议机关依照本法第五十六条、第五十七条的规定有权处理有关规范性文件或者依据，认为相关条款合法的，在行政复议决定书中一并告知；认为相关条款超越权限或者违反上位法的，决定停止该条款的执行，并责令制定机关予以纠正。

【理解与适用】

本条是关于行政复议机关针对提出的附带性审查作出具体处理的规定，为新增条款。

在以往的行政复议过程中，不合法依据的处理程序可能不明确、时效不确定，可能导致复议的滞后和不公，损害申请人权益。随着对行政机关监督的加强和社会对行政效率的期待提升，人们越

---

① 载《中华人民共和国最高人民法院公报》2018 年第 6 期；另载最高人民法院公报网站，ht-tp：//gongbao. court. gov. cn/Details/d8c7651b647a847eca66a963e6d79f. html，最后访问时间：2023 年 8 月 27 日。

来越要求行政行为严格依法，不合法的行政依据必须得到及时纠正，同时还要保障行政复议的时效性和效率。

本条的重要性和意义在于揭示了行政法律体系中的一种精密的互动机制。它强调了行政复议机关在处理有关规范性文件或依据问题方面的权力，并规定了行政复议机关对相关条款的合法性进行判断的权力。这一规定体现了对行政过程透明度和公正性的法律要求，旨在确保行政复议的决策过程符合法律规定。在行政复议程序中认为所涉及的规范性文件或依据问题合法时，应在行政复议决定书中对当事人进行充分的告知。此外，该条款还规定了行政复议机关与制定机关之间的协调机制，确保了规范性文件或依据的合法性审查与实际执行相一致。该部分强调了制定机关在提供准确和完整信息方面的责任，从而确保了行政复议过程的完整性和合规性。这一规定与本法第五十六条共同构成行政复议程序中附带审查机制，旨在协调不同行政主体之间的关系，确保行政复议过程的合规性和有效性。

本条在适用中应当注意以下方面：

1. 合法性告知

行政复议告知书不仅要对复议的具体行政行为进行界定，还要对附带审查对象的合法性予以一并明确，从而维护审查程序的公正和合法性，保证行政复议审查的权威性及效率性。

2. 确认违法及纠正

在以往的实践中，行政复议或者行政诉讼的附带性审查能否责令纠正一直存在争议。本条进一步明确了如果存在违法或者越位情形的处置标准，进一步厘清了现实争议，预防错误再次发生，也进一步维护了行政复议的权威性及合法性。

【相关规范】

● *部门规章及文件*

《税务行政复议规则》（2018 年 6 月 15 日）

第七十五条 行政复议机构应当对被申请人的具体行政行为提出审查意见，经行政复议机关负责人批准，按照下列规定作出行政复议决定：

（一）具体行政行为认定事实清楚，证据确凿，适用依据正确，程序合法，内容适当的，决定维持。

（二）被申请人不履行法定职责的，决定其在一定期限内履行。

（三）具体行政行为有下列情形之一的，决定撤销、变更或者确认该具体行政行为违法；决定撤销或者确认该具体行政行为违法的，可以责令被申请人在一定期限内重新作出具体行政行为：

1. 主要事实不清、证据不足的；

2. 适用依据错误的；

3. 违反法定程序的；

4. 超越职权或者滥用职权的；

5. 具体行政行为明显不当的。

（四）被申请人不按照本规则第六十二条的规定提出书面答复，提交当初作出具体行政行为的证据、依据和其他有关材料的，视为该具体行政行为没有证据、依据，决定撤销该具体行政行为。

第六十条　【接受转送机关的职责】依照本法第五十六条、第五十七条的规定接受转送的行政机关、国家机关应当自收到转送之日起六十日内，将处理意见回复转送的行政复议机关。

【理解与适用】

本条是关于接受转送的行政机关、国家机关对转送的行政复议机关作出回复的时限规定，为新增条款。

在以往的行政复议过程中，不合法依据的处理程序可能不明确、时效不确定，可能导致复议的滞后和不公，损害申请人权益。随着对行政机关监督的加强和社会对行政效率的期待提升，人们越来越要求行政行为严格依法，不合法的行政依据必须得到及时纠正，增强行政复议实用性的同时，还应保障行政复议的时效性和效率。该规定将优化保障行政复议机关附带性审查机制，为行政复议的实施提供明确指引，有助于促进行政机关权力正确、高效行使，保障行政相对人的合法权益，推动我国法治社会、法治政府建设。

本条的重要性和意义在于为行政复议附带性审查提供了明确的指引，对于行政复议附带审查分为复议机关对规范性文件审查有权处理和无权处理两种：行政复议机关享有对于其有权审查的规范性文件相关条款的合法性进行判断的权力，该种情况下复议机关应在第五十六条规定的三十日期限内依法处理；行政复议机关无权处理的规范性文件审查应及时转送有权处理的行政机关依法处理，接受转送的行政机关、国家机关应在收到转送之日起六十日内将处理意见回复转送的行政复议机关。

【相关规范】

● *司法解释及文件*

《最高人民法院关于适用〈中华人民共和国行政诉讼法〉的解释》（2018 年 2 月 6 日）

第一百四十九条 人民法院经审查认为行政行为所依据的规范性文件合法的，应当作为认定行政行为合法的依据；经审查认为规范性文件不合法的，不作为人民法院认定行政行为合法的依据，并在裁判理由中予以阐明。作出生效裁判的人民法院应当向规范性文件的制定机关提出处理建议，并可以抄送制定机关的同级人民政府、上一级行政机关、监察机关以及规范性文件的备案机关。

规范性文件不合法的，人民法院可以在裁判生效之日起三个月内，向规范性文件制定机关提出修改或者废止该规范性文件的司法建议。

规范性文件由多个部门联合制定的，人民法院可以向该规范性文件的主办机关或者共同上一级行政机关发送司法建议。

　　接收司法建议的行政机关应当在收到司法建议之日起六十日内予以书面答复。情况紧急的，人民法院可以建议制定机关或者其上一级行政机关立即停止执行该规范性文件。

第五章　行政复议决定

> **第六十一条　【行政复议决定程序】** 行政复议机关依照本法审理行政复议案件，由行政复议机构对行政行为进行审查，提出意见，经行政复议机关的负责人同意或者集体讨论通过后，以行政复议机关的名义作出行政复议决定。
>
> 经过听证的行政复议案件，行政复议机关应当根据听证笔录、审查认定的事实和证据，依照本法作出行政复议决定。
>
> 提请行政复议委员会提出咨询意见的行政复议案件，行政复议机关应当将咨询意见作为作出行政复议决定的重要参考依据。

【理解与适用】

本条是关于行政复议机关作出行政复议决定的规定，共三款，是修改前的《中华人民共和国行政复议法》第二十八条第一款的部分内容单独成条。

本条第一款规定了行政复议机关作出行政复议决定的程序。所谓行政复议决定，是指行政复议机关审理行政复议案件，对于公民、法人或者其他组织申请行政复议的行政行为，根据事实与法律进行审查以后，针对行政复议的申请人与被申请人之间的行政争议，作出的正式的、具有法律效力的行政处理。既然行政复议决定是行政复议机关根据行政相对人提出的行政复议申请，对行政行为进行审查后作出的具有法律意义的回应，那么就应该严格遵守法定程序。首先，由负责办理行政复议工作的行政复议机构具体办理行政复议事项（新法第四条第二款对行政复议机构进行了说明），审查被申请人作出的行政行为是否合法、适当，是否侵犯行政相对人合法权益，并提出具体的处理意见。其次，对于行政复议机构提出的审查意见，必须经行政复议机关的负责人同意或者集体讨论通过后，才能以行政复议机关的名义作出正式的行政复议决定。

本条第二款为新增条款，对经过听证程序的行政复议案件作出复议决定进行了规定。本次修法细化了行政复议的程序性规定，新法不但将行政复议的程序分为普通程序和简易程序，还通过第五十条第一款明确规定"审理重大、疑难、复杂的行政复议案件，行政复议机构应当组织听证"，这也是对《中华人民共和国行政复议法实施条例》第三十三条关于听证程序规定的优化和完善。本款规定在此基础上，基于正当程序的考量，进一步明确凡是经过听证的行政复议案件，行政复议机关应当根据听证笔录、根据经过听证的事实材料，依法作出行政复议决定。这一规定是为了更好地保护当事人的知情权和防卫权，行政复议机关作出行政复议决定所根据的证据，原则上必须是复议决定作出前，行政案卷中已经记载并经过听证的事实材料。这是有关行政复议正当程序的一项新规，尤其要注意。但同时，考虑到有些行政复议案件即便经过听证，申请人和被申请人对于案件事实和证据也无法达成一致，甚至观点完全相反，因此行政复议机关应该在听证结束后，围绕双方争议的事实和证据开展重点审查，最后结合听证笔录与审查认定的事实、证据，作出合法、公正的行政复议决定。

本条第三款为新增条款，对提请行政复议委员会提出咨询意见的行政复议案件作出复议决定进行了规定。近年来，随着行政复议体制改革的深化，各地纷纷组建行政复议委员会。行政复议委员会的委员大多是行政法学界的专家、学者和经验丰富的律师，他们充分发挥作用，严格把好行政复议案件办理质量关，有效提升了行政复议工作的权威性和公信力。因此，本次修法，固化实践改革成果，新法通过第五十二条正式确立了行政复议委员会制度，还明确规定，行政复议案件涉及四类情形的，行政复议机构在提出意见之前，应当提请行政复议委员会提出咨询意见。本款规定在此基础上，指出凡是提请行政复议委员会提出咨询意见的行政复议案件，行政复议委员会所提出的咨询意见，应当成为行政复议机关最终作出行政复议决定的重要参考依据。这一规定可以有效地避免行政复议委员会被虚置，避免其提出的咨询建议流于形式。

【相关规范】

● **法律**

1. 《中华人民共和国行政复议法》（2023 年 9 月 1 日）

第四条 县级以上各级人民政府以及其他依照本法履行行政复议职责的行政机关是行政复议机关。

行政复议机关办理行政复议事项的机构是行政复议机构。行政复议机构同时组织办理行政复议机关的行政应诉事项。

行政复议机关应当加强行政复议工作，支持和保障行政复议机构依法履行职责。上级行政复议机构对下级行政复议机构的行政复议工作进行指导、监督。

国务院行政复议机构可以发布行政复议指导性案例。

第五十条 审理重大、疑难、复杂的行政复议案件，行政复议机构应当组织听证。

行政复议机构认为有必要听证，或者申请人请求听证的，行政复议机构可以组织听证。

听证由一名行政复议人员任主持人，两名以上行政复议人员任听证员，一名记录员制作听证笔录。

第五十二条 县级以上各级人民政府应当建立相关政府部门、专家、学者等参与的行政复议委员会，为办理行政复议案件提供咨询意见，并就行政复议工作中的重大事项和共性问题研究提出意见。行政复议委员会的组成和开展工作的具体办法，由国务院行政复议机构制定。

审理行政复议案件涉及下列情形之一的，行政复议机构应当提请行政复议委员会提出咨询意见：

（一）案情重大、疑难、复杂；

（二）专业性、技术性较强；

（三）本法第二十四条第二款规定的行政复议案件；

（四）行政复议机构认为有必要。

行政复议机构应当记录行政复议委员会的咨询意见。

● **行政法规及文件**

2. **《中华人民共和国行政复议法实施条例》**（2007 年 5 月 29 日）

第二条 各级行政复议机关应当认真履行行政复议职责，领导并支持本机关负责法制工作的机构（以下简称行政复议机构）依法办理行政复议事项，并依照有关规定配备、充实、调剂专职行政复议人员，保证行政复议机构的办案能力与工作任务相适应。

第三十三条 行政复议机构认为必要时，可以实地调查核实证据；对重大、复杂的案件，申请人提出要求或者行政复议机构认为必要时，可以采取听证的方式审理。

> **第六十二条 【行政复议审理期限】** 适用普通程序审理的行政复议案件，行政复议机关应当自受理申请之日起六十日内作出行政复议决定；但是法律规定的行政复议期限少于六十日的除外。情况复杂，不能在规定期限内作出行政复议决定的，经行政复议机构的负责人批准，可以适当延长，并书面告知当事人；但是延长期限最多不得超过三十日。
>
> 适用简易程序审理的行政复议案件，行政复议机关应当自受理申请之日起三十日内作出行政复议决定。

【理解与适用】

本条是关于作出行政复议决定时限的规定，共两款，由修改前的《中华人民共和国行政复议法》第三十一条第一款的内容演变而来。

　　行政复议决定时限，通常也称为行政复议期限或者行政复议审理期限，是指行政复议机关在受理行政复议申请之后对行政复议案件进行审理，最终作出行政复议决定的法定期限。规定行政复议决定期限，旨在促使行政复议机关高效解决行政争议，及时维护当事人的合法权益。本次修法，细化了行政复议的程序性规定，新法第三十六条明确规定"行政复议机关受理行政复议申请后，依照本法适用普通程序或者简易程序进行审理"；对应的，行政复议决定时限的规定也分为适用普通程序审理的行政复议案件的决定时限，以及适用简易程序审理的行政复议案件的决定期限。

　　本条第一款规定了适用普通程序审理的行政复议案件的决定时限，分为一般期限、特殊期限和延长期限三类。第一类，一般期限，是指行政复议机关在一般情况下从受理行政复议申请到作出行政复议决定的期限。按照本款的规定，一般期限为六十日，也就是说适用普通程序审理的行政复议案件，行政复议机关原则上从受理申请之日起六十日内必须终止审理、作出行政复议决定。按照新法第三十条第三款的规定，行政复议申请的审查期限届满，行政复议机关未作出不予受理决定的，审查期限届满之日起视为受理。第二类，特殊期限，是指适用普通程序审理的行政复议案件，从行政复议机关受理行政复议申请到终止审理、作出行政复议决定，少于一般限期的期限。即本款规定的"法律规定的行政复议期限少于六十日的"情形。需要注意的是，这里的"法律"，特指全国人大及其常委会通过的法律，不包括行政法规、地方性法规和规章，更不能是行政规范性文件。第三类，延长期限，是指适用普通程序审理的行政复议案件，行政复议机关在审理行政复议案件的过程中，由于情况复杂，不能在一般期限内终止审理、作出行政复议决定，履行法定手续后可以延长作出行政复议决定的期限。根据本款的规定，适用延长期限必须注意以下几个要求：一是条件。延长期限的法定条件是"情况复杂，不能在规定期限内作出行政复议决定的"。二是手续。延长期限必须履行法定手续，要"经行政复议机构的负责人批准"。而《中华人民共和国行政复议法》本次修改之前，旧法第三十一条第一款对此规定的是"经行政复议机关的负责人批准"，这里需要特别注意。三是时间。延长期限，"最多不得超过三十日"。换言之，批准延长的期限应以三十日为限，只能少于或者等于三十日。四是告知。延长期限经行政复议机构的负责人批准之后，必须以书面的方式告知申请人和被申请人。

本条第二款规定了适用简易程序审理的行政复议案件的决定时限。按照新法第五十三条的规定，适用简易程序审理的行政复议案件，通常事实清楚、权利义务关系明确、争议不大，因此要求行政复议机关自受理申请之日起，三十日内终止审理、作出行政复议决定。

此外，还需特别注意的是，《中华人民共和国行政复议法实施条例》第三十条、第三十四条第三款、第三十七条规定了几种特殊情形，均不应计入行政复议审理期限。

第一，依据《中华人民共和国行政复议法实施条例》第三十条，申请人就同一事项向两个或者两个以上有权受理的行政机关申请行政复议，如果两个或者两个以上有权受理的行政机关同时收到行政复议申请，应当协商确定谁是受理机关；如果协商不成，就由它们共同的上一级行政机关在十日内指定受理机关，"协商确定或者指定受理机关所用时间不计入行政复议审理期限"。

第二，依据《中华人民共和国行政复议法实施条例》第三十四条第三款，行政复议机关办理行政复议案件，"需要现场勘验的，现场勘验所用时间不计入行政复议审理期限"。

第三，依据《中华人民共和国行政复议法实施条例》第三十七条，行政复议期间涉及专门事项需要鉴定的，"鉴定所用时间不计入行政复议审理期限"。

【相关规范】

● *法律*

1. 《中华人民共和国行政复议法》（2023 年 9 月 1 日）

第三十条　行政复议机关收到行政复议申请后，应当在五日内进行审查。对符合下列规定的，行政复议机关应当予以受理：

（一）有明确的申请人和符合本法规定的被申请人；

（二）申请人与被申请行政复议的行政行为有利害关系；

（三）有具体的行政复议请求和理由；

（四）在法定申请期限内提出；

（五）属于本法规定的行政复议范围；

（六）属于本机关的管辖范围；

（七）行政复议机关未受理过该申请人就同一行政行为提出的行政复议申请，并且人民法院未受理过该申请人就同一行政行为提起的行政诉讼。

对不符合前款规定的行政复议申请，行政复议机关应当在审查期限内决定不予受理并说明理由；不属于本机关管辖的，还应当在不予受理决定中告知申请人有管辖权的行政复议机关。

行政复议申请的审查期限届满，行政复议机关未作出不予受理决定的，审查期限届满之日起视为受理。

第三十六条第一款　行政复议机关受理行政复议申请后，依照本法适用普通程序或者简易程序进行审理。行政复议机构应当指定行政复议人员负责办理行政复议案件。

第五十三条　行政复议机关审理下列行政复议案件，认为事实清楚、权利义务关系明确、争议不大的，可以适用简易程序：

（一）被申请行政复议的行政行为是当场作出；

（二）被申请行政复议的行政行为是警告或者通报批评；

（三）案件涉及款额三千元以下；

（四）属于政府信息公开案件。

除前款规定以外的行政复议案件，当事人各方同意适用简易程序的，可以适用简易程序。

● **行政法规及文件**

2. 《中华人民共和国行政复议法实施条例》（2007 年 5 月 29 日）

第三十条　申请人就同一事项向两个或者两个以上有权受理的行政机关申请行政复议的，由最先收到行政复议申请的行政机关受理；同时收到行政复议申请的，由收到行政复议申请的行政机关在 10 日内协商确定；协商不成的，由其共同上一级行政机关在 10 日内指定受理机关。协商确定或者指定受理机关所用时间不计入行政复议审理期限。

第三十四条　行政复议人员向有关组织和人员调查取证时，可以查阅、复制、调取有关文件和资料，向有关人员进行询问。

调查取证时，行政复议人员不得少于 2 人，并应当向当事人或者有关人员出示证件。被调查单位和人员应当配合行政复议人员的工作，不得拒绝或者阻挠。

需要现场勘验的，现场勘验所用时间不计入行政复议审理期限。

第三十七条　行政复议期间涉及专门事项需要鉴定的，当事人可以自行委托鉴定机构进行鉴定，也可以申请行政复议机构委托鉴定机构进行鉴定。鉴定费用由当事人承担。鉴定所用时间不计入行政复议审理期限。

> **第六十三条　【变更行政行为】** 行政行为有下列情形之一的，行政复议机关决定变更该行政行为：
>
> （一）事实清楚，证据确凿，适用依据正确，程序合法，但是内容不适当；
>
> （二）事实清楚，证据确凿，程序合法，但是未正确适用依据；
>
> （三）事实不清、证据不足，经行政复议机关查清事实和证据。
>
> 行政复议机关不得作出对申请人更为不利的变更决定，但是第三人提出相反请求的除外。

【理解与适用】

本条是关于行政复议机关作出变更决定的规定，共两款。

修改前的《中华人民共和国行政复议法》第二十八条第一款第三项提到过变更决定，但是和撤销决定、确认决定放在一起。为避免实践操作混淆不清，《中华人民共和国行政复议法实施条例》第四十五条、第四十七条对变更决定作出了详细的规定。**修改后的新法对以上内容进行了完善和优化。**

本条第一款详细阐释了适用变更决定的三种情形。行政复议机关对行政行为进行全面审查后，如果发现有以下三种情形，应该作出变更决定。第一，行政行为虽然合法但不适当，应该变更。即行政行为事实清楚、证据确凿，适用法律、法规正确，程序也是合法的，但行政行为的内容并不适当，行政复议机关应该作出变更决定。这里的内容不适当，主要是指行政行为不合理、不公正、不符合现行政策、不合时宜、不符合公序良俗等。此时，变更决定改变的是不恰当的行政行为本身。第二，行政行为没有正确适用法律、法规，应该变更。即行政行为虽然事实清楚、证据确凿、程序合法，但适用法律、法规不正确，那么行政复议机关就应该作出变更决定。此时，变更决定改变的是行政行为所适用的法律、法规。第三，行政行为事实不清、证据不足，应该变更。即行政机关此前并未查清案件事实，也没有确凿充分的证据，就作出了行政行为。行政复议机关在审理过程中，如果经过调查取证查清了案件事实和相应证据，应该依据查清的事实和证据作出变更决定。此时，变更决定改变的是作出行政行为依据的事实和证据。总体而言，本款内容为新增，且与《中华人民共和国行政复议法实施条例》第四十七条的规定略有出入，尤其是增加了第三类作出变更决定的情形，在具体办案中需要好好把握。

本条第二款对禁止不利变更作出了规定。禁止不利变更是行政复议和行政诉讼的一项原则，是指行政复议机关作出行政复议决定，或者人民法院依法判决变更行政行为，都不能增加复议申请人或者行政诉讼原告的义务，也不能减损复议申请人或者行政诉讼原告的权益，使其落入更为不利的境地。究其原因，行政复议和行政诉讼实质上都属于行政相对人的权利救济机制，而非针对行政相对人的违法责任追究机制。如果可以不利变更，行政相对人难免对是否申请救济畏手畏脚，不利于行政复议和行政诉讼发挥制度功能。行政诉讼法早已对禁止不利变更原则作出明确规定，《中华人民共和国行政复议法》本次修法前虽然没有对此作出规定，但《中华人民共和国行政复议法实施条例》第五十一条则对这一原则作出了规定。这次修法，对《中华人民共和国行政复议法实施条例》第五十一条的内容进行了优化，作为本条第二款，正式将禁止不利变更原则纳入了修改后的《中华人民共和国行政复议法》。当然，禁止不利变更原则也有例外，本款的"但书"对此进行了说明：如果利害关系人作为第三人参与到行政复议中，且提出与复议申请人相反的复议请求，就不适用这一原则。例如，甲无故殴打乙，致乙轻微伤，公安机关经调查后，依据《中华人民共和国治安管理处罚法》第四十三条第一款，认定甲殴打乙，故意伤害乙的身体，但情节较轻，对甲处以五百元罚款。甲对这一处罚决定不服，认为自己只是吓唬乙、误伤了乙的脸，五百元罚款太重，向行政复议机关申请行政复议，要求变更公安机关的行政处罚决定，只罚两百元。乙作为第三人参与到这起行政复议案件中，他提出公安机关适用法律有问题，甲并非第一次殴打自己，而是多次殴打、伤害自己身体，应该适用《中华人民共和国治安管理处罚法》第四十三条第二款第三项，故而申请行政复议机关依法变更公安机关的处罚决定，对甲"处十日以上十五日以下拘留，并处五百元以上一千元以下罚款"。如果行政复议机关在审理后，支持乙的请求，所作出的变更决定对复议申请人甲不利，这并不违反禁止不利变更原则。

【相关规范】

● 行政法规及文件

1.《中华人民共和国行政复议法实施条例》（2007 年 5 月 29 日）

第四十五条　具体行政行为有行政复议法第二十八条第一款第（三）项规定情形之一的，行政复议机关应当决定撤销、变更该具体行政行为或者确认该具体行政行为违法；决定撤销该具体行政行为或者确认该具体行政行为违法的，可以责令被申请人在一定期限内重新作出具体行政行为。

第四十七条　具体行政行为有下列情形之一，行政复议机关可以决定变更：

（一）认定事实清楚，证据确凿，程序合法，但是明显不当或者适用依据错误的；

（二）认定事实不清，证据不足，但是经行政复议机关审理查明事实清楚，证据确凿的。

第五十一条　行政复议机关在申请人的行政复议请求范围内，不得作出对申请人更为不利的行政复议决定。

● 部门规章及文件

2.《住房城乡建设行政复议办法》（2015 年 9 月 7 日）

第三十二条　行政行为有下列情形之一的，行政复议机关可以决定变更该行政行为：

（一）认定事实清楚，证据确凿，程序合法，但是明显不当或者适用依据错误的；

（二）认定事实不清，证据不足，经行政复议程序审理查明事实清楚，证据确凿的。

> **第六十四条　【撤销或者部分撤销、责令重作行政行为】**行政行为有下列情形之一的，行政复议机关决定撤销或者部分撤销该行政行为，并可以责令被申请人在一定期限内重新作出行政行为：

（一）主要事实不清、证据不足；

（二）违反法定程序；

（三）适用的依据不合法；

（四）超越职权或者滥用职权。

行政复议机关责令被申请人重新作出行政行为的，被申请人不得以同一事实和理由作出与被申请行政复议的行政行为相同或者基本相同的行政行为，但是行政复议机关以违反法定程序为由决定撤销或者部分撤销的除外。

【理解与适用】

本条是关于行政复议机关作出撤销决定的规定，共两款。

撤销决定是行政复议中一种非常重要的复议决定形式，其法律后果是复议机关依照复议决定撤销被申请人所作的行政行为。修改前的《中华人民共和国行政复议法》第二十八条第一款第三项将撤销决定、变更决定和确认决定放在一起，第四项对撤销决定作了补充说明。《中华人民共和国行政复议法实施条例》第四十五条也将撤销决定、变更决定和确认决定放在一起。修改后的新法对这一内容进行了区分和优化。

本条第一款详细阐释了适用撤销决定的四种情形。行政复议机关作出撤销决定的理由是行政行为违法，申请人申请复议审查的行政行为只要存在其中一种违法情形，行政复议机关就应当作出撤销决定。

第一，主要事实不清、证据不足的，应该撤销。行政机关应当在查明事实并收集相应证据的基础上作出行政行为。行政复议机关审理行政复议案件，需要进行全面审查，要审查行政行为所认定的事实是否清楚，也要判断证据是否确凿、充分。如果行政机关作出的行政行为连主要事实都没有搞清楚，缺乏最基本的事实根据，且证据也不充分、确凿，那么行政复议机关应该作出撤销决定，撤销行政行为。需要注意这一规定与新法第六十三条第一款第三项的区别。如果行政复议机关在审理过程中，发现行政行为事实不清、证据不足，但复议机关经过调查取证查明了案件事实和相应证据，就应该作出变更决定，而非撤销判决。只有那种主要事实不清楚、主要证据也不充分的行政行为，行政复议机关也难以查清案件事实和相应证据的，行政复议机关才必须作出撤销决定。

第二，违反法定程序的，应该撤销。行政机关作出行政行为，不仅要结果正确，还要程序合法，这是依法行政的基本要求。如果行政复议机关通过审理查明，行政机关作出行政行为时违反了法定程序，影响到了行政行为的公平公正，就应该作出撤销决定。当然，如果有的行政行为只是程序轻微违法，对申请人的权利不会产生实际影响，那么基于行政成本和实际效果的考虑，行政复议机关应该依据新法第六十五条第一款第二项的规定，作出确认违法决定，而非撤销决定。

第三，适用的依据不合法的，应该撤销。行政机关作行政行为，先要查清事实，然后就是适用法律、法规、规章和行政规范性文件。适用的依据不合法，意味着行政行为违法，应当予以撤销。实践中，行政复议机关应该注意，适用的依据不合法主要有以下几种情形：一是，应该适用甲法，却适用了乙法；二是，应该适用上位法、特别法、新法，却适用了下位法、一般法、旧法；三是，应该适用甲法的 A 条款，却适用了甲法的 B 条款；四是，适用了还没有生效或者已经失效、废止的法律、法规、规章或者行政规范性文件；五是，适用的规定本身违法，包括违反上位法；六是，行政行为没有说明依据的法律、法规、规章、行政规范性文件，或者没有援引具体的法条。

第四，超越职权或者滥用职权的，应该撤销。职权法定是依法行政的重要内容。如果行政机关超过法定职权范围作出行政行为，或者行政机关虽然在权限范围内作出行政行为，但行政机关行使职权不当，违反了法律授予其权力的初衷，那么行政复议机关应该作出撤销决定。此外，需要注意的是，撤销分为全部撤销和部分撤销，如果一个行政行为只是部分违法，行政复议机关应当只撤销违法部分，保留其余正确部分。

本条第二款是关于被申请人依撤销决定重新作出行政行为的规定。本条第一款已经明确提到，对于作出撤销决定的行政行为，行政复议机关还可以责令被申请人限期重新作出行政行为。而行政机关重新作出行政行为，不仅要依法作出，还要受行政复议决定所载明内容的约束，不能以同一事实和理由作出与被申请行政复议的行政行为相同或者基本相同的行政行为。这里的同一事实，是指被行政复议机关撤销的行政行为所认定的事实；而同一理由，则是指被行政复议机关撤销的行政行为所认定的证据和所依据的规范性文件。但是，如果行政复议机关作出撤销或者部分撤销决定的理由是违反法定程序，那么责令被申请人限期重新作出行政行为，行政机关不受所谓"同一事实和理由"的限制。

【相关规范】

● *法律*

1. 《中华人民共和国行政复议法》（2023 年 9 月 1 日）

第六十三条 行政行为有下列情形之一的，行政复议机关决定变更该行政行为：

（一）事实清楚，证据确凿，适用依据正确，程序合法，但是内容不适当；

（二）事实清楚，证据确凿，程序合法，但未正确适用依据；

（三）事实不清、证据不足，经行政复议机关查清事实和证据。

行政复议机关不得作出对申请人更为不利的变更决定，但是第三人提出相反请求的除外。

第六十五条　行政行为有下列情形之一的，行政复议机关不撤销该行政行为，但是确认该行政行为违法：

（一）依法应予撤销，但是撤销会给国家利益、社会公共利益造成重大损害；

（二）程序轻微违法，但是对申请人权利不产生实际影响。

行政行为有下列情形之一，不需要撤销或者责令履行的，行政复议机关确认该行政行为违法：

（一）行政行为违法，但是不具有可撤销内容；

（二）被申请人改变原违法行政行为，申请人仍要求撤销或者确认该行政行为违法；

（三）被申请人不履行或者拖延履行法定职责，责令履行没有意义。

第六十八条　行政行为认定事实清楚，证据确凿，适用依据正确，程序合法，内容适当的，行政复议机关决定维持该行政行为。

● **行政法规及文件**

2.《中华人民共和国行政复议法实施条例》（2007 年 5 月 29 日）

第四十五条　具体行政行为有行政复议法第二十八条第一款第（三）项规定情形之一的，行政复议机关应当决定撤销、变更该具体行政行为或者确认该具体行政行为违法；决定撤销该具体行政行为或者确认该具体行政行为违法的，可以责令被申请人在一定期限内重新作出具体行政行为。

第六十五条　【确认行政行为违法】行政行为有下列情形之一的，行政复议机关不撤销该行政行为，但是确认该行政行为违法：

（一）依法应予撤销，但是撤销会给国家利益、社会公共利益造成重大损害；

（二）程序轻微违法，但是对申请人权利不产生实际影响。

行政行为有下列情形之一，不需要撤销或者责令履行的，行政复议机关确认该行政行为违法：

（一）行政行为违法，但是不具有可撤销内容；

（二）被申请人改变原违法行政行为，申请人仍要求撤销或者确认该行政行为违法；

（三）被申请人不履行或者拖延履行法定职责，责令履行没有意义。

【理解与适用】

本条是此次修法新增的条文，是关于行政复议机关作出确认违法决定的规定，共两款。

实践中，申请人申请复议的某些行政行为虽然违法，但不宜或者无法适用撤销决定、履行决定，只能认定行政行为违法。《中华人民共和国行政诉讼法》第七十四条也对确认违法判决作出了规定。基于行政诉讼司法实践所取得的良好效果，此次修法也增加了确认违法决定。从一定意义上说，确认违法决定是对撤销决定、履行决定的补充，相比这两种决定，仅仅确认违法而不要求重新作出行政行为或者履行法定职责，对于行政机关而言要"轻松"很多，因此适用必须谨慎，必须符合本条规定的法定条件，这就要求行政复议机关严格把握法定条件。

本条第一款规定了行政行为违法的两种情形，行政复议机关不能或不宜作出撤销决定，只能作出确认违法决定。第一，行政复议机关经审查后认定行政行为违法，但是如果撤销这一行为，会给国家利益、社会公共利益造成重大的损害，应该确认违法。这种情形下，行政复议机关需要衡量撤销违法行政行为与国家利益、社会公共利益到底孰重孰轻，如果撤销违法行政行为的法益远远小于国家利益、社会公共利益所代表的法益，那就不能作出撤销的行政复议决定，而应该作出确认违法的行政复议决定。反之，则不能适用确认违法决定，而应该适用撤销决定。第二，行政行为程序轻微违法，但对申请人的权利不会产生实际影响，应该确认违法。原则上，行政行为违反法定程序，包括程序轻微违法，都应当适用撤销决定。但是，如果程序轻微违法，对申请人的权利不会产生实际影响，就算适用撤销决定，行政机关也只是重新做一次基本一样的行政行为，结果没有任何改变，对申请人的程序权利也没有太大损害。因此，从行政成本和行政诉讼的经济效益考虑，行政复议机关不宜撤销该行政行为，只需给予行政行为否定性评价，确认其违法。需要注意的是，所谓行政行为程序轻微违法，是指行政程序可以补正、并不影响实体决定正确性的一些情形，包括告知送达超过法定期限、告知送达不规范（如没有让当事人签字）等。

本条第二款规定了行政行为违法的三种情形，行政复议机关不能或不宜作出撤销决定或履行决定，只能作出确认违法的行政复议决定。第一，行政行为违法，但不具有可撤销的内容，应该确认违法。这主要是针对行政机关作出的违法事实行为。通常，事实行为虽然会实际影响申请人的利益，却不为申请人设定权利义务，不具有可撤销的内容，只能作出确认违法的行政复议决定。第二，被申请人改变了原违法行政行为，申请人仍要求撤销或者确认该行政行为违法的，应该确认违法。实践中，可能会出现一类情况，那就是申请人提出行政复议申请后，被申请人意识到了自己的错误，主动纠错，改变原违法行政行为，这就意味着该行政行为已经不存在了，但申请人依然坚持要求撤销或者确认该行政行为违法，此时没有行政行为可撤销，行政复议机关只能作出确认违法的复议决定。对于这一点，《中华人民共和国行政复议法实施条例》第三十九条也有明确规定：行政复议期间被申请人改变原具体行政行为的，不影响行政复议案件的审理。第三，被申请人不履行或者拖延履行法定职责，责令履行没有意义的，应该确认违法。实践中，有一些要求行政机关履行法定职责的案件，当事人的请求具有很强的时效性，一旦时过境迁，行政机关再履行已经没有条件或者没有任何实际意义，这时行政复议机关一般不宜责令行政机关履行法定职责，作出确认违法的复议决定更为适宜。比如，甲追打乙，乙向路过的片区民警丙寻求保护，丙对其求救置之不理，导致乙被甲打伤。事后，乙申请行政复议，行政复议机关再责令丙所在的公安机关履行保护公民人身权的法定职责已经没有实际意义，应该作出确认违法的复议决定。

【相关规范】

● **法律**

1.《中华人民共和国行政诉讼法》（2017年6月27日）

　　第七十四条 行政行为有下列情形之一的，人民法院判决确认违法，但不撤销行政行为：

　　（一）行政行为依法应当撤销，但撤销会给国家利益、社会公共利益造成重大损害的；

　　（二）行政行为程序轻微违法，但对原告权利不产生实际影响的。

　　行政行为有下列情形之一，不需要撤销或者判决履行的，人民法院判决确认违法：

　　（一）行政行为违法，但不具有可撤销内容的；

　　（二）被告改变原违法行政行为，原告仍要求确认原行政行为违法的；

　　（三）被告不履行或者拖延履行法定职责，判决履行没有意义的。

● **行政法规及文件**

2.《中华人民共和国行政复议法实施条例》（2007年5月29日）

　　第三十九条 行政复议期间被申请人改变原具体行政行为的，不影响行政复议案件的审理。但是，申请人依法撤回行政复议申请的除外。

> **第六十六条　【限期履行法定职责】**被申请人不履行法定职责的，行政复议机关决定被申请人在一定期限内履行。

【理解与适用】

本条是关于行政复议机关作出履行职责决定的规定，是修改前的《中华人民共和国行政复议法》第二十八条第一款第二项的内容单独成条。

行政复议机关经过审查，一旦认定被申请人不履行法定职责的，就可以作出履行职责决定，要求被申请人在一定期限内履行法定职责。从依法行政的视角审视，这里的"不履行法定职责"，是指作为被申请人的行政机关消极懈怠不履行法定职责，属于行政违法的情形。如果行政机关不作为、不履行法定职责，损害行政相对人合法权益的，应当给予救济。

理解履行职责决定的适用情形，需要注意两点：第一，履行职责的行政复议决定针对的是被申请人的法定职责，必须是法律法规明确规定的职责，原则上，约定职责、后续义务等都不属于本条的适用情形，可视为行政协议的争议，适用新法第七十一条来解决。第二，"不履行法定职责"包括明确拒绝履行法定职责和拖延履行法定职责两种情形，其中，拖延履行法定职责通常表现为找各种理由拖延或者逾期不答复。

【相关规范】

● *法律*

1.《中华人民共和国行政复议法》（2023 年 9 月 1 日）

第七十一条　被申请人不依法订立、不依法履行、未按照约定履行或者违法变更、解除行政协议的，行政复议机关决定被申请人承担依法订立、继续履行、采取补救措施或者赔偿损失等责任。

被申请人变更、解除行政协议合法，但是未依法给予补偿或者补偿不合理的，行政复议机关决定被申请人依法给予合理补偿。

● 行政法规及文件

2.《中华人民共和国行政复议法实施条例》（2007 年 5 月 29 日）

第四十四条 依照行政复议法第二十八条第一款第（二）项规定，被申请人不履行法定职责的，行政复议机关应当决定其在一定期限内履行法定职责。

● 部门规章及文件

3.《公安机关办理行政复议案件程序规定》（2002 年 11 月 2 日）

第六十五条 有下列情形之一的，应当决定被申请人在一定期限内履行法定职责：

（一）属于被申请人的法定职责，被申请人明确表示拒绝履行或者不予答复的；

（二）属于被申请人的法定职责，并有法定履行时限，申请人逾期未履行或者未予答复的。

对没有规定法定履行期限的，公安行政复议机关可以根据案件的具体情况和履行的实际可能确定履行的期限或者责令其采取相应措施。

4.《住房城乡建设行政复议办法》（2015 年 9 月 7 日）

第三十四条 有下列情形之一的，行政复议机关应当决定被申请人在一定期限内履行法定职责：

（一）属于被申请人的法定职责，被申请人明确表示拒绝履行或者不予答复的；

（二）属于被申请人的法定职责，并有法定履行期限，被申请人无正当理由逾期未履行或者未予答复的；

（三）属于被申请人的法定职责，没有履行期限规定，被申请人自收到申请满 60 日起无正当理由未履行或者未予答复的。

前款规定的法定职责，是指县级以上人民政府住房城乡建设主管部门根据法律、法规或者规章的明确规定，在接到申请人的履责申请后应当履行的职责。

第六十七条 **【确认行政行为无效】**行政行为有实施主体不具有行政主体资格或者没有依据等重大且明显违法情形，申请人申请确认行政行为无效的，行政复议机关确认该行政行为无效。

【理解与适用】

本条是此次修法新增的条文，是关于行政复议机关作出确认无效决定的规定。

虽然学界早已围绕行政行为无效展开了相应讨论，但此前我国实体法上尚没有行政行为无效的规定。此次修法，新增行政复议机关作出确认无效决定的规定，增强了行政复议制度的科学性和完备性，有利于更好地解决行政争议，也有利于提高行政机关依法行政的水平。

理解本条规定要特别注意以下几点：第一，在行政复议的实践中，确认无效决定的适用情形相对少，不宜将其作为一种常规性的行政复议决定形式。只有重大且明显的违法情形才能适用，这是正确把握行政复议确认无效决定的关键。简言之，重大与明显必须同时具备。所谓违法情形不仅重大而且明显，通常是指不具备专业知识的普通老百姓依据一般常识都能作出合理的判断，认为违法。第二，重大且明显违法的情形主要是指：一是，行政行为的具体实施者本身没有相应的行政主体资格，包括单独实施行政行为的实施者不具备行政主体资格，以及共同实施行政行为的实施者里面有人不具备行政主体资格，比如联合执法的一方并不具备行政主体资格。二是，行政行为的作出没有任何法定依据，这里的依据包括法律、法规、规章和行政规范性文件。第三，无效的行政行为从一开始就不具备法律效力，并非行政复议机关经全面审查、作出确认行政行为无效的复议决定之后才变得无效。对于这种自始无效的行政行为，当事人自始至终都不受行政行为的约束，可以不履行。如果行政机关强制要求当事人履行的，当事人可以申请行政复议，可以请求行政复议机关确认行政行为无效。

【相关规范】

● 法律

《中华人民共和国行政诉讼法》（2017 年 6 月 27 日）

第七十五条 行政行为有实施主体不具有行政主体资格或者没有依据等重大且明显违法情形，原告申请确认行政行为无效的，人民法院判决确认无效。

> **第六十八条 【维持行政行为】** 行政行为认定事实清楚，证据确凿，适用依据正确，程序合法，内容适当的，行政复议机关决定维持该行政行为。

【理解与适用】

本条是关于行政复议机关作出维持决定的规定，是修改前的《中华人民共和国行政复议法》第二十八条第一款第一项的内容单独成条。

理解本条的时候需要注意：第一，行政复议机关对行政行为的审查，是全面审查，既要审查被申请人作出该行政行为的事实认定，也要审查被申请人作出该行政行为的程序遵循；既要审查该行政行为的合法性问题，也要审查该行政行为的适当性问题。第二，行政复议机关经过全面审查以后，认为被申请人作出的行政行为完全合法合理，即不仅认定事实清楚，证据确凿，而且适用法律、法规正确，符合法定程序，内容适当，就应该作出维持行政行为的行政复议决定。在行政复议中，行政复议机关作出维持行政行为的复议决定，意味着对申请人的请求不予支持。

【相关规范】

● 行政法规及文件

1. 《中华人民共和国行政复议法实施条例》（2007 年 5 月 29 日）

第四十三条 依照行政复议法第二十八条第一款第（一）项规定，具体行政行为认定事实清楚，证据确凿，适用依据正确，程序合法，内容适当的，行政复议机关应当决定维持。

● 部门规章及文件

2. 《公安机关办理行政复议案件程序规定》（2002 年 11 月 2 日）

第三十七条 公安行政复议机构应当对被申请人作出的具体行政行为的下列事项进行全面审查：

（一）主要事实是否清楚，证据是否确凿；

（二）适用依据是否正确；

（三）是否符合法定程序；

（四）是否超越或者滥用职权；

（五）是否存在明显不当；

（六）是否属于不履行法定职责。

3. 《住房城乡建设行政复议办法》（2015 年 9 月 7 日）

第三十条 行政行为认定事实清楚，证据确凿，适用依据正确，程序合法，内容适当的，行政复议机关应当决定维持。

第六十九条 【驳回复议请求】行政复议机关受理申请人认为被申请人不履行法定职责的行政复议申请后，发现被申请人没有相应法定职责或者在受理前已经履行法定职责的，决定驳回申请人的行政复议请求。

第五章

【理解与适用】

本条是关于行政复议机关作出驳回决定的规定，是新增条款，是将《中华人民共和国行政复议法实施条例》第四十八条第一款第一项的内容吸纳进了新法。

虽然行政复议机关作出维持决定和行政复议机关作出驳回决定，其实质都是行政复议申请人的要求没能得到行政复议机关的支持，但二者是有区别的。前者是行政复议机关经过全面审查以后，认为被申请人作出的行政行为完全合法合理，作出了维持行政行为的行政复议决定；后者却是行政复议机关经过全面审查以后，认为申请人要求被申请人履行法定职责的理由不能成立，作出了驳回申请人的行政复议决定。具体来看，行政复议机关受理行政复议申请后，发现申请人主张被申请人不履行法定职责并不能成立，就可以作出驳回申请人相应行政复议请求的决定。这里的"不能成立"分为两种情况，一是被申请人并没有申请人所认为的相应法定职责，二是被申请人在行政复议申请受理之前实际上已经履行了相应法定职责。以上两种情况，皆证明行政复议申请人的认知错误，行政复议机关驳回其申请，是对行政机关依法行使职权的保障，体现了《中华人民共和国行政复议法》的立法目的。至于此前《中华人民共和国行政复议法实施条例》第四十八条第一款第二项的内容，本次修法将其吸收进了新法第三十三条。

需要注意的是，本条的驳回决定偏重实质审查，考察的是被申请人到底有没有履行法定职责，如果被申请人实际上履行了法定职责，申请人的复议申请就会被驳回；而新法第三十三条的不予受理决定则偏重形式审查，考察的是申请人所提出的行政复议申请是不是符合新法第三十条第一款所规定的形式要求，如果不符合行政复议机关就驳回申请人的复议申请，两者明显不同。

【相关规范】

● 法律

1.《中华人民共和国行政复议法》（2023年9月1日）

第三十条 行政复议机关收到行政复议申请后，应当在五日内进行审查。对符合下列规定的，行政复议机关应当予以受理：

（一）有明确的申请人和符合本法规定的被申请人；

（二）申请人与被申请行政复议的行政行为有利害关系；

（三）有具体的行政复议请求和理由；

（四）在法定申请期限内提出；

（五）属于本法规定的行政复议范围；

（六）属于本机关的管辖范围；

（七）行政复议机关未受理过该申请人就同一行政行为提出的行政复议申请，并且人民法院未受理过该申请人就同一行政行为提起的行政诉讼。

对不符合前款规定的行政复议申请，行政复议机关应当在审查期限内决定不予受理并说明理由；不属于本机关管辖的，还应当在不予受理决定中告知申请人有管辖权的行政复议机关。

行政复议申请的审查期限届满，行政复议机关未作出不予受理决定的，审查期限届满之日起视为受理。

第三十三条 行政复议机关受理行政复议申请后，发现该行政复议申请不符合本法第三十条第一款规定的，应当决定驳回申请并说明理由。

● 行政法规及文件

2.《中华人民共和国行政复议法实施条例》（2007年5月29日）

第四十八条 有下列情形之一的，行政复议机关应当决定驳回行政复议申请：

（一）申请人认为行政机关不履行法定职责申请行政复议，行政复议机关受理后发现该行政机关没有相应法定职责或者在受理前已经履行法定职责的；

（二）受理行政复议申请后，发现该行政复议申请不符合行政复议法和本条例规定的受理条件的。

上级行政机关认为行政复议机关驳回行政复议申请的理由不成立的，

应当责令其恢复审理。

● *部门规章及文件*

3. 《**住房城乡建设行政复议办法**》（2015 年 9 月 7 日）

　　第三十三条　有下列情形之一的，行政复议机关应当决定驳回行政复议申请：

　　（一）申请人认为被申请人不履行法定职责申请行政复议，行政复议机关受理后发现被申请人没有相应法定职责或者在受理前已经履行法定职责的；

　　（二）行政复议机关受理行政复议申请后，发现该行政复议申请不属于本办法规定的行政复议受案范围或者不符合受理条件的；

　　（三）被复议的行政行为，已为人民法院或者行政复议机关作出的生效法律文书的效力所羁束的；

　　（四）法律、法规和规章规定的其他情形。

> 　　**第七十条　【被申请人不提交书面答复等情形的处理】** 被申请人不按照本法第四十八条、第五十四条的规定提出书面答复、提交作出行政行为的证据、依据和其他有关材料的，视为该行政行为没有证据、依据，行政复议机关决定撤销、部分撤销该行政行为，确认该行政行为违法、无效或者决定被申请人在一定期限内履行，但是行政行为涉及第三人合法权益，第三人提供证据的除外。

【理解与适用】

　　本条为新增条款，是关于被申请人不按规定履行举证的程序义务，行政复议机关认定其承担不利后果的规定。

　　依据新法第四十八条和第五十四条的规定，无论是行政复议的普通程序还是特殊程序，行政复议机构自行政复议申请受理之日起，都会在法定期限内，将行政复议申请书的副本或者行政复议申请笔录的复印件发送被申请人。被申请人也应该在法定期限内，向行政复议机构提出书面答复、提交作出行政行为的证据、依据以及其他有关材料。如果被申请人没有按照规定进行举证，就会被视为其此前作出的行政行为没有证据、依据，行政复议机关作出撤销决定（包括全部撤销和部分撤销），确认行政行为违法决定、确认行政行为无效决定，以及要求被申请人期限履行的决定。

这里需要明确的是，举证责任是指当事人根据法律规定提供相关证据、证明特定事实的责任。如果当事人不能按规定提供证据，就会在行政复议中承担不利的法律后果，这是为了更好地促进公平正义，促进行政机关依法行政。新法新增这一规定，除了要和行政诉讼法接轨以外，更重要的考量是：第一，这是由申请人和被申请人在行政管理中不平等的法律地位导致的。行政机关在行政管理活动中，本来就处于支配者的地位，其实施行政行为、作出行政决定，通常不需要征得行政相对人的同意。相比之下，行政相对人在行政管理活动中处于天然的弱势地位，属于被支配者。因此，新法在行政复议举证责任分配的制度设计上，采取了和行政诉讼一样的做法，要求被申请人比申请人负担更大的举证责任，更有利于保护申请人的利益，确保行政复议机关作出公正的行政复议决定。第二，这是由申请人和被申请人举证能力的差异性导致的。行政机关在行政管理活动中，代表的是国家，其实施行政行为和作出行政决定都以国家强制力为保障，并有国家财政做支持，在收集掌握证据方面具有天然的优势。而行政相对人在行政管理中处于弱势地位，调查取证的手段相对有限，调查取证相对更为困难。因此，由被申请人承担举证责任既符合行政执法的一般规律，也有利于平衡申请人和被申请人在举证能力上的差异。第三，这是由被申请人的法定职责导致的。在行政管理活动中，行政机关必须依法调查收集证据、查清事实。换言之，充分收集证据、了解案件事实，是行政机关依法行政的要求。例如，《中华人民共和国行政处罚法》第五十四条就对此作出了明确要求。一旦行政机关实施的行政行为和作出的行政决定引发争议，进入行政复议，那么作为被申请人的行政机关当然有义务提供自己当初实施行政行为和作出行政决定的相关证据。

理解本条规定要特别注意以下几点：第一，在行政复议中，被申请人的举证范围包括提出对行政复议的书面答复、提交作出行政行为的证据、依据和其他有关材料。第二，在行政复议中，被申请人应当主动提供证据，并且应在举证期限内提供证据。依据新法第四十八条，行政复议的普通程序中，被申请人应当自收到申请书副本或者申请笔录复印件之日起十日内，向行政复议机关提交相关证据。依据新法第五十四条，行政复议的简易程序中，被申请人应当自收到申请书副本或者申请笔录复印件之日起五日内，向行政复议机关提交相关证据。第三，被申请人不提供证据，致使行政复议机关无法查证属实的，则视为被申请复议审理的行政行为没有相应证据，被申请人将承担不利后果。第四，本条还规定了特殊情形，即被申请复议审理的行政行为涉及第三人合法权益，第三人提供证据的除外。这里的第三人是指与被复议审理的行政行为有利害关系但没有申请行政复议，或者同案件处理结果有利害关系的行政复议参加人。在行政复议中，第三人原则上只围绕自己的利益主张进行举证，但某些情况下，第三人的利益主张恰好和行政行为的合法性密切相关。例如，甲将乙打成轻微伤，因而被公安机关处以行政拘留的处罚决定。甲不服，申请行政复议，要求撤销这一行政处罚。此时，乙可以作为第三人参加到行政复议中来，乙所提供的自己到医院挂号、诊治、包扎等医疗记录以及医疗收费单据，不仅可以证明甲打伤乙，也可以成为证明公安机关作出行政拘留处罚决定合法的相关证据。由于原始的医疗记录和医疗收费单据都保管在第三人乙手中，因此这些证据应该由乙负责提供。如果乙提交证据延迟，不能视为被申请人公安机关没有按照规定履行举证责任。

【相关规范】

● **法律**

1. 《中华人民共和国行政复议法》（2023 年 9 月 1 日）

第四十八条 行政复议机构应当自行政复议申请受理之日起七日内，将行政复议申请书副本或者行政复议申请笔录复印件发送被申请人。被申请人应当自收到行政复议申请书副本或者行政复议申请笔录复印件之日起十日内，提出书面答复，并提交作出行政行为的证据、依据和其他有关材料。

第五十四条 适用简易程序审理的行政复议案件，行政复议机构应当自受理行政复议申请之日起三日内，将行政复议申请书副本或者行政复议申请笔录复印件发送被申请人。被申请人应当自收到行政复议申请书副本或者行政复议申请笔录复印件之日起五日内，提出书面答复，并提交作出行政行为的证据、依据和其他有关材料。

适用简易程序审理的行政复议案件，可以书面审理。

2. 《中华人民共和国行政处罚法》（2021 年 1 月 22 日）

第五十四条 除本法第五十一条规定的可以当场作出的行政处罚外，行政机关发现公民、法人或者其他组织有依法应当给予行政处罚的行为的，必须全面、客观、公正地调查，收集有关证据；必要时，依照法律、法规的规定，可以进行检查。

符合立案标准的，行政机关应当及时立案。

> **第七十一条 【行政协议案件处理】**被申请人不依法订立、不依法履行、未按照约定履行或者违法变更、解除行政协议的，行政复议机关决定被申请人承担依法订立、继续履行、采取补救措施或者赔偿损失等责任。
>
> 被申请人变更、解除行政协议合法，但是未依法给予补偿或者补偿不合理的，行政复议机关决定被申请人依法给予合理补偿。

【理解与适用】

本条是关于行政复议机关对于被申请人违约或违法变更、解除行政协议以及合法变更、解除行政协议的处理规定。本条为新增条款。

被申请人在行政协议中应遵循协议约定和法律规定。这不仅是诚信政府建设的必然要求，也是法治政府建设的应有之义。落实行政协议条款，需要被申请人依法依约实施。本条进一步明确了行政复议机关对于被申请人违约或违法变更、解除行政协议以及合法变更、解除行政协议的处理要求。本条在适用中应当注意以下几个方面：

其一，关于被申请人违约或违法变更、解除行政协议的认定。行政机关与行政相对人作为行政协议的主体，行政协议对两者产生协议约束力。两者在行政协议的实施中，也同样受法律规范的约束。故而，两者在履行行政协议时应当做到合法、合约、按时、完全履行。然而，作为具备优势的行政机关，在行政协议的履行中如实施违约或违法行为，行政相对人的权益可能难以保障。为更好地保障行政相对人权益，本次修改特别明确了被申请人违约或违法的多种情况，以实现对被申请人违约或违法实施行政协议行为的法律规制。

其二，关于行政复议机关对于被申请人违约或违法变更、解除行政协议的处理。被申请人违约或违法变更、解除行政协议，需要承担相应的法律责任。在行政复议中，行政复议机关应结合实际，区分不同的情况，作出不同决定，如对于未按照法律规定订立的情况，应决定被申请人承担依法订立的责任；对于协议可以履行的情况，应决定被申请人承担继续履行的责任；对于被申请人行为造成协议不适当履行或申请人损失的情况，应决定被申请人承担采取补救措施或赔偿损失的责任，以实现对行政相对人合法权益的保障。

其三，关于行政复议机关对于被申请人合法变更、解除行政协议的处理。按照法理逻辑，在合法变更、解除行政协议的情况下，被申请人应当进行补偿，且这种补偿应是合理的。如被申请人未按照法律规定进行补偿或者补偿不合理的，行政复议机关应作出决定，使得被申请人依法给予合理补偿。这有效扩大了行政复议机关对被申请人补偿不合理的决定范围，有助于更好落实合法补偿和补偿合理的法治要求。

【相关规范】

● 法律

《中华人民共和国行政诉讼法》（2017 年 6 月 27 日）

第十二条　人民法院受理公民、法人或者其他组织提起的下列诉讼：

……

（十一）认为行政机关不依法履行、未按照约定履行或者违法变更、解除政府特许经营协议、土地房屋征收补偿协议等协议的；

……

第七十八条　被告不依法履行、未按照约定履行或者违法变更、解除本法第十二条第一款第十一项规定的协议的，人民法院判决被告承担继续履行、采取补救措施或者赔偿损失等责任。

被告变更、解除本法第十二条第一款第十一项规定的协议合法，但未依法给予补偿的，人民法院判决给予补偿。

第七十二条　【行政复议期间赔偿请求的处理】申请人在申请行政复议时一并提出行政赔偿请求，行政复议机关对依照《中华人民共和国国家赔偿法》的有关规定应当不予赔偿的，在作出行政复议决定时，应当同时决定驳回行政赔偿请求；对符合《中华人民共和国国家赔偿法》的有关规定应当给予赔偿的，在决定撤销或者部分撤销、变更行政行为或者确认行政行为违法、无效时，应当同时决定被申请人依法给予赔偿；确认行政行为违法的，还可以同时责令被申请人采取补救措施。

申请人在申请行政复议时没有提出行政赔偿请求的，行政复议机关在依法决定撤销或者部分撤销、变更罚款，撤销或者部分撤销违法集资、没收财物、征收征用、摊派费用以及对财产的查封、扣押、冻结等行政行为时，应当同时责令被申请人返还财产，解除对财产的查封、扣押、冻结措施，或者赔偿相应的价款。

【理解与适用】

本条是关于行政复议过程中行政赔偿内容的规定。其中对行政赔偿具体处理情形的进一步明晰，为本次修改的新增内容。

为发挥行政复议的救济功能，衔接行政复议与国家赔偿，按照申请人是否提出行政赔偿请求的基本思路，本条将行政复议过程中有关行政赔偿情况分为两类。本条在适用中应注意以下方面：

其一，区分申请人在申请行政复议时是否提出行政赔偿请求。申请人在行政复议中是否提出行政赔偿请求，决定了行政复议机关在行政复议案件中是否对此部分进行有效处理。在法理上，如若申请人在申请行政复议时一并提出行政赔偿请求，行政复议机关可先对被申请人的行政行为进行审查，为更为高效、公正地解决行政争议奠定基础。[①]

其二，结合实践中的不同情况，对行政复议机关处理申请人一并提出行政赔偿请求的不同情形进行类型化。新法进一步区分了不予赔偿、应予赔偿等情况，以及相应情形下的责令补救措施。这种对不同情形下行政复议机关处理的明晰，强化了行政复议的救济功能，使得行政复议过程中行政复议机关对行政赔偿请求的处理更具可操作性，提升了处理效率。

其三，明确行政复议机关对于申请人未提出行政赔偿请求的处理。对于申请人在申请行政复议时未提出行政赔偿请求的，行政复议机关在依法处理违法行政行为的同时，应关注违法行政行为对申请人的可能侵害，考虑相关行为带来的不利影响，责令被申请人返还财产和解除对财产的查封、扣押、冻结举措，纠正先前的违法行政行为。如若先前的财产已经灭失或损毁的，应责令被申请人赔偿相应的价款，保障申请人的合法权益。

【相关规范】

● **法律**

1. 《中华人民共和国国家赔偿法》（2012 年 10 月 26 日）

第九条 赔偿义务机关有本法第三条、第四条规定情形之一的，应当给予赔偿。

赔偿请求人要求赔偿，应当先向赔偿义务机关提出，也可以在申请行政复议或者提起行政诉讼时一并提出。

第三十九条第一款 赔偿请求人请求国家赔偿的时效为两年，自其知道或者应当知道国家机关及其工作人员行使职权时的行为侵犯其人身权、财产权之日起计算，但被羁押等限制人身自由期间不计算在内。在申请行政复议或者提起行政诉讼时一并提出赔偿请求的，适用行政复议法、行政诉讼法有关时效的规定。

---

① 杨红：《行政复议与行政诉讼衔接的价值分析》，载《行政与法》2017 年第 3 期。

● **司法解释及文件**

2. 《最高人民法院关于审理行政赔偿案件若干问题的规定》(2022 年 3 月 20 日)

第九条 原行政行为造成赔偿请求人损害，复议决定加重损害的，复议机关与原行政行为机关为共同被告。赔偿请求人坚持对作出原行政行为机关或者复议机关提起行政赔偿诉讼，以被起诉的机关为被告，未被起诉的机关追加为第三人。

第十七条 公民、法人或者其他组织仅对行政复议决定中的行政赔偿部分有异议，自复议决定书送达之日起十五日内提起行政赔偿诉讼的，人民法院应当依法受理。

行政机关作出有赔偿内容的行政复议决定时，未告知公民、法人或者其他组织起诉期限的，起诉期限从公民、法人或者其他组织知道或者应当知道起诉期限之日起计算，但从知道或者应当知道行政复议决定内容之日起最长不得超过一年。

● **案例指引**

李某诉某县公安局行政处罚决定案①

案例要旨：通过行政复议机关的审理，对公安机关的违法行政处罚决定进行认定，在此基础上作出撤销行政处罚、返还现金和利息、赔偿申请人经济损失等决定，有助于保障行政相对人的权益，使行政纠纷得到尽快化解。国家赔偿法对行政赔偿作了较为系统的规定。具体赔偿数额应当依法确定，结合拘留等实际天数与国家上年度职工日平均工资进行计算；对于侵犯财产权的，能够返还的应予返还；造成财产损失的，按照直接损失给予赔偿。本案中，由于公安机关作出行政处罚决定的主要事实不清、证据不足，且存在滥用职权、违法限制人身自由等行为，给申请人的权益带来了损害。李某在申请行政复议的同时，提出了撤销被申请人的公安行政处罚决定、返还扣押现金 5700 元及利息、赔偿因违法行政拘留所造成的经济损失 1988. 96 元等请求，属于申请人在申请行政复议时一并提出行政赔偿请求的情形。行政复议机关在认定被申请人违法实施行政处罚的基础上，对申请人提出的三项行政复议请求分别进行处理，有效发挥了行政复议的监督与保障功能，及

---

① 郜风涛主编：《行政复议典型案例选编（第一辑）》，中国法制出版社 2010 年版，第 64~69 页。

时保障了申请人的合法权益。当然，被申请人也认识到其处罚行为的违法性，在行政复议决定作出后不久，被申请人自觉履行了行政复议决定，对违法行政行为进行了纠正，并进行了行政赔偿。在现代法治政府建设中，行政行为的作出应基于证据本身，要按照证据来认定事实，否则，缺乏证据为支撑的实体或程序内容，也因违法侵权而导致行政赔偿。

> **第七十三条　【行政复议调解处理】**当事人经调解达成协议的，行政复议机关应当制作行政复议调解书，经各方当事人签字或者签章，并加盖行政复议机关印章，即具有法律效力。
>
> 　　调解未达成协议或者调解书生效前一方反悔的，行政复议机关应当依法审查或者及时作出行政复议决定。

【理解与适用】

本条是关于行政复议调解书的规定。本条为新增条款。

对于行政复议是否可以调解，学界既往相关研究有两种观点。一种观点认为，行政复议中不能进行调解，原因在于行政权不能进行处分、行政复议调解可能损害公共利益或相对人合法权益等；另一种观点则认为，在行政复议中可以进行调解，只要当事人的意思表达是自愿的、真实的、有效的，行政复议调解即可被允许，而且，当事人合意事项并不当然与国家利益、社会利益等相冲突。上述两种认识反映了特定时期学者们的不同观点。在实践层面，随着社会成员利益的多元化以及行政争议的不断增多，作为快速化解行政争议的方式，行政复议调解应运而生，并成为提升政府治理能力的重要课题。① 对此，新法不仅在总则中对此专门规定，也在行政复议决定一章中对此进行明确。行政复议调解肩负保障相对人权益和维护公共利益的双重功能。在实施中，既要关注复议调解本身的公平公正，又要体现复议调解的效率便捷。本条在适用中应当注意以下几个方面：

其一，关于行政复议调解书的制作。制作行政复议调解书的前提条件在于当事人经调解达成协议，即在平等、自愿、合意的程序安排下，尊重行政相对人与行政机关的意思表达、平等交流、相互沟通，提升当事人解决纠纷的自主性、能动性，依法高效地化解行政争议。

其二，行政复议调解书法律效力的实现，需满足一定条件。一方面，一般而言，行政复议调解本身并不具有强制执行力。行政复议调解作为行政复议机关居中调处当事人纠纷的行为，其行为并不具有完全确定的执行力，在行政复议调解书生效前，相对人如若反悔，其便失去相应的执行力。另一方面，在特定情况下赋予行政复议调解法律效力，有助于化解行政复议调解的实效问题。根据新法第七十三条第一款规定，在行政复议调解书制作之后，经过各方当事人签字或者签章，并加盖行政复议机关印章，调解书发生效力。对于行政机关不履行调解书或无正当理由拖延履行的，行政复议机关或上级行政机关应采取责令限期履行举措；在申请人、第三人逾期不起诉又不履行行政复议调解书的情况下，根据行政复议机关是否具有相应职权，由行政复议机关依法强制执行，或者申请人民法院强制执行。

其三，行政复议调解终结程序的明确。为防止出现久调不决等情况，保障行政复议调解的实效，新法专门规定了行政复议调解终结程序。即在未达成调解协议或调解书生效前一方反悔的情

① 邓佑文：《行政复议调解的现实困境、功能定位与制度优化》，载《中国行政管理》2023年第1期。

形下，行政复议机关要依法进行审查或及时作出决定，以提升行政复议调解的公正、效率。

【相关规范】

● 法律

1.《中华人民共和国行政复议法》（2023 年 9 月 1 日）

第五条　行政复议机关办理行政复议案件，可以进行调解。

调解应当遵循合法、自愿的原则，不得损害国家利益、社会公共利益和他人合法权益，不得违反法律、法规的强制性规定。

第七十七条　被申请人应当履行行政复议决定书、调解书、意见书。

被申请人不履行或者无正当理由拖延履行行政复议决定书、调解书、意见书的，行政复议机关或者有关上级行政机关应当责令其限期履行，并可以约谈被申请人的有关负责人或者予以通报批评。

第七十八条　申请人、第三人逾期不起诉又不履行行政复议决定书、调解书的，或者不履行最终裁决的行政复议决定的，按照下列规定分别处理：

（一）维持行政行为的行政复议决定书，由作出行政行为的行政机关依法强制执行，或者申请人民法院强制执行；

（二）变更行政行为的行政复议决定书，由行政复议机关依法强制执行，或者申请人民法院强制执行；

（三）行政复议调解书，由行政复议机关依法强制执行，或者申请人民法院强制执行。

● 行政法规及文件

2.《中华人民共和国行政复议法实施条例》（2007 年 5 月 29 日）

第五十条　有下列情形之一的，行政复议机关可以按照自愿、合法的原则进行调解：

（一）公民、法人或者其他组织对行政机关行使法律、法规规定的自由裁量权作出的具体行政行为不服申请行政复议的；

（二）当事人之间的行政赔偿或者行政补偿纠纷。

当事人经调解达成协议的，行政复议机关应当制作行政复议调解书。调解书应当载明行政复议请求、事实、理由和调解结果，并加盖行政复议机关印章。行政复议调解书经双方当事人签字，即具有法律效力。

调解未达成协议或者调解书生效前一方反悔的，行政复议机关应当及时作出行政复议决定。

● *部门规章及文件*

3.《中国证券监督管理委员会行政复议办法》（2010 年 5 月 4 日）

第三条　中国证监会负责法制工作的机构作为行政复议机构具体办理行政复议事项，除应当依照《行政复议法》第三条、《行政复议法实施条例》第三条的规定履行职责外，还应当履行下列职责：

……

（四）办理行政复议和解、组织行政复议调解等事项；

……

第三十六条　有下列情形之一的，行政复议机关可以进行调解：

（一）公民、法人或者其他组织对中国证监会行使自由裁量权作出的具体行政行为不服申请行政复议的；

（二）行政赔偿或者行政补偿纠纷。

第三十七条　调解应当符合以下要求：

（一）查明案件事实，充分尊重申请人和被申请人的意愿；

（二）调解应当按照自愿、合法的原则，调解结果不得损害国家利益、社会公共利益或者他人合法权益。

第三十八条　申请人和被申请人经调解达成协议的，行政复议机关应当制作行政复议调解书。行政复议调解书应当载明下列内容：

（一）申请人基本情况：自然人姓名、性别、工作单位及职务（原工作单位及职务）、住址；法人或者其他组织的名称、地址、法定代表人或者主要负责人的姓名、职务；

（二）被申请人名称、地址；

（三）申请人申请行政复议的请求、事实和理由；

（四）被申请人答复的事实、理由、证据和依据；

（五）进行调解的基本情况；

（六）调解协议的主要内容和调解结果；

（七）申请人、被申请人履行调解书的义务；

（八）日期。

行政复议调解书应当加盖行政复议专用章。行政复议调解书经申请人、被申请人签字或者盖章，即具有法律效力。申请人和被申请人应当履行生效的行政复议调解书。

> **第七十四条 【行政复议和解处理】**当事人在行政复议决定作出前可以自愿达成和解，和解内容不得损害国家利益、社会公共利益和他人合法权益，不得违反法律、法规的强制性规定。
>
> 当事人达成和解后，由申请人向行政复议机构撤回行政复议申请。行政复议机构准予撤回行政复议申请、行政复议机关决定终止行政复议的，申请人不得再以同一事实和理由提出行政复议申请。但是，申请人能够证明撤回行政复议申请违背其真实意愿的除外。

【理解与适用】

本条是关于行政复议和解的规定。本条为新增条款。

与行政复议调解不同，行政复议和解指的是在行政复议过程中，为达成行政目标、尽快化解行政争议，经由双方当事人对标的的处分，由双方当事人互相让步而形成的合同行为或程序行为。[1] 对于行政复议和解，学界历来有两种观点：一种观点认为，行政复议中不存在和解。和解为处分行为，与行政复议职权行为有本质区别，行政公权力也不得进行处分。另一种观点认为，行政复议中有和解存在的容许性。和解为双方让步，并非受客观拘束产生，和解可能侵犯公益，但可进行限制。在实践中，对行政

---

① 王锴：《论行政复议的和解制度》，载《暨南学报（哲学社会科学版）》2012年第4期。

复议和解是否进行规定也有变化。《中华人民共和国行政复议法实施条例》首次对行政复议和解进行规定。在多元行政纠纷化解的背景下，为完善行政复议领域行政争议解决机制，本次修改对行政复议和解的规定，明确了行政复议和解的合法性、有效性、自愿性等要求，充分发挥了行政复议和解的纠纷化解功能。在实施中，既要重视和解本身的合法自愿，又要关注和解后行政复议申请的撤回。本条在适用中应当注意以下几个方面：

其一，行政复议和解的实体要求。在实体上，行政复议和解体现了合法自愿的特征。即在行政复议中，和解的双方当事人必须是自愿的，而且，和解的内容不得损害国家利益、社会公共利益和他人合法权益以及违反法律、法规的强制性规定。

其二，行政复议和解的程序要求。行政复议和解本身具有终结行政复议的目的，即和解行为产生终结行政复议的效果。在实体上，不仅意味着当事人对实体法律关系的处分；在程序上，还预示着由申请人向行政复议机构撤回行政复议申请，使得行政复议案件得到及时解决。

其三，行政复议和解后再次提出行政复议申请的问题。行政复议和解具有合法性、自愿性、处分性等特征。在双方当事人合法真实的意思表达下，申请人提出撤回行政复议申请，行政复议机构准予撤回，行政复议机关决定终止行政复议的，行政复议和解的效果即产生，行政复议予以终结，申请人不得再次以同一事实和理由提出行政复议申请。当然，如若和解中的意愿是不真实的，申请人能够证明其撤回申请的意愿并非真实，和解不生效。即便行政复议被终止，申请人也可以同一事实和理由再次提出行政复议申请。

【相关规范】

● 行政法规及文件

1.《中华人民共和国行政复议法实施条例》（2007 年 5 月 29 日）

第四十条 公民、法人或者其他组织对行政机关行使法律、法规规定的自由裁量权作出的具体行政行为不服申请行政复议，申请人与被申请人在行政复议决定作出前自愿达成和解的，应当向行政复议机构提交书面和解协议；和解内容不损害社会公共利益和他人合法权益的，行政复议机构应当准许。

第四十二条 行政复议期间有下列情形之一的，行政复议终止：

……

（四）申请人与被申请人依照本条例第四十条的规定，经行政复议机构准许达成和解的；

……

● 部门规章及文件

2.《中国证券监督管理委员会行政复议办法》（2010 年 5 月 4 日）

第三条 中国证监会负责法制工作的机构作为行政复议机构具体办理行政复议事项，除应当依照《行政复议法》第三条、《行政复议法实施条例》第三条的规定履行职责外，还应当履行下列职责：

……

（四）办理行政复议和解、组织行政复议调解等事项；

……

第三十三条 经被申请人同意，原承办部门、派出机构或者授权组织和申请人可以依照《行政复议法实施条例》第四十条的规定在作出行政复议决定之前自愿达成和解，并向行政复议机构提交书面和解协议。

和解协议应当载明行政复议请求、事实、理由、和解的条件和达成和解的结果。

和解协议应当由申请人和被申请人或者原承办部门签字或者盖章。

第三十四条 行政复议机构应当对申请人和作出具体行政行为的机构提交的和解协议进行备案。和解确属双方真实意思表示，和解内容不损害社会公共利益和他人合法权益的，行政复议机构应当准许和解，终止行政复议案件的审理。

在行政复议期间内未达成和解协议的，行政复议机关应当及时作出行政复议决定。

第七十五条 **【行政复议决定书】**行政复议机关作出行政复议决定，应当制作行政复议决定书，并加盖行政复议机关印章。

行政复议决定书一经送达，即发生法律效力。

【理解与适用】

本条是关于行政复议决定书的规定。

行政复议决定何时发挥法律效力，涉及行政复议决定的作出、行政复议决定书的制作以及行政复议决定书的送达等环节。本条在适用中应当注意以下几个方面：

其一，行政复议决定书的制作。行政复议决定应当体现为书面形式，而这种书面形式的载体即体现为行政复议决定书。即行政复议机关按照行政复议法规定的程序，对审理终结的复议案件，依法就案件的具体情况作出的书面决定。在组成部分上，行政复议决定书包括首部、正文、结尾等。在首部，行政复议决定书一般刊载标题、案号、申请人与被申请人的基本情况；在正文，行政复议决定书一般刊载申请行政复议的理由、请求以及复议机关认定的理由、请求、复议结论等；在结尾，行政复议决定书一般刊载生效日期、提起行政诉讼的期限以及落款等。在具体内容上，行政复议决定书一般要载明申请人、第三人基本情况；被申请人名称、地址；申请人申请复议的请求、事实和理由；被申请人答复的事实、理由、证据和依据；行政复议认定的事实和相应的证据；作出行政复议决定的具体理由和法律依据；行政复议决定的结论；行政复议决定的救济途径；作出行政复议决定的日期等内容。

其二，行政复议机关印章的加盖主体。旧法第三十一条第二款在规定行政复议机关作出行政复议决定书时，明确了加盖印章的事项；新法本条进一步明晰了印章的加盖主体即行政复议机关，这推动了行政复议内容要素的明确化。

其三，行政复议决定书的送达。按照法理逻辑，行政复议决定只有送达行政相对人时，也即行政相对人能够知晓或应当知晓行政复议决定的内容时，行政复议决定才能发生法律效力。那么，行政复议决定书的送达，意味着复议决定确定力、拘束力等的产生。非经行政诉讼或其他法定程序，行政复议决定的内容不得被改变。

【相关规范】

● 部门规章及文件

《中国证券监督管理委员会行政复议办法》（2010 年 5 月 4 日）

第三十一条　行政复议机关作出行政复议决定，应当制作行政复议决定书，送达申请人和第三人，抄送被申请人。

行政复议决定书应当载明下列内容：

（一）申请人、第三人基本情况：自然人姓名、性别、工作单位及职务（原工作单位及职务）、住址；法人或者其他组织的名称、地址、法定代表人或者主要负责人的姓名、职务；

（二）被申请人名称、地址；

（三）申请人申请复议的请求、事实和理由；

（四）被申请人答复的事实、理由、证据和依据；

（五）行政复议认定的事实和相应的证据；

（六）作出行政复议决定的具体理由和法律依据；

（七）行政复议决定的结论；

（八）行政复议决定的救济途径；

（九）作出行政复议决定的日期。

行政复议决定书应当加盖行政复议机关的印章。

第三十二条 行政复议决定书一经送达，即发生法律效力。行政复议机关可以通过中国证监会门户网站、中国证监会公告等方式公布生效的行政复议决定书。

> **第七十六条 【行政复议意见书】**行政复议机关在办理行政复议案件过程中，发现被申请人或者其他下级行政机关的有关行政行为违法或者不当的，可以向其制发行政复议意见书。有关机关应当自收到行政复议意见书之日起六十日内，将纠正相关违法或者不当行政行为的情况报送行政复议机关。

【理解与适用】

本条是关于行政复议意见书的规定。本条为新增条款。

行政复议机关在审查被申请复议的行政行为是否合法的同时，要全面审查该行政行为适用法律法规是否正确，善于发现有关行政行为的违法或不当问题，实现对行政争议的源头治理。[①]本条在适用中应当注意以下几个方面：

其一，行政复议机关对违法或不当行政行为的监督。《中华人民共和国行政复议法实施条例》第五十七条对行政复议意见书进行规定，本法在第一条立法目的条款中规定了"监督和保障行政机关依法行使职权"，那么，在行政复议案件中，行政复议机关还可通过对相关案件线索、内容的把握，发现被申请人或其他下级行政机关行政行为存在的违法或不当问题。于职权监督层面来说，在行政系统内部，行政复议机关可通过行政复议案件的审

---

① 郭修江、林璐：《行政复议与应诉若干实践问题》，载《法律适用》2023年第5期。

理，实现对被申请人或者其他下级行政机关有关行政行为的审查，对发现的违法或不当行政行为进行纠正。

其二，行政复议机关对违法或不当行政行为的处理。在审理行政复议案件的过程中，对于发现的有关违法或不当行政行为，行政复议机关可对该行政行为进行纠正。需要说明的是，基于行政行为违法或不当的程度，行政复议机关并非对被申请人或其他下级行政机关的有关行政行为必须纠正，而应结合实际，如考虑有关行政行为的瑕疵程度、对行政相对人权益的影响等情况，决定是否进行纠正。如若行政复议机关决定纠正，其可制发行政复议意见书至被申请人或下级行政机关。

其三，有关机关对违法或不当行政行为的纠正和情况报送。从行政系统的内部监督来看，被申请人或下级行政机关收到行政复议机关的行政复议意见书后，应按时对违法或不当行政行为进行纠正。对于纠正的具体情况，其应将相关情况报送行政复议机关，由行政复议机关审查其是否进行纠正、采取哪些措施以及是否合法合理等。

【相关规范】

● **法律**

1. 《中华人民共和国行政复议法》（2023 年 9 月 1 日）

第一条 为了防止和纠正违法的或者不当的行政行为，保护公民、法人和其他组织的合法权益，监督和保障行政机关依法行使职权，发挥行政复议化解行政争议的主渠道作用，推进法治政府建设，根据宪法，制定本法。

● **行政法规及文件**

2. 《中华人民共和国行政复议法实施条例》（2007 年 5 月 29 日）

第五十七条 行政复议期间行政复议机关发现被申请人或者其他下级行政机关的相关行政行为违法或者需要做好善后工作的，可以制作行政复议意见书。有关机关应当自收到行政复议意见书之日起 60 日内将纠正相关行政违法行为或者做好善后工作的情况通报行政复议机构。

行政复议期间行政复议机构发现法律、法规、规章实施中带有普遍性的问题，可以制作行政复议建议书，向有关机关提出完善制度和改进行政执法的建议。

● **部门规章及文件**

3. **《自然资源行政复议规定》**（2019 年 7 月 19 日）

第二十九条 行政复议机关在行政复议过程中，发现被申请人相关行政行为的合法性存在问题，或者需要做好善后工作的，应当制发行政复议意见书，向被申请人指出存在的问题，提出整改要求。

被申请人应当责成行政行为的承办机构在收到行政复议意见书之日起60 日内完成整改工作，并将整改情况书面报告行政复议机关。

被申请人拒不整改或者整改不符合要求，情节严重的，行政复议机关应当报请有关国家机关依法处理。

行政复议期间，行政复议机构发现法律、法规、规章实施中带有普遍性的问题，可以制作行政复议建议书，向有关机关提出完善制度和改进行政执法的建议。相关机关应当及时向行政复议机构反馈落实情况。

4. **《税务行政复议规则》**（2018 年 6 月 15 日）

第九十六条 行政复议期间行政复议机关发现被申请人和其他下级税务机关的相关行政行为违法或者需要做好善后工作的，可以制作行政复议意见书。有关机关应当自收到行政复议意见书之日起 60 日内将纠正相关行政违法行为或者做好善后工作的情况报告行政复议机关。

行政复议期间行政复议机构发现法律、法规和规章实施中带有普遍性的问题，可以制作行政复议建议书，向有关机关提出完善制度和改进行政执法的建议。

第七十七条 【复议文书的履行及不履行的后果】被申请人应当履行行政复议决定书、调解书、意见书。

被申请人不履行或者无正当理由拖延履行行政复

议决定书、调解书、意见书的，行政复议机关或者有关上级行政机关应当责令其限期履行，并可以约谈被申请人的有关负责人或者予以通报批评。

【理解与适用】

本条是关于被申请人不履行行政复议相关决定的制度规定。其中对行政复议决定种类的细化以及对约谈或通报批评的规定，为本次修改新增内容。

在行政复议机关作出行政复议决定后，经过法定期限，行政复议决定生效。被申请人应当按照行政复议决定的内容履行。当然，在行政复议监督的视域下，对于被申请人不履行行政复议决定等情况，行政复议机关可采取有效措施，促使行政复议决定内容得到实现。本条在适用中应当注意以下几个方面：

其一，行政复议机关作出行政复议决定的种类。修改前的《中华人民共和国行政复议法》第三十二条明确规定被申请人对行政复议决定的履行。本次修改进一步明确了行政复议决定的三种情况即行政复议决定书、调解书和意见书，明晰了行政复议决定的种类，促进了行政复议决定的类型化。

其二，对被申请人不履行或拖延履行的处理。在行政复议的实施阶段，对于实践中出现的被申请人不履行行政复议决定等情况，行政复议法规定了行政复议机关或有关上级行政机关的责令限期履行措施，旨在督促被申请人依法履行行政复议决定书、调解书、意见书。当然，此情况须具备相应条件，一种是被申请人不履行，另一种是被申请人拖延履行，且这种拖延行为不具有正当理由。

其三，可采取的约谈负责人或予以通报批评的措施。在对被申请人不履行或拖延履行的处理基础上，在实践中仍不乏被申请人不履行行政复议决定的情况。对此，本次修改专门规定了行政复议机关或有关上级行政机关可采取的约谈有关负责人或予以通报批评的措施，以强化行政系统的内部监督功能，保障行政复议决定的落实。

【相关规范】

● 行政法规及文件

1.《中华人民共和国行政复议法实施条例》（2007 年 5 月 29 日）

第六十二条 被申请人在规定期限内未按照行政复议决定的要求重新作出具体行政行为，或者违反规定重新作出具体行政行为的，依照行政复议法第三十七条的规定追究法律责任。

第六十四条 行政复议机关或者行政复议机构不履行行政复议法和本条例规定的行政复议职责，经有权监督的行政机关督促仍不改正的，对直接负责的主管人员和其他直接责任人员依法给予警告、记过、记大过的处分；造成严重后果的，依法给予降级、撤职、开除的处分。

第六十五条 行政机关及其工作人员违反行政复议法和本条例规定的，行政复议机构可以向人事、监察部门提出对有关责任人员的处分建议，也可以将有关人员违法的事实材料直接转送人事、监察部门处理；接受转送的人事、监察部门应当依法处理，并将处理结果通报转送的行政复议机构。

● 部门规章及文件

2.《交通运输行政复议规定》（2015 年 9 月 9 日）

第十八条 交通运输行政复议机关设置的法制工作机构应当对被申请人作出的具体行政行为进行审查，提出意见，经交通运输行政复议机关的负责人同意或者集体讨论通过后，按照下列规定作出交通运输行政复议决定：

……

（二）被申请人不履行法定职责的，责令其在一定期限内履行；

……

第二十一条 被申请人不履行或者无正当理由拖延履行交通运输行政复议决定的，交通运输行政复议机关或者有关上级交通运输行政机关应当责令其限期履行。

第七十八条　【行政复议决定书、调解书的强制执行】申请人、第三人逾期不起诉又不履行行政复议决定书、调解书的，或者不履行最终裁决的行政复议决定的，按照下列规定分别处理：

（一）维持行政行为的行政复议决定书，由作出行政行为的行政机关依法强制执行，或者申请人民法院强制执行；

（二）变更行政行为的行政复议决定书，由行政复议机关依法强制执行，或者申请人民法院强制执行；

（三）行政复议调解书，由行政复议机关依法强制执行，或者申请人民法院强制执行。

【理解与适用】

本条是关于申请人、第三人不履行行政复议相关决定的制度规定。其中对于行政复议调解书的规定，是本次修改的新增内容。

在行政复议决定生效后，申请人、第三人应当履行行政复议决定。当申请人、第三人不履行行政复议决定时，行政机关或行政复议机关可依法强制执行，或申请法院强制执行。本条在适用中应当注意以下几个方面：

其一，申请人、第三人不履行行政复议决定的认定。在行政复议决定生效前，申请人、第三人可依法提起行政诉讼，如若其逾期不起诉，行政复议决定生效。那么，关于行政复议决定的执行，对申请人、第三人而言，应满足申请人、第三人逾期不起诉又不履行的条件。当然，对于最终裁决的行政复议决定，申请人、第三人只要不履行，由于其已经无法提起行政诉讼，行政机关或行政复议机关就可依法强制执行或申请法院强制执行。

其二，行政复议机关对生效行政复议相关决定的分类处理。行政复议决定根据行政复议决定是否以及如何调整被申请人的行政行为，大致可分为维持、变更和调解三类。其中，维持、变更是相对原行政行为而言的，即行政复议决定维持行政行为或变更行政行为，分别由原行政机关或行政复议机关进行执行。调解是在行政复议机关的主持下，由申请人与被申请人在平等沟通、真实自愿的情况下达成协议，此时，行政复议机关应当制作行政复议调解书。行政复议调解书同样具有法律效力，经过法定期限，对于生效的行政复议调解书，行政复议机关可依法强制执行，或者申请人民法院强制执行。当然，对于最终裁决的行政复议决定，因为申请人、第三人不能再提起行政诉讼，行政复议机关同样可依法强制执行，或者申请人民法院强制执行。

【相关规范】

● 行政法规及文件

1. 《中华人民共和国行政复议法实施条例》（2007 年 5 月 29 日）

第五十二条 第三人逾期不起诉又不履行行政复议决定的，依照行政复议法第三十三条的规定处理。

● 部门规章及文件

2. 《税务行政复议规则》（2018 年 6 月 15 日）

第八十五条 申请人、第三人逾期不起诉又不履行行政复议决定的，或者不履行最终裁决的行政复议决定的，按照下列规定分别处理：

（一）维持具体行政行为的行政复议决定，由作出具体行政行为的税务机关依法强制执行，或者申请人民法院强制执行。

（二）变更具体行政行为的行政复议决定，由行政复议机关依法强制执行，或者申请人民法院强制执行。

3. 《国家发展和改革委员会行政复议实施办法》（2006 年 4 月 30 日）

第二十九条 申请人逾期不起诉又不履行行政复议决定的，或者不履行最终裁决的行政复议决定的，按照下列规定分别处理：

（一）维持具体行政行为的行政复议决定，由做出具体行政行为的行政机关申请人民法院强制执行；

（二）变更具体行政行为的行政复议决定，由行政复议机关申请人民法院强制执行。

第七十九条 【行政复议决定书公开和文书抄告】行政复议机关根据被申请行政复议的行政行为的公开情况，按照国家有关规定将行政复议决定书向社会公开。

县级以上地方各级人民政府办理以本级人民政府工作部门为被申请人的行政复议案件，应当将发生法律效力的行政复议决定书、意见书同时抄告被申请人的上一级主管部门。

第五章

【理解与适用】

本条是关于行政复议决定公开与上级监督的规定。本条为新增条款。

行政复议决定公开有助于促进行政复议的透明化、公开化，而向社会公开须依据国家有关规定。在行政复议案件中，明确上一级主管部门对被申请人的监督，有助于通过行政系统内部监督的方式，强化专业指引，增强规范指导。本条在适用中应当注意以下几个方面：

其一，被申请行政复议行政行为的公开情况。新法第三条规定了行政复议的公开原则。那么，在行政复议决定环节，落实行政复议公开原则，也有助于公众对行政复议决定的监督，促使行政机关依法行使职权。当然，行政复议机关在向社会公开前，要以被申请行政复议行政行为的公开情况为根据。

其二，行政复议决定书的社会公开。行政复议决定书并非需要全部向社会公开。行政复议机关对行政复议决定书的公开，应遵循国家有关规定（如保守国家秘密法、政府信息公开条例等）要求，以使得行政复议决定公开的同时，不侵犯相应的国家利益、社会利益以及他人合法权益。

其三，行政复议决定书、意见书的抄告。对于已经生效的行政复议决定书、意见书，县级以上地方各级人民政府办理本级行政复议案件时，应当同时进行抄告，加强上一级部门的监督，发挥上级对下级的专业指导功能，增强对行政机关违法或不当行政行为的监督效果。当然，行政复议调解书涉及申请人与被申请人对相关实体权利的处分等协议内容，已发生法律效力的行政复议调解书并不需要抄告上一级主管部门。此处对行政复议决定书、意见书的强调，表明对行政复议调解书抄告的排除。

【相关规范】

● 法律

1. 《中华人民共和国行政复议法》（2023 年 9 月 1 日）

第三条　行政复议工作坚持中国共产党的领导。

行政复议机关履行行政复议职责，应当遵循合法、公正、公开、高效、便民、为民的原则，坚持有错必纠，保障法律、法规的正确实施。

2. 《中华人民共和国保守国家秘密法》（2010 年 4 月 29 日）

第四条　保守国家秘密的工作（以下简称保密工作），实行积极防范、突出重点、依法管理的方针，既确保国家秘密安全，又便利信息资源合理利用。

法律、行政法规规定公开的事项，应当依法公开。

第十五条第四款　机关、单位对在决定和处理有关事项工作过程中确定需要保密的事项，根据工作需要决定公开的，正式公布时即视为解密。

● *行政法规及文件*

3. 《中华人民共和国政府信息公开条例》（2019 年 4 月 3 日）

第五十条　政府信息公开工作年度报告应当包括下列内容：

……

（三）因政府信息公开工作被申请行政复议、提起行政诉讼的情况；

……

第五章

第六章 法律责任

> **第八十条 【行政复议机关不依法履职的法律责任】** 行政复议机关不依照本法规定履行行政复议职责，对负有责任的领导人员和直接责任人员依法给予警告、记过、记大过的处分；经有权监督的机关督促仍不改正或者造成严重后果的，依法给予降级、撤职、开除的处分。

【理解与适用】

本条主要规定的是行政复议机关不依法履行行政复议职责时，其相关工作人员应当承担的纪律责任。按照本法规定，行政复议机关依法履行接收、受理、审查、审理行政复议申请，作出行政复议决定等职责。如果行政复议机关没有依法履行其中全部或部分行政复议职责，相关工作人员就应当承担纪律责任。理解和适用本条规定，应当注意以下几点：

第一，责任主体是行政复议机关的相关工作人员，不是行政复议机关。本条只是对行政复议机关不履行行政复议职责时，其相关工作人员应当承担的纪律责任作出规定，并不表示行政复议机关不需要承担法律责任。事实上，按照行政诉讼法的规定，如果行政复议机关没有在法定期限内作出行政复议决定，公民、法人或者其他组织可以依法向人民法院提起行政诉讼，要求人民法院判决确认不作为行为违法。

第二，追究纪律责任的前提是行政复议机关不履行全部或部分行政复议职责。本条所谓的行政复议机关不履行行政复议职责，并不仅仅指其不受理行政申请或者不依法作出行政复议决定。只要行政复议机关没有依法履行本法规定的行政复议过程中的任何一种职责，都应当视为行政复议机关不履行行政复议职责。如本法第二十二条第三款规定，"口头申请的，行政复议机关应当当场记录申请人的基本情况、行政复议请求、申请行政复议的主要事实、理由和时间"。根据该款规定，申请人可以口头方式申请行政复议，申请人以口头方式提出复议申请的，行政复议机关应当当场记录申请人的基本情况等信息，不得随意拒绝申请人的口头申请，否则即是不履行行政复议职责，应当承担相应纪律责任。

第三，纪律责任根据情节轻重区分为从轻处分和从重处分。从本条规定来看，当行政机关不依法履行行政复议职责时，对于负有责任的领导人员和直接责任人员依法给予警告、记过、记大过是一般情形，并非仅仅指后果较轻的情形。而经有权监督的机关督促仍不改正或者造成严重后果，是作为特别情形规定的。如果行政复议机关此时仍然拒不改正或者虽然改正但之前不履行行政复议职责的行为已经造成严重后果，就应当给予负有责任的领导人员和直接责任人员降级、撤职、处分等较严重的处分。

【相关规范】

● **法律**

1. 《中华人民共和国行政诉讼法》（2017 年 6 月 27 日）

第二十六条 公民、法人或者其他组织直接向人民法院提起诉讼的，作出行政行为的行政机关是被告。

经复议的案件，复议机关决定维持原行政行为的，作出原行政行为的行政机关和复议机关是共同被告；复议机关改变原行政行为的，复议机关是被告。

复议机关在法定期限内未作出复议决定，公民、法人或者其他组织起诉原行政行为的，作出原行政行为的行政机关是被告；起诉复议机关不作为的，复议机关是被告。

两个以上行政机关作出同一行政行为的，共同作出行政行为的行政机

第
六
章

关是共同被告。

行政机关委托的组织所作的行政行为，委托的行政机关是被告。

行政机关被撤销或者职权变更的，继续行使其职权的行政机关是被告。

2.《中华人民共和国行政复议法》（2023 年 9 月 1 日）

第二十二条 申请人申请行政复议，可以书面申请；书面申请有困难的，也可以口头申请。

书面申请的，可以通过邮寄或者行政复议机关指定的互联网渠道等方式提交行政复议申请书，也可以当面提交行政复议申请书。行政机关通过互联网渠道送达行政行为决定书的，应当同时提供提交行政复议申请书的互联网渠道。

口头申请的，行政复议机关应当当场记录申请人的基本情况、行政复议请求、申请行政复议的主要事实、理由和时间。

申请人对两个以上行政行为不服的，应当分别申请行政复议。

第八十一条　【行政复议机关工作人员法律责任】行政复议机关工作人员在行政复议活动中，徇私舞弊或者有其他渎职、失职行为的，依法给予警告、记过、记大过的处分；情节严重的，依法给予降级、撤职、开除的处分；构成犯罪的，依法追究刑事责任。

【理解与适用】

本条主要规定的是行政复议机关工作人员在行政复议活动中，发生徇私舞弊或者有其他渎职、失职行为时应当承担的纪律和法律责任。理解和适用本条规定，应当注意以下几点：

第一，主要针对行政复议机关工作人员的徇私舞弊或者其他渎职、失职行为。徇私舞弊，一般是指为了私人关系（或自身利益）而使用欺骗他人的方法做违法乱纪的事。具体到本条中，所谓徇私舞弊主要是指行政复议机关工作人员在行政复议活动中，利用职务上的便利和权力，使用欺骗他人的方法实施各种违法行为。

渎职，一般是指国家机关工作人员在履行职责或者行使职权过程中，玩忽职守、滥用职权或者徇私舞弊，致使国家财产、国家和人民利益遭受重大损失的行为。失职，一般是指国家机关工作人员对本职工作不认真负责，未依照规定履行自己的职务，致使国家财产、国家和人民利益受到损失的行为。本条所谓其他渎职、失职行为，主要是指行政复议机关工作人员在行政复议活动中，实施的除徇私舞弊外的滥用职权、玩忽职守，妨害行政复议机关的正常复议活动，致使国家和人民利益遭受严重损失的行为。

第二，根据情节轻重分别予以不同的处分或处罚。按照本条规定，行政复议机关工作人员徇私舞弊或者有其他渎职、失职行为，尚未构成犯罪的，应当予以纪律处分。纪律处分划分为情节较轻和情节严重两个档次。前者予以警告、记过、记大过处分，后者予以降级、撤职、开除处分。构成犯罪的，应当按照刑法的规定追究刑事责任。不仅如此，如果行为构成犯罪，在追究刑事责任以后作为行政机关工作人员，依然要接受相应的纪律处分。

【相关规范】

● **法律**

1. 《中华人民共和国刑法》（2020 年 12 月 26 日）

第三百九十七条　国家机关工作人员滥用职权或者玩忽职守，致使公共财产、国家和人民利益遭受重大损失的，处三年以下有期徒刑或者拘役；情节特别严重的，处三年以上七年以下有期徒刑。本法另有规定的，依照规定。

国家机关工作人员徇私舞弊，犯前款罪的，处五年以下有期徒刑或者拘役；情节特别严重的，处五年以上十年以下有期徒刑。本法另有规定的，依照规定。

● **行政法规及文件**

2. 《行政机关公务员处分条例》（2007 年 4 月 22 日）

第二十条 有下列行为之一的，给予记过、记大过处分；情节较重的，给予降级或者撤职处分；情节严重的，给予开除处分：

（一）不依法履行职责，致使可以避免的爆炸、火灾、传染病传播流行、严重环境污染、严重人员伤亡等重大事故或者群体性事件发生的；

（二）发生重大事故、灾害、事件或者重大刑事案件、治安案件，不按规定报告、处理的；

（三）对救灾、抢险、防汛、防疫、优抚、扶贫、移民、救济、社会保险、征地补偿等专项款物疏于管理，致使款物被贪污、挪用，或者毁损、灭失的；

（四）其他玩忽职守、贻误工作的行为。

第二十五条 有下列行为之一的，给予记过或者记大过处分；情节较重的，给予降级或者撤职处分；情节严重的，给予开除处分：

（一）以殴打、体罚、非法拘禁等方式侵犯公民人身权利的；

（二）压制批评，打击报复，扣压、销毁举报信件，或者向被举报人透露举报情况的；

（三）违反规定向公民、法人或者其他组织摊派或者收取财物的；

（四）妨碍执行公务或者违反规定干预执行公务的；

（五）其他滥用职权，侵害公民、法人或者其他组织合法权益的行为。

> **第八十二条 【被申请人不书面答复等行为的法律责任】**被申请人违反本法规定，不提出书面答复或者不提交作出行政行为的证据、依据和其他有关材料，或者阻挠、变相阻挠公民、法人或者其他组织依法申请行政复议的，对负有责任的领导人员和直接责

任人员依法给予警告、记过、记大过的处分；进行报复陷害的，依法给予降级、撤职、开除的处分；构成犯罪的，依法追究刑事责任。

【理解与适用】

本条主要规定的是行政复议被申请人消极应对行政复议，以及违法妨碍公民、法人或者其他组织申请行政复议，应当承担的纪律和法律责任。理解和适用本条应当注意以下几点：

第一，本条不包括申请人逾期提出书面答复或者逾期提交作出行政行为的证据、依据和其他有关材料的情形。按照本法第四十八条的规定，行政复议被申请人应当自收到申请书副本或者申请笔录复印件之日起十日内，提出书面答复，并提交作出行政行为的证据、依据和其他有关材料。其中并没有规定，被申请人如果逾期提交上述材料，是否视为不提交或者不提出，或者是否视为没有相应的证据或依据。因此，如果被申请人逾期提交上述材料，仍然应当视为已经提交，而不是不提交。当然，逾期提交必然涉及程序违法的问题，如果逾期较短，可视为程序轻微违法；如果逾期较长，就应当认定为程序严重违法。

第二，书面答复或者作出行政行为的证据、依据和其他有关材料，应当是指行政机关应当主动提交和行政复议机关在行政复议过程中要求提交的书面答复或者作出行政行为的证据、依据和其他有关材料。在行政复议过程中，一方面，作为被申请人的行政机关应当依法主动向行政复议机关提交书面答复或者作出行政行为的证据、依据和其他有关材料；另一方面，行政复议机关在案件审理过程中，也可能要求行政机关提交与本案有关的其他材料。如行政复议机关可能要求被申请人对其制定的规范性文件相关条款的合法性提出书面答复，或者对有关罚款、加处罚款等计算标准提交书面说明等。

第三，判断是否属于阻挠、变相阻挠公民、法人或者其他组织依法申请行政复议的行为，主要应当以行政机关的行为是否对公民、法人或者其他组织行使申请行政复议权造成实际困难为标准。按照本法的规定，公民、法人或者其他组织申请行政复议应当符合相应的条件。如果行政机关实施有关行为，导致公民、法人或者其他组织难以申请行政复议，或者耽误申请行政复议，就应当视为本条规定的阻挠或变相阻挠行为。例如，行政机关没有在行政法律文书中告知申请复议的期限，或者作出甚至执行了行政行为但没有制作或送达书面行政法律文书，又或者没有按法定方式送达行政法律文书，导致有权申请行政复议的公民、法人或者其他组织耽误申请行政复议的期限。

【相关规范】

● 法律

1. 《中华人民共和国行政复议法》（2023 年 9 月 1 日）

第四十八条 行政复议机构应当自行政复议申请受理之日起七日内，将行政复议申请书副本或者行政复议申请笔录复印件发送被申请人。被申请人应当自收到行政复议申请书副本或者行政复议申请笔录复印件之日起十日内，提出书面答复，并提交作出行政行为的证据、依据和其他有关材料。

第五十八条 行政复议机关依照本法第五十六条、第五十七条的规定有权处理有关规范性文件或者依据的，行政复议机构应当自行政复议中止之日起三日内，书面通知规范性文件或者依据的制定机关就相关条款的合法性提出书面答复。制定机关应当自收到书面通知之日起十日内提交书面答复及相关材料。

行政复议机构认为必要时，可以要求规范性文件或者依据的制定机关当面说明理由，制定机关应当配合。

● *部门规章及文件*

2. 《税务行政复议规则》（2018 年 6 月 15 日）

第四十一条 有下列情形之一的，申请人应当提供证明材料：

（一）认为被申请人不履行法定职责的，提供要求被申请人履行法定职责而被申请人未履行的证明材料。

（二）申请行政复议时一并提出行政赔偿请求的，提供受具体行政行为侵害而造成损害的证明材料。

（三）法律、法规规定需要申请人提供证据材料的其他情形。

> **第八十三条　【被申请人不履行有关文书的法律责任】** 被申请人不履行或者无正当理由拖延履行行政复议决定书、调解书、意见书的，对负有责任的领导人员和直接责任人员依法给予警告、记过、记大过的处分；经责令履行仍拒不履行的，依法给予降级、撤职、开除的处分。

【理解与适用】

本条主要规定的是作为被申请人的行政机关，不履行或者无正当理由拖延履行行政复议决定书、调解书和意见书，其有关工作人员应当承担的纪律责任。理解本条规定内容，应当注意以下几点：

第一，行政复议决定书、调解书和意见书规定的内容，对被申请人有不同程度的约束力。行政复议决定书和行政复议调解书对被申请人具有法律上的执行力，被申请人必须严格按照行政复议决定书和调解书的规定履行相应的职责、承担相应的义务。行政复议决定是行政复议机关作为上级行政机关，对作为下级行政机关的被申请人发出的行政命令，被申请人必须不折不扣地执行。行政复议中调解行为虽然不具有强制力，但是一旦申请人和

第六章

·267·

被申请人达成书面调解协议，行政复议机关就会依法制作行政复议调解书，该调解书经双方当事人和行政复议机关盖章后具有法律效力，被申请人必须严格履行调解书约定的职责、承担相应的义务，不得随意拒绝或拖延。行政复议意见书是行政复议机关在审理行政复议案件过程中，发现被申请人或者其他下级行政机关的有关行政行为违法或者不当，向其提出改正或纠正意见而专门制发的行政法律文书。行政复议意见书既然是行政复议机关提出的"意见"，在法律上应当具有指导性作用。被申请人作为下级行政机关应当认真接受并细化执行。如果被申请人认为行政复议意见书的内容有误或者不具有现实可行性，无法执行，必须向行政复议机关对自己的正当理由进行解释和说明，取得行政复议机关的同意。如果被申请人在无正当理由的情况下，认为行政复议意见书没有法律上的强制力而拒绝履行或者拖延履行，相关工作人员应当承担相应的纪律责任。

第二，经行政复议机关责令履行仍然拒不履行的，应当从重处分。与其他条款的规定不同，本条在规定负有责任的领导人员和直接责任人员的纪律责任时，并不是以危害后果或者情节轻重标准区分从轻处分还是从重处分，而是以是否经责令履行仍不履行为条件。这是因为被申请人往往是行政复议机关的下级，两者之间存在领导与被领导的关系，作为下级的被申请人必须执行作为上级的行政复议机关作出的决定。需要说明的是，行政复议调解书正式作出时已经由被申请人签字承诺履行相应义务，并且由行政复议机关盖章，盖章以后的行政复议调解书在法律效力上与行政复议决定并不存在明显区别。至于行政复议意见书，虽然被申请人具有一定的细化操作空间，但这只是如何履行的问题，而不是可以拒绝履行的问题。在行政复议决定书、调解书和意见书已经作出的情况下，如果被申请人不履行或拖延履行就已经违反行政纪律。如果在行政复议机关等上级机关作出行政命令要求履行的情况下，被申请人依然拒不履行，事实上形成了下级行政机关拒不接受上级行政机关领导的问题。对于造成这一严重问题的领导人员和直接责任人员毫无疑问应当从重处分。

【相关规范】

● 法律

1.《中华人民共和国行政复议法》（2023 年 9 月 1 日）

第七十三条　当事人经调解达成协议的，行政复议机关应当制作行政复议调解书，经各方当事人签字或者签章，并加盖行政复议机关印章，即具有法律效力。

调解未达成协议或者调解书生效前一方反悔的，行政复议机关应当依法审查或者及时作出行政复议决定。

第七十六条　行政复议机关在办理行政复议案件过程中，发现被申请人或者其他下级行政机关的有关行政行为违法或者不当的，可以向其制发行政复议意见书。有关机关应当自收到行政复议意见书之日起六十日内，将纠正相关违法或者不当行政行为的情况报送行政复议机关。

第七十七条　被申请人应当履行行政复议决定书、调解书、意见书。

被申请人不履行或者无正当理由拖延履行行政复议决定书、调解书、意见书的，行政复议机关或者有关上级行政机关应当责令其限期履行，并可以约谈被申请人的有关负责人或者予以通报批评。

● 部门规章及文件

2.《交通运输行政复议规定》（2015 年 9 月 9 日）

第二十条　交通运输行政复议机关应当自受理交通运输行政复议申请之日起六十日内作出交通运输行政复议决定；但是法律规定的行政复议期限少于六十日的除外。情况复杂，不能在规定期限内作出交通运输行政复议决定的，经交通运输行政复议机关的负责人批准，可以适当延长，并告知申请人、被申请人、第三人，但是延长期限最多不超过三十日。

交通运输行政复议机关延长复议期限的，应当制作《延长交通运输行政复议期限通知书》（见附件 13）送达申请人、被申请人、第三人。

第二十一条　被申请人不履行或者无正当理由拖延履行交通运输行政复议决定的，交通运输行政复议机关或者有关上级交通运输行政机关应当责令其限期履行。

> **第八十四条　【拒绝、阻挠调查取证等行为的法律责任】** 拒绝、阻挠行政复议人员调查取证，故意扰乱行政复议工作秩序的，依法给予处分、治安管理处罚；构成犯罪的，依法追究刑事责任。

【理解与适用】

本条是对相关人员扰乱行政复议工作秩序应承担的纪律和法律责任的规定。理解和适用本条内容应当注意以下几点：

第一，违法行为人可能是被调查的单位或个人，也可能是其他单位或个人甚至是公务人员。按照本法的规定，行政复议机关在行政复议过程中，有权向有关单位和个人调查取证，查阅、复制、调取有关文件和资料，向有关人员进行询问。被调查取证的单位和个人应当积极配合行政复议人员的工作，不得拒绝或者阻挠。本条规定在一定程度上是对上述法定要求的回应，但是从行政复议实践来看，可能对行政复议人员调查取证实施阻挠行为的主体，除了被调查取证的单位和个人以外，也可能是其他单位或个人。如行政复议人员在居民小区了解是否存在违法建设时，物业公司、邻居等可能实施阻挠行为。另外行政复议人员向有关国家机关调取证据时，也可能受到这些国家机关工作人员的拒绝、阻挠。

第二，违法行为主要表现为拒绝、阻挠行政复议人员调查取证。拒绝、阻挠行为在现实中可能以不同形式呈现。如被调查的行政机关、企事业单位以各种理由拒绝、组织行政复议人员进入办公场所，不提供或者不全面提供行政复议机关要求提供的证据材料等。总体来看，只要行政机关公务人员和公民、法人或者其他组织故意实施了在效果上扰乱行政复议工作秩序的行为，就可以认定为是拒绝、阻挠行政复议人员调查取证。

第三，公务人员违法应予以处分，构成犯罪的追究刑事责任，不予以治安管理处罚。实践中行政机关公务人员可能在执行职务时实施挖苦、讽刺、谩骂、威胁、推搡、殴打等拒绝、阻挠行政复议人员调查取证的行为。表面上看，这些行为违反行政纪律，又违反治安管理处罚法。出现这种情形时，对这些违法的公务人员应当予以处分，但不进行治安行政处罚。

【相关规范】

● **法律**

1.《中华人民共和国行政复议法》（2023年9月1日）

第四十五条 行政复议机关有权向有关单位和个人调查取证，查阅、复制、调取有关文件和资料，向有关人员进行询问。

调查取证时，行政复议人员不得少于两人，并应当出示行政复议工作证件。

被调查取证的单位和个人应当积极配合行政复议人员的工作，不得拒绝或者阻挠。

2.《中华人民共和国治安管理处罚法》（2012年10月26日）

第二十三条 有下列行为之一的，处警告或者二百元以下罚款；情节较重的，处五日以上十日以下拘留，可以并处五百元以下罚款：

（一）扰乱机关、团体、企业、事业单位秩序，致使工作、生产、营业、医疗、教学、科研不能正常进行，尚未造成严重损失的；

（二）扰乱车站、港口、码头、机场、商场、公园、展览馆或者其他公共场所秩序的；

（三）扰乱公共汽车、电车、火车、船舶、航空器或者其他公共交通工具上的秩序的；

（四）非法拦截或者强登、扒乘机动车、船舶、航空器以及其他交通工具，影响交通工具正常行驶的；

（五）破坏依法进行的选举秩序的。

聚众实施前款行为的，对首要分子处十日以上十五日以下拘留，可以并处一千元以下罚款。

> **第八十五条　【违法事实材料移送】** 行政机关及其工作人员违反本法规定的，行政复议机关可以向监察机关或者公职人员任免机关、单位移送有关人员违法的事实材料，接受移送的监察机关或者公职人员任免机关、单位应当依法处理。

【理解与适用】

本条主要规定对行政机关工作人员，在行政复议过程中有违法行为的处理方式。理解本条规定需要注意以下几点：

第一，行政机关及其工作人员有违反本法规定的行为。本条所谓的行政机关包括行政复议的被申请人，但不限于被申请人。其他如被申请人的上级部门、主管部门等也可能成为本条所谓的行政机关。本条所谓违反本法规定的行为，应当仅指在行政复议过程中，行政机关实施的违反行政复议法规定的行为，如在简易程序中，被申请人没有在收到行政复议申请书副本或者申请笔录复印件之日起五日内，提出书面答复，或者没有提交作出行政行为的证据、依据和其他有关材料。不包括行政机关及其工作人员在行政程序中实施的违法行为，因为行政程序中的违法行为违反的并不是行政复议法的规定。

第二，行政复议机关可以根据实际情况决定是否移送。本条规定的目的在于督促包括被申请人在内的行政机关及其工作人员遵守行政复议法的规定，不得实施妨碍行政复议活动正常进行的违法行为。因此，即便行政机关及其工作人员实施了违反本法的行为，如果行政复议机关认为违法行为情节或后果轻微，不影响行政复议活动正常进行的，也可以不向监察机关、任免机关等移送事实材料。但是如果有关行政机关及其工作人员无视行政复议机关的要求，任性而为，明显影响行政复议活动的正常进行，行政复议机关可将有关事实材料移送监察机关、任免机关、单位，由他们对相关责任人员作出处理。

第三，行政复议机关可以根据案件情况决定移送的机关或单位。如果行政复议机关决定将行政机关及其工作人员违反本法的事实材料移送有监督权的机关，应当根据违法事实的具体情况确定相应的监督机关。一般而言，如果行政机关的目的是希望行政机关纠正自己的违法行为，或者希望对其作出相应的人事处理，那么可以选择将违法事实移送公务员任免机关、单位。如果是认为行政机关工作人员的行为涉嫌职务违法或职务犯罪，那么应当将违法材料移送监察机关，由后者进行调查处置。

【相关规范】

● 法律

1.《中华人民共和国公务员法》（2018 年 12 月 29 日）

第五十七条 机关应当对公务员的思想政治、履行职责、作风表现、遵纪守法等情况进行监督，开展勤政廉政教育，建立日常管理监督制度。

对公务员监督发现问题的，应当区分不同情况，予以谈话提醒、批评教育、责令检查、诫勉、组织调整、处分。

对公务员涉嫌职务违法和职务犯罪的，应当依法移送监察机关处理。

2.《中华人民共和国行政复议法》（2023 年 9 月 1 日）

第五十四条 适用简易程序审理的行政复议案件，行政复议机构应当自受理行政复议申请之日起三日内，将行政复议申请书副本或者行政复议申请笔录复印件发送被申请人。被申请人应当自收到行政复议申请书副本或者行政复议申请笔录复印件之日起五日内，提出书面答复，并提交作出行政行为的证据、依据和其他有关材料。

适用简易程序审理的行政复议案件，可以书面审理。

3. 《中华人民共和国海关行政复议办法》（2014 年 3 月 13 日）

第一百零八条 上级海关发现下级海关及有关工作人员有违反行政复议法、行政复议法实施条例和本办法规定的，应当制作《处理违法行为建议书》，向有关海关提出建议，该海关应当依照行政复议法和有关法律、行政法规的规定作出处理，并且将处理结果报告上级海关。

海关行政复议机构发现有关海关及其工作人员有违反行政复议法、行政复议法实施条例和本办法规定的，应当制作《处理违法行为建议书》，向人事、监察部门提出对有关责任人员的处分建议，也可以将有关人员违法的事实材料直接转送人事、监察部门处理；接受转送的人事、监察部门应当依法处理，并且将处理结果通报转送的海关行政复议机构。

> **第八十六条** 【职务违法犯罪线索移送】行政复议机关在办理行政复议案件过程中，发现公职人员涉嫌贪污贿赂、失职渎职等职务违法或者职务犯罪的问题线索，应当依照有关规定移送监察机关，由监察机关依法调查处置。

【理解与适用】

本条是对行政复议机关移送职务违法或职务犯罪问题线索的规定。理解该条规定需要注意以下几点：

第一，只要发现公职人员职务违法或者职务犯罪的问题线索就应当移送。行政复议机关在行政复议过程中如果发现相关证据，认为可能存在公职人员职务违法或职务犯罪行为，就应当将相关问题线索移送监察机关。问题线索移交给监察机关以后，监察机关依法要按照谈话、函询、初步核实、暂存待查等方式进行处置，也就是说行政复议机关移交给监察机关的问题线索并不是有充分证据证明的职务违法或者职务犯罪的事实。从行政复议实践来看，过去行政复议机关向监察机关移送问题线索的情况比较少。从理论上分析，或许是因为行政复议机关并没有掌握公职人员职务违法或者职务犯罪的充分证据，担心移送证据不充分的问题线索可能引发不必要的争议。其实这种担心是多余的，问题线索对于监察机关发现并查处公职人员职务违法或者职务犯罪具有重要的现实意义。移送问题线索以后，一方面监察机关会为行政复议机关保密，另一方面如果经监察机关调查核实，发现公职人员不存在职务违法或者职务犯罪的，也应作出相应的合理处置，不会引发对各方不利的消极后果。

第二，职务违法或者职务犯罪行为可能发生在行政复议过程中，也可能发生在行政程序中。行政复议机关在行政复议过程中，可能发现公职人员职务违法或者职务犯罪的问题线索。但是这些问题线索反映的公职人员职务违法或者职务犯罪行为，既可能发生于行政复议过程中，也可能发生于行政程序中。行政复议机关并不仅仅向监察机关移送，发生在行政复议过程中的公职人员职务违法或者职务犯罪线索。只要发现这些问题线索，就应当移送监察机关，只有这样才能实现监察机关的监督功能与其他国家机关的功能衔接，才能实现监察监督的全覆盖。

【相关规范】

● *监察法规及文件*

《中华人民共和国监察法实施条例》（2021 年 9 月 20 日）

第一百七十二条　信访举报部门归口受理本机关管辖监察对象涉嫌职务违法和职务犯罪问题的检举控告，统一接收有关监察机关以及其他单位移送的相关检举控告，移交本机关监督检查部门或者相关部门，并将移交情况通报案件监督管理部门。

案件监督管理部门统一接收巡视巡察机构和审计机关、执法机关、司法机关等其他机关移送的职务违法和职务犯罪问题线索，按程序移交本机关监督检查部门或者相关部门办理。

监督检查部门、调查部门在工作中发现的相关问题线索，属于本部门受理范围的，应当报送案件监督管理部门备案；属于本机关其他部门受理范围的，经审批后移交案件监督管理部门分办。

第一百七十四条 监督检查部门应当结合问题线索所涉及地区、部门、单位总体情况进行综合分析，提出处置意见并制定处置方案，经审批按照谈话、函询、初步核实、暂存待查、予以了结等方式进行处置，或者按照职责移送调查部门处置。

函询应当以监察机关办公厅（室）名义发函给被反映人，并抄送其所在单位和派驻监察机构主要负责人。被函询人应当在收到函件后十五个工作日以内写出说明材料，由其所在单位主要负责人签署意见后发函回复。被函询人为所在单位主要负责人的，或者被函询人所作说明涉及所在单位主要负责人的，应当直接发函回复监察机关。

被函询人已经退休的，按照第二款规定程序办理。

监察机关根据工作需要，经审批可以对谈话、函询情况进行核实。

第七章 附 则

> **第八十七条 【受理申请不收费】** 行政复议机关受理行政复议申请，不得向申请人收取任何费用。

【理解与适用】

本条是对行政复议收费问题的规定。1999 年的《中华人民共和国行政复议法》第三十九条明文规定了行政复议不收取任何费用，本条对此进行了再次强调。

行政复议坚持不收取任何费用的规定，有利于实现将行政复议作为"化解行政争议的主渠道"的目标。只要行政复议机关能够按照本法的规定严格行使行政复议权，依法对行政机关行使行政职权进行监督，维护公民、法人或者其他组织的合法权益，就可以吸引更多公民、法人或者其他组织通过行政复议的方式维护自己的合法权益，从而以非诉的方式解决行政争议。

> **第八十八条 【期间计算和文书送达】** 行政复议期间的计算和行政复议文书的送达，本法没有规定的，依照《中华人民共和国民事诉讼法》关于期间、送达的规定执行。
>
> 本法关于行政复议期间有关"三日"、"五日"、"七日"、"十日"的规定是指工作日，不含法定休假日。

【理解与适用】

本条是对行政复议期间的计算方式和行政复议文书送达方式的规定。理解和适用本条需要注意以下几点问题。

第一，行政复议期间计算和行政复议文书送达的法律依据，本法没有规定时可参考民事诉讼法。本法对行政复议期间有相应的规定，如本法第二十条规定，公民、法人或者其他组织认为行政行为侵犯其合法权益的，可以自知道或者应当知道该行政行为之日起六十日内提出行政复议申请；但是法律规定的申请期限超过六十日的除外。由此可知，公民、法人或者其他组织申请行政复议的期间一般是自知道或者应当知道该行政行为之日起六十日内。本法对行政复议机关如何送达行政复议文书没有作出专门规定。按照本条规定，行政复议机关可以按照民事诉讼法第七章第二节规定的方式和要求计算行政复议期间和送达行政复议文书。如行政复议的期间不包括期间开始的时日。

第二，十日以下行政复议期间不包括法定节假日。这些期间的时长普遍比较短，如果按照民事诉讼法的规定，民事诉讼的期间并不排除节假日，不利于保护公民、法人或者其他组织的行政复议权。因此本条作出特别规定，"三日""五日""七日""十日"的规定是指工作日，不含法定休假日。

【相关规范】

● **法律**

1. 《中华人民共和国行政复议法》（2023 年 9 月 1 日）

第二十条 公民、法人或者其他组织认为行政行为侵犯其合法权益的，可以自知道或者应当知道该行政行为之日起六十日内提出行政复议申请；但是法律规定的申请期限超过六十日的除外。

因不可抗力或者其他正当理由耽误法定申请期限的，申请期限自障碍消除之日起继续计算。

行政机关作出行政行为时，未告知公民、法人或者其他组织申请行政复议的权利、行政复议机关和申请期限的，申请期限自公民、法人或者其他组织知道或者应当知道申请行政复议的权利、行政复议机关和申请期限之日起计算，但是自知道或者应当知道行政行为内容之日起最长不得超过一年。

2. 《中华人民共和国民事诉讼法》（2023 年 9 月 1 日）

第八十五条 期间包括法定期间和人民法院指定的期间。

期间以时、日、月、年计算。期间开始的时和日，不计算在期间内。

期间届满的最后一日是法定休假日的，以法定休假日后的第一日为期间届满的日期。

期间不包括在途时间，诉讼文书在期满前交邮的，不算过期。

第八十八条 送达诉讼文书，应当直接送交受送达人。受送达人是公民的，本人不在交他的同住成年家属签收；受送达人是法人或者其他组织的，应当由法人的法定代表人、其他组织的主要负责人或者该法人、组织负责收件的人签收；受送达人有诉讼代理人的，可以送交其代理人签收；受送达人已向人民法院指定代收人的，送交代收人签收。

受送达人的同住成年家属，法人或者其他组织的负责收件的人、诉讼代理人或者代收人在送达回证上签收的日期为送达日期。

● *部门规章及文件*

3. 《中华人民共和国海关行政复议办法》（2014 年 3 月 13 日）

第一百零九条 海关行政复议期间的计算和行政复议法律文书的送达，依照民事诉讼法关于期间、送达的规定执行。

本办法关于行政复议期间有关"5 日""7 日"的规定是指工作日，不含节假日。

第八十九条　【适用范围补充规定】外国人、无国籍人、外国组织在中华人民共和国境内申请行政复议，适用本法。

【理解与适用】

本条是对外国人、无国籍人、外国组织在我国申请行政复议权的规定。一般情况下，外国的公民、无国籍人和外国的组织如果在我国期间，认为自己的合法权益受到我国行政机关的侵害，也享有申请行政复议的权利，可以依照本法的规定申请行政复议。但是按照对等原则，如果有关国家限制我国公民在该国申请行政复议权的，我国行政复议机关依法也应当有权限制该国公民或者组织在我国申请行政复议的权利。

> **第九十条 【施行日期】** 本法自 2024 年 1 月 1 日起施行。

【理解与适用】

本条规定的是本法生效施行的时间。2023 年 9 月 1 日，第十四届全国人民代表大会常务委员会根据行政复议的现实需要，对本法进行了公布，并规定自 2024 年 1 月 1 日起施行。本次修订涉及大量法律规范和具体制度的增删修改，需要给实施机关和全社会提供必要的准备时间，所以立法机关为此留出了四个月的新法实施准备期，便于解决新旧法过渡期间面临的法律实务问题。

附录一：相关规定全文

中华人民共和国行政复议法

（1999 年 4 月 29 日第九届全国人民代表大会常务委员会第九次会议通过 根据 2009 年 8 月 27 日第十一届全国人民代表大会常务委员会第十次会议《关于修改部分法律的决定》第一次修正 根据 2017 年 9 月 1 日第十二届全国人民代表大会常务委员会第二十九次会议《关于修改〈中华人民共和国法官法〉等八部法律的决定》第二次修正 2023 年 9 月 1 日第十四届全国人民代表大会常务委员会第五次会议修订 2023 年 9 月 1 日中华人民共和国主席令第 9 号公布 自 2024 年 1 月 1 日起施行）

目　　录

第一章　总　　则

　　第一条　为了防止和纠正违法的或者不当的行政行为，保护公民、法人和其他组织的合法权益，监督和保障行政机关依法行使职权，发挥行政复议化解行政争议的主渠道作用，推进法治政府建设，根据宪法，制定本法。

　　第二条　公民、法人或者其他组织认为行政机关的行政行为侵犯其合法权益，向行政复议机关提出行政复议申请，行政复议机关办理行政复议案件，适用本法。

　　前款所称行政行为，包括法律、法规、规章授权的组织的行政行为。

　　第三条　行政复议工作坚持中国共产党的领导。

　　行政复议机关履行行政复议职责，应当遵循合法、公正、公开、高效、便民、为民的原则，坚持有错必纠，保障法律、法规的正确实施。

　　第四条　县级以上各级人民政府以及其他依照本法履行行政复议职责的行政机关是行政复议机关。

　　行政复议机关办理行政复议事项的机构是行政复议机构。行政复议机构同时组织办理行政复议机关的行政应诉事项。

　　行政复议机关应当加强行政复议工作，支持和保障行政复议机构依法履行职责。上级行政复议机构对下级行政复议机构的行政复议工作进行指导、监督。

　　国务院行政复议机构可以发布行政复议指导性案例。

第五条　行政复议机关办理行政复议案件，可以进行调解。

调解应当遵循合法、自愿的原则，不得损害国家利益、社会公共利益和他人合法权益，不得违反法律、法规的强制性规定。

第六条　国家建立专业化、职业化行政复议人员队伍。

行政复议机构中初次从事行政复议工作的人员，应当通过国家统一法律职业资格考试取得法律职业资格，并参加统一职前培训。

国务院行政复议机构应当会同有关部门制定行政复议人员工作规范，加强对行政复议人员的业务考核和管理。

第七条　行政复议机关应当确保行政复议机构的人员配备与所承担的工作任务相适应，提高行政复议人员专业素质，根据工作需要保障办案场所、装备等设施。县级以上各级人民政府应当将行政复议工作经费列入本级预算。

第八条　行政复议机关应当加强信息化建设，运用现代信息技术，方便公民、法人或者其他组织申请、参加行政复议，提高工作质量和效率。

第九条　对在行政复议工作中做出显著成绩的单位和个人，按照国家有关规定给予表彰和奖励。

第十条　公民、法人或者其他组织对行政复议决定不服的，可以依照《中华人民共和国行政诉讼法》的规定向人民法院提起行政诉讼，但是法律规定行政复议决定为最终裁决的除外。

第二章　行政复议申请

第一节　行政复议范围

第十一条　有下列情形之一的，公民、法人或者其他组织可以依照本法申请行政复议：

（一）对行政机关作出的行政处罚决定不服；

（二）对行政机关作出的行政强制措施、行政强制执行决定不服；

（三）申请行政许可，行政机关拒绝或者在法定期限内不予答复，或者对行政机关作出的有关行政许可的其他决定不服；

（四）对行政机关作出的确认自然资源的所有权或者使用权的决定不服；

（五）对行政机关作出的征收征用决定及其补偿决定不服；

（六）对行政机关作出的赔偿决定或者不予赔偿决定不服；

（七）对行政机关作出的不予受理工伤认定申请的决定或者工伤认定结论不服；

（八）认为行政机关侵犯其经营自主权或者农村土地承包经营权、农村土地经营权；

（九）认为行政机关滥用行政权力排除或者限制竞争；

（十）认为行政机关违法集资、摊派费用或者违法要求履行其他义务；

（十一）申请行政机关履行保护人身权利、财产权利、受教育权利等合法权益的法定职责，行政机关拒绝履行、未依法履行或者不予答复；

（十二）申请行政机关依法给付抚恤金、社会保险待遇或者最低生活保障等社会保障，行政机关没有依法给付；

（十三）认为行政机关不依法订立、不依法履行、未按照约定履行或者违法变更、解除政府特许经营协议、土地房屋征收补偿协议等行政协议；

（十四）认为行政机关在政府信息公开工作中侵犯其合法权益；

（十五）认为行政机关的其他行政行为侵犯其合法权益。

第十二条 下列事项不属于行政复议范围：

（一）国防、外交等国家行为；

（二）行政法规、规章或者行政机关制定、发布的具有普遍约束力的决定、命令等规范性文件；

（三）行政机关对行政机关工作人员的奖惩、任免等决定；

（四）行政机关对民事纠纷作出的调解。

第十三条　公民、法人或者其他组织认为行政机关的行政行为所依据的下列规范性文件不合法，在对行政行为申请行政复议时，可以一并向行政复议机关提出对该规范性文件的附带审查申请：

（一）国务院部门的规范性文件；

（二）县级以上地方各级人民政府及其工作部门的规范性文件；

（三）乡、镇人民政府的规范性文件；

（四）法律、法规、规章授权的组织的规范性文件。

前款所列规范性文件不含规章。规章的审查依照法律、行政法规办理。

第二节　行政复议参加人

第十四条　依照本法申请行政复议的公民、法人或者其他组织是申请人。

有权申请行政复议的公民死亡的，其近亲属可以申请行政复议。有权申请行政复议的法人或者其他组织终止的，其权利义务承受人可以申请行政复议。

有权申请行政复议的公民为无民事行为能力人或者限制民事行为能力人的，其法定代理人可以代为申请行政复议。

第十五条　同一行政复议案件申请人人数众多的，可以由申请人推选代表人参加行政复议。

代表人参加行政复议的行为对其所代表的申请人发生效力，但是代表人变更行政复议请求、撤回行政复议申请、承认第三人请求的，应当经被代表的申请人同意。

第十六条　申请人以外的同被申请行政复议的行政行为或者行政复议案件处理结果有利害关系的公民、法人或者其他组织，可以作为第三人申请参加行政复议，或者由行政复议机构通知其作为第三人参加行政复议。

第三人不参加行政复议，不影响行政复议案件的审理。

第十七条　申请人、第三人可以委托一至二名律师、基层法律服务工作者或者其他代理人代为参加行政复议。

申请人、第三人委托代理人的，应当向行政复议机构提交授权委托书、委托人及被委托人的身份证明文件。授权委托书应当载明委托事项、权限和期限。申请人、第三人变更或者解除代理人权限的，应当书面告知行政复议机构。

第十八条　符合法律援助条件的行政复议申请人申请法律援助的，法律援助机构应当依法为其提供法律援助。

第十九条　公民、法人或者其他组织对行政行为不服申请行政复议的，作出行政行为的行政机关或者法律、法规、规章授权的组织是被申请人。

两个以上行政机关以共同的名义作出同一行政行为的，共同作出行政行为的行政机关是被申请人。

行政机关委托的组织作出行政行为的，委托的行政机关是被申请人。

作出行政行为的行政机关被撤销或者职权变更的，继续行使其职权的行政机关是被申请人。

第三节　申请的提出

第二十条　公民、法人或者其他组织认为行政行为侵犯其合法权益的，可以自知道或者应当知道该行政行为之日起六十日内提出行政复议申请；但是法律规定的申请期限超过六十日的除外。

因不可抗力或者其他正当理由耽误法定申请期限的，申请期限自障碍消除之日起继续计算。

行政机关作出行政行为时，未告知公民、法人或者其他组织申请行政复议的权利、行政复议机关和申请期限的，申请期限自公民、法人或者其他组织知道或者应当知道申请行政复议的权利、行政复议机关和申请期限之日起计算，但是自知道或者应当知道行政行为内容之日起最长不得超过一年。

第二十一条　因不动产提出的行政复议申请自行政行为作出之日起超过二十年，其他行政复议申请自行政行为作出之日起超过五年的，行政复议机关不予受理。

第二十二条　申请人申请行政复议，可以书面申请；书面申请有困难的，也可以口头申请。

书面申请的，可以通过邮寄或者行政复议机关指定的互联网渠道等方式提交行政复议申请书，也可以当面提交行政复议申请书。行政机关通过互联网渠道送达行政行为决定书的，应当同时提供提交行政复议申请书的互联网渠道。

口头申请的，行政复议机关应当当场记录申请人的基本情况、行政复议请求、申请行政复议的主要事实、理由和时间。

申请人对两个以上行政行为不服的，应当分别申请行政复议。

第二十三条　有下列情形之一的，申请人应当先向行政复议机关申请行政复议，对行政复议决定不服的，可以再依法向人民法院提起行政诉讼：

（一）对当场作出的行政处罚决定不服；

（二）对行政机关作出的侵犯其已经依法取得的自然资源的所有权或者使用权的决定不服；

（三）认为行政机关存在本法第十一条规定的未履行法定职责情形；

（四）申请政府信息公开，行政机关不予公开；

（五）法律、行政法规规定应当先向行政复议机关申请行政复议的其他情形。

对前款规定的情形，行政机关在作出行政行为时应当告知公民、法人或者其他组织先向行政复议机关申请行政复议。

第四节　行政复议管辖

第二十四条　县级以上地方各级人民政府管辖下列行政复议案件：

（一）对本级人民政府工作部门作出的行政行为不服的；

（二）对下一级人民政府作出的行政行为不服的；

（三）对本级人民政府依法设立的派出机关作出的行政行为不服的；

（四）对本级人民政府或者其工作部门管理的法律、法规、规章授权的组织作出的行政行为不服的。

除前款规定外，省、自治区、直辖市人民政府同时管辖对本机关作出的行政行为不服的行政复议案件。

省、自治区人民政府依法设立的派出机关参照设区的市级人民政府的职责权限，管辖相关行政复议案件。

对县级以上地方各级人民政府工作部门依法设立的派出机构依照法律、法规、规章规定，以派出机构的名义作出的行政行为不服的行政复议案件，由本级人民政府管辖；其中，对直辖市、设区的市人民政府工作部门按照行政区划设立的派出机构作出的行政行为不服的，也可以由其所在地的人民政府管辖。

第二十五条　国务院部门管辖下列行政复议案件：

（一）对本部门作出的行政行为不服的；

（二）对本部门依法设立的派出机构依照法律、行政法规、部门规章规定，以派出机构的名义作出的行政行为不服的；

（三）对本部门管理的法律、行政法规、部门规章授权的组织作出的行政行为不服的。

第二十六条　对省、自治区、直辖市人民政府依照本法第二十四条第二款的规定、国务院部门依照本法第二十五条第一项的规定作出的行政复议决定不服的，可以向人民法院提起行政诉讼；也可以向国务院申请裁决，国务院依照本法的规定作出最终裁决。

第二十七条　对海关、金融、外汇管理等实行垂直领导的行政机关、税务和国家安全机关的行政行为不服的，向上一级主管部门申请行政复议。

第二十八条　对履行行政复议机构职责的地方人民政府司法行政部门的行政行为不服的，可以向本级人民政府申请行政复议，也可以向上一级司法行政部门申请行政复议。

第二十九条　公民、法人或者其他组织申请行政复议，行政复议机关已经依法受理的，在行政复议期间不得向人民法院提起行政诉讼。

公民、法人或者其他组织向人民法院提起行政诉讼，人民法院已经依法受理的，不得申请行政复议。

第三章　行政复议受理

第三十条　行政复议机关收到行政复议申请后，应当在五日内进行审查。对符合下列规定的，行政复议机关应当予以受理：

（一）有明确的申请人和符合本法规定的被申请人；

（二）申请人与被申请行政复议的行政行为有利害关系；

（三）有具体的行政复议请求和理由；

（四）在法定申请期限内提出；

（五）属于本法规定的行政复议范围；

（六）属于本机关的管辖范围；

（七）行政复议机关未受理过该申请人就同一行政行为提出的行政复议申请，并且人民法院未受理过该申请人就同一行政行为提起的行政诉讼。

对不符合前款规定的行政复议申请，行政复议机关应当在审查期限内决定不予受理并说明理由；不属于本机关管辖的，还应当在不予受理决定中告知申请人有管辖权的行政复议机关。

行政复议申请的审查期限届满，行政复议机关未作出不予受理决定的，审查期限届满之日起视为受理。

第三十一条 行政复议申请材料不齐全或者表述不清楚，无法判断行政复议申请是否符合本法第三十条第一款规定的，行政复议机关应当自收到申请之日起五日内书面通知申请人补正。补正通知应当一次性载明需要补正的事项。

申请人应当自收到补正通知之日起十日内提交补正材料。有正当理由不能按期补正的，行政复议机关可以延长合理的补正期限。无正当理由逾期不补正的，视为申请人放弃行政复议申请，并记录在案。

行政复议机关收到补正材料后，依照本法第三十条的规定处理。

第三十二条 对当场作出或者依据电子技术监控设备记录的违法事实作出的行政处罚决定不服申请行政复议的，可以通过作出行政处罚决定的行政机关提交行政复议申请。

行政机关收到行政复议申请后，应当及时处理；认为需要维持行政处罚决定的，应当自收到行政复议申请之日起五日内转送行政复议机关。

第三十三条 行政复议机关受理行政复议申请后，发现该行政复议申请不符合本法第三十条第一款规定的，应当决定驳回申请并说明理由。

第三十四条 法律、行政法规规定应当先向行政复议机关申请行政复议、对行政复议决定不服再向人民法院提起行政诉讼的，行政复议机关决定不予受理、驳回申请或者受理后超过行政复议期限不作答复的，公民、法人或者其他组织可以自收到决定书之日起或者行政复议期限届满之日起十五日内，依法向人民法院提起行政诉讼。

第三十五条　公民、法人或者其他组织依法提出行政复议申请，行政复议机关无正当理由不予受理、驳回申请或者受理后超过行政复议期限不作答复的，申请人有权向上级行政机关反映，上级行政机关应当责令其纠正；必要时，上级行政复议机关可以直接受理。

第四章　行政复议审理

第一节　一般规定

第三十六条　行政复议机关受理行政复议申请后，依照本法适用普通程序或者简易程序进行审理。行政复议机构应当指定行政复议人员负责办理行政复议案件。

行政复议人员对办理行政复议案件过程中知悉的国家秘密、商业秘密和个人隐私，应当予以保密。

第三十七条　行政复议机关依照法律、法规、规章审理行政复议案件。

行政复议机关审理民族自治地方的行政复议案件，同时依照该民族自治地方的自治条例和单行条例。

第三十八条　上级行政复议机关根据需要，可以审理下级行政复议机关管辖的行政复议案件。

下级行政复议机关对其管辖的行政复议案件，认为需要由上级行政复议机关审理的，可以报请上级行政复议机关决定。

第三十九条　行政复议期间有下列情形之一的，行政复议中止：

（一）作为申请人的公民死亡，其近亲属尚未确定是否参加行政复议；

（二）作为申请人的公民丧失参加行政复议的行为能力，尚未确定法定代理人参加行政复议；

（三）作为申请人的公民下落不明；

（四）作为申请人的法人或者其他组织终止，尚未确定权利义务承受人；

（五）申请人、被申请人因不可抗力或者其他正当理由，不能参加行政复议；

（六）依照本法规定进行调解、和解，申请人和被申请人同意中止；

（七）行政复议案件涉及的法律适用问题需要有权机关作出解释或者确认；

（八）行政复议案件审理需要以其他案件的审理结果为依据，而其他案件尚未审结；

（九）有本法第五十六条或者第五十七条规定的情形；

（十）需要中止行政复议的其他情形。

行政复议中止的原因消除后，应当及时恢复行政复议案件的审理。

行政复议机关中止、恢复行政复议案件的审理，应当书面告知当事人。

第四十条 行政复议期间，行政复议机关无正当理由中止行政复议的，上级行政机关应当责令其恢复审理。

第四十一条 行政复议期间有下列情形之一的，行政复议机关决定终止行政复议：

（一）申请人撤回行政复议申请，行政复议机构准予撤回；

（二）作为申请人的公民死亡，没有近亲属或者其近亲属放弃行政复议权利；

（三）作为申请人的法人或者其他组织终止，没有权利义务承受人或者其权利义务承受人放弃行政复议权利；

（四）申请人对行政拘留或者限制人身自由的行政强制措施不服申请行政复议后，因同一违法行为涉嫌犯罪，被采取刑事强制措施；

（五）依照本法第三十九条第一款第一项、第二项、第四项的规定中止行政复议满六十日，行政复议中止的原因仍未消除。

第四十二条　行政复议期间行政行为不停止执行；但是有下列情形之一的，应当停止执行：

（一）被申请人认为需要停止执行；

（二）行政复议机关认为需要停止执行；

（三）申请人、第三人申请停止执行，行政复议机关认为其要求合理，决定停止执行；

（四）法律、法规、规章规定停止执行的其他情形。

第二节　行政复议证据

第四十三条　行政复议证据包括：

（一）书证；

（二）物证；

（三）视听资料；

（四）电子数据；

（五）证人证言；

（六）当事人的陈述；

（七）鉴定意见；

（八）勘验笔录、现场笔录。

以上证据经行政复议机构审查属实，才能作为认定行政复议案件事实的根据。

第四十四条　被申请人对其作出的行政行为的合法性、适当性负有举证责任。

有下列情形之一的，申请人应当提供证据：

（一）认为被申请人不履行法定职责的，提供曾经要求被申请人履行法定职责的证据，但是被申请人应当依职权主动履行法定职责或者申请人因正当理由不能提供的除外；

（二）提出行政赔偿请求的，提供受行政行为侵害而造成损害的证据，但是因被申请人原因导致申请人无法举证的，由被申请人承担举证责任；

（三）法律、法规规定需要申请人提供证据的其他情形。

第四十五条 行政复议机关有权向有关单位和个人调查取证，查阅、复制、调取有关文件和资料，向有关人员进行询问。

调查取证时，行政复议人员不得少于两人，并应当出示行政复议工作证件。

被调查取证的单位和个人应当积极配合行政复议人员的工作，不得拒绝或者阻挠。

第四十六条 行政复议期间，被申请人不得自行向申请人和其他有关单位或者个人收集证据；自行收集的证据不作为认定行政行为合法性、适当性的依据。

行政复议期间，申请人或者第三人提出被申请行政复议的行政行为作出时没有提出的理由或者证据的，经行政复议机构同意，被申请人可以补充证据。

第四十七条 行政复议期间，申请人、第三人及其委托代理人可以按照规定查阅、复制被申请人提出的书面答复、作出行政行为的证据、依据和其他有关材料，除涉及国家秘密、商业秘密、个人隐私或者可能危及国家安全、公共安全、社会稳定的情形外，行政复议机构应当同意。

第三节　普　通　程　序

第四十八条　行政复议机构应当自行政复议申请受理之日起七日内，将行政复议申请书副本或者行政复议申请笔录复印件发送被申请人。被申请人应当自收到行政复议申请书副本或者行政复议申请笔录复印件之日起十日内，提出书面答复，并提交作出行政行为的证据、依据和其他有关材料。

第四十九条　适用普通程序审理的行政复议案件，行政复议机构应当当面或者通过互联网、电话等方式听取当事人的意见，并将听取的意见记录在案。因当事人原因不能听取意见的，可以书面审理。

第五十条　审理重大、疑难、复杂的行政复议案件，行政复议机构应当组织听证。

行政复议机构认为有必要听证，或者申请人请求听证的，行政复议机构可以组织听证。

听证由一名行政复议人员任主持人，两名以上行政复议人员任听证员，一名记录员制作听证笔录。

第五十一条　行政复议机构组织听证的，应当于举行听证的五日前将听证的时间、地点和拟听证事项书面通知当事人。

申请人无正当理由拒不参加听证的，视为放弃听证权利。

被申请人的负责人应当参加听证。不能参加的，应当说明理由并委托相应的工作人员参加听证。

第五十二条　县级以上各级人民政府应当建立相关政府部门、专家、学者等参与的行政复议委员会，为办理行政复议案件提供咨询意见，并就行政复议工作中的重大事项和共性问题研究提出意见。行政复议委员会的组成和开展工作的具体办法，由国务院行政复议机构制定。

审理行政复议案件涉及下列情形之一的，行政复议机构应当提请行政复议委员会提出咨询意见：

（一）案情重大、疑难、复杂；

（二）专业性、技术性较强；

（三）本法第二十四条第二款规定的行政复议案件；

（四）行政复议机构认为有必要。

行政复议机构应当记录行政复议委员会的咨询意见。

第四节　简　易　程　序

第五十三条　行政复议机关审理下列行政复议案件，认为事实清楚、权利义务关系明确、争议不大的，可以适用简易程序：

（一）被申请行政复议的行政行为是当场作出；

（二）被申请行政复议的行政行为是警告或者通报批评；

（三）案件涉及款额三千元以下；

（四）属于政府信息公开案件。

除前款规定以外的行政复议案件，当事人各方同意适用简易程序的，可以适用简易程序。

第五十四条　适用简易程序审理的行政复议案件，行政复议机构应当自受理行政复议申请之日起三日内，将行政复议申请书副本或者行政复议申请笔录复印件发送被申请人。被申请人应当自收到行政复议申请书副本或者行政复议申请笔录复印件之日起五日内，提出书面答复，并提交作出行政行为的证据、依据和其他有关材料。

适用简易程序审理的行政复议案件，可以书面审理。

第五十五条　适用简易程序审理的行政复议案件，行政复议机构认为不宜适用简易程序的，经行政复议机构的负责人批准，可以转为普通程序审理。

第五节　行政复议附带审查

第五十六条　申请人依照本法第十三条的规定提出对有关规范性文件的附带审查申请，行政复议机关有权处理的，应当在三十日内依法处理；无权处理的，应当在七日内转送有权处理的行政机关依法处理。

第五十七条　行政复议机关在对被申请人作出的行政行为进行审查时，认为其依据不合法，本机关有权处理的，应当在三十日内依法处理；无权处理的，应当在七日内转送有权处理的国家机关依法处理。

第五十八条　行政复议机关依照本法第五十六条、第五十七条的规定有权处理有关规范性文件或者依据的，行政复议机构应当自行政复议中止之日起三日内，书面通知规范性文件或者依据的制定机关就相关条款的合法性提出书面答复。制定机关应当自收到书面通知之日起十日内提交书面答复及相关材料。

行政复议机构认为必要时，可以要求规范性文件或者依据的制定机关当面说明理由，制定机关应当配合。

第五十九条　行政复议机关依照本法第五十六条、第五十七条的规定有权处理有关规范性文件或者依据，认为相关条款合法的，在行政复议决定书中一并告知；认为相关条款超越权限或者违反上位法的，决定停止该条款的执行，并责令制定机关予以纠正。

第六十条　依照本法第五十六条、第五十七条的规定接受转送的行政机关、国家机关应当自收到转送之日起六十日内，将处理意见回复转送的行政复议机关。

第五章　行政复议决定

第六十一条　行政复议机关依照本法审理行政复议案件，由行政复议机构对行政行为进行审查，提出意见，经行政复议机关的负责人同意或者集体讨论通过后，以行政复议机关的名义作出行政复议决定。

经过听证的行政复议案件，行政复议机关应当根据听证笔录、审查认定的事实和证据，依照本法作出行政复议决定。

提请行政复议委员会提出咨询意见的行政复议案件，行政复议机关应当将咨询意见作为作出行政复议决定的重要参考依据。

第六十二条　适用普通程序审理的行政复议案件，行政复议机关应当自受理申请之日起六十日内作出行政复议决定；但是法律规定的行政复议期限少于六十日的除外。情况复杂，不能在规定期限内作出行政复议决定的，经行政复议机构的负责人批准，可以适当延长，并书面告知当事人；但是延长期限最多不得超过三十日。

适用简易程序审理的行政复议案件，行政复议机关应当自受理申请之日起三十日内作出行政复议决定。

第六十三条　行政行为有下列情形之一的，行政复议机关决定变更该行政行为：

（一）事实清楚，证据确凿，适用依据正确，程序合法，但是内容不适当；

（二）事实清楚，证据确凿，程序合法，但是未正确适用依据；

（三）事实不清、证据不足，经行政复议机关查清事实和证据。

行政复议机关不得作出对申请人更为不利的变更决定，但是第三人提出相反请求的除外。

第六十四条　行政行为有下列情形之一的，行政复议机关决定撤销或者部分撤销该行政行为，并可以责令被申请人在一定期限内重新作出行政行为：

（一）主要事实不清、证据不足；

（二）违反法定程序；

（三）适用的依据不合法；

（四）超越职权或者滥用职权。

行政复议机关责令被申请人重新作出行政行为的，被申请人不得以同一事实和理由作出与被申请行政复议的行政行为相同或者基本相同的行政行为，但是行政复议机关以违反法定程序为由决定撤销或者部分撤销的除外。

第六十五条　行政行为有下列情形之一的，行政复议机关不撤销该行政行为，但是确认该行政行为违法：

（一）依法应予撤销，但是撤销会给国家利益、社会公共利益造成重大损害；

（二）程序轻微违法，但是对申请人权利不产生实际影响。

行政行为有下列情形之一，不需要撤销或者责令履行的，行政复议机关确认该行政行为违法：

（一）行政行为违法，但是不具有可撤销内容；

（二）被申请人改变原违法行政行为，申请人仍要求撤销或者确认该行政行为违法；

（三）被申请人不履行或者拖延履行法定职责，责令履行没有意义。

第六十六条　被申请人不履行法定职责的，行政复议机关决定被申请人在一定期限内履行。

第六十七条　行政行为有实施主体不具有行政主体资格或者没有依据等重大且明显违法情形，申请人申请确认行政行为无效的，行政复议机关确认该行政行为无效。

第六十八条　行政行为认定事实清楚，证据确凿，运用依据正确，程序合法，内容适当的，行政复议机关决定维持该行政行为。

第六十九条　行政复议机关受理申请人认为被申请人不履行法定职责的行政复议申请后，发现被申请人没有相应法定职责或者在受理前已经履行法定职责的，决定驳回申请人的行政复议请求。

第七十条　被申请人不按照本法第四十八条、第五十四条的规定提出书面答复、提交作出行政行为的证据、依据和其他有关材料的，视为该行政行为没有证据、依据，行政复议机关决定撤销、部分撤销该行政行为，确认该行政行为违法、无效或者决定被申请人在一定期限内履行，但是行政行为涉及第三人合法权益，第三人提供证据的除外。

第七十一条　被申请人不依法订立、不依法履行、未按照约定履行或者违法变更、解除行政协议的，行政复议机关决定被申请人承担依法订立、继续履行、采取补救措施或者赔偿损失等责任。

被申请人变更、解除行政协议合法，但是未依法给予补偿或者补偿不合理的，行政复议机关决定被申请人依法给予合理补偿。

第七十二条　申请人在申请行政复议时一并提出行政赔偿请求，行政复议机关对依照《中华人民共和国国家赔偿法》的有关规定应当不予赔偿的，在作出行政复议决定时，应当同时决定驳回行政赔偿请求；对符合《中华人民共和国国家赔偿法》的有关规定应当给予赔偿的，在决定撤销或者部分撤销、变更行政行为或者确认行政行为违法、无效时，应当同时决定被申请人依法给予赔偿；确认行政行为违法的，还可以同时责令被申请人采取补救措施。

申请人在申请行政复议时没有提出行政赔偿请求的，行政复议机关在依法决定撤销或者部分撤销、变更罚款，撤销或者部分撤销违法集资、没收财物、征收征用、摊派费用以及对财产的查封、扣押、冻结等行政行为时，应当同时责令被申请人返还财产，解除对财产的查封、扣押、冻结措施，或者赔偿相应的价款。

第七十三条　当事人经调解达成协议的，行政复议机关应当制作行政复议调解书，经各方当事人签字或者签章，并加盖行政复议机关印章，即具有法律效力。

调解未达成协议或者调解书生效前一方反悔的，行政复议机关应当依法审查或者及时作出行政复议决定。

第七十四条　当事人在行政复议决定作出前可以自愿达成和解，和解内容不得损害国家利益、社会公共利益和他人合法权益，不得违反法律、法规的强制性规定。

当事人达成和解后，由申请人向行政复议机构撤回行政复议申请。行政复议机构准予撤回行政复议申请、行政复议机关决定终止行政复议的，申请人不得再以同一事实和理由提出行政复议申请。但是，申请人能够证明撤回行政复议申请违背其真实意愿的除外。

第七十五条　行政复议机关作出行政复议决定，应当制作行政复议决定书，并加盖行政复议机关印章。

行政复议决定书一经送达，即发生法律效力。

第七十六条　行政复议机关在办理行政复议案件过程中，发现被申请人或者其他下级行政机关的有关行政行为违法或者不当的，可以向其制发行政复议意见书。有关机关应当自收到行政复议意见书之日起六十日内，将纠正相关违法或者不当行政行为的情况报送行政复议机关。

第七十七条　被申请人应当履行行政复议决定书、调解书、意见书。

被申请人不履行或者无正当理由拖延履行行政复议决定书、调解书、意见书的，行政复议机关或者有关上级行政机关应当责令其限期履行，并可以约谈被申请人的有关负责人或者予以通报批评。

第七十八条 申请人、第三人逾期不起诉又不履行行政复议决定书、调解书的，或者不履行最终裁决的行政复议决定的，按照下列规定分别处理：

（一）维持行政行为的行政复议决定书，由作出行政行为的行政机关依法强制执行，或者申请人民法院强制执行；

（二）变更行政行为的行政复议决定书，由行政复议机关依法强制执行，或者申请人民法院强制执行；

（三）行政复议调解书，由行政复议机关依法强制执行，或者申请人民法院强制执行。

第七十九条 行政复议机关根据被申请行政复议的行政行为的公开情况，按照国家有关规定将行政复议决定书向社会公开。

县级以上地方各级人民政府办理以本级人民政府工作部门为被申请人的行政复议案件，应当将发生法律效力的行政复议决定书、意见书同时抄告被申请人的上一级主管部门。

第六章　法　律　责　任

第八十条 行政复议机关不依照本法规定履行行政复议职责，对负有责任的领导人员和直接责任人员依法给予警告、记过、记大过的处分；经有权监督的机关督促仍不改正或者造成严重后果的，依法给予降级、撤职、开除的处分。

第八十一条 行政复议机关工作人员在行政复议活动中，徇私舞弊或者有其他渎职、失职行为的，依法给予警告、记过、记大过的处分；情节严重的，依法给予降级、撤职、开除的处分；构成犯罪的，依法追究刑事责任。

第八十二条 被申请人违反本法规定，不提出书面答复或者不提交作出行政行为的证据、依据和其他有关材料，或者阻挠、变相阻挠公民、法人或者其他组织依法申请行政复议的，对负有责任的领导人员和直接责任人员依法给予警告、记过、记大过的处分；进行报复陷害的，依法给予降级、撤职、开除的处分；构成犯罪的，依法追究刑事责任。

第八十三条　被申请人不履行或者无正当理由拖延履行行政复议决定书、调解书、意见书的，对负有责任的领导人员和直接责任人员依法给予警告、记过、记大过的处分；经责令履行仍拒不履行的，依法给予降级、撤职、开除的处分。

第八十四条　拒绝、阻挠行政复议人员调查取证，故意扰乱行政复议工作秩序的，依法给予处分、治安管理处罚；构成犯罪的，依法追究刑事责任。

第八十五条　行政机关及其工作人员违反本法规定的，行政复议机关可以向监察机关或者公职人员任免机关、单位移送有关人员违法的事实材料，接受移送的监察机关或者公职人员任免机关、单位应当依法处理。

第八十六条　行政复议机关在办理行政复议案件过程中，发现公职人员涉嫌贪污贿赂、失职渎职等职务违法或者职务犯罪的问题线索，应当依照有关规定移送监察机关，由监察机关依法调查处置。

第七章　附　　则

第八十七条　行政复议机关受理行政复议申请，不得向申请人收取任何费用。

第八十八条　行政复议期间的计算和行政复议文书的送达，本法没有规定的，依照《中华人民共和国民事诉讼法》关于期间、送达的规定执行。

本法关于行政复议期间有关"三日"、"五日"、"七日"、"十日"的规定是指工作日，不含法定休假日。

第八十九条　外国人、无国籍人、外国组织在中华人民共和国境内申请行政复议，适用本法。

第九十条　本法自 2024 年 1 月 1 日起施行。

中华人民共和国行政复议法实施条例

（2007 年 5 月 23 日国务院第 177 次常务会议通过 2007 年 5 月 29 日中华人民共和国国务院令第 499 号公布　自 2007 年 8 月 1 日起施行）

第一章　总　　则

第一条　为了进一步发挥行政复议制度在解决行政争议、建设法治政府、构建社会主义和谐社会中的作用，根据《中华人民共和国行政复议法》（以下简称行政复议法），制定本条例。

第二条　各级行政复议机关应当认真履行行政复议职责，领导并支持本机关负责法制工作的机构（以下简称行政复议机构）依法办理行政复议事项，并依照有关规定配备、充实、调剂专职行政复议人员，保证行政复议机构的办案能力与工作任务相适应。

第三条　行政复议机构除应当依照行政复议法第三条的规定履行职责外，还应当履行下列职责：

（一）依照行政复议法第十八条的规定转送有关行政复议申请；

（二）办理行政复议法第二十九条规定的行政赔偿等事项；

（三）按照职责权限，督促行政复议申请的受理和行政复议决定的履行；

（四）办理行政复议、行政应诉案件统计和重大行政复议决定备案事项；

（五）办理或者组织办理未经行政复议直接提起行政诉讼的行政应诉事项；

（六）研究行政复议工作中发现的问题，及时向有关机关提出改进建议，重大问题及时向行政复议机关报告。

第四条 专职行政复议人员应当具备与履行行政复议职责相适应的品行、专业知识和业务能力，并取得相应资格。具体办法由国务院法制机构会同国务院有关部门规定。

第二章　行政复议申请

第一节　申　请　人

第五条 依照行政复议法和本条例的规定申请行政复议的公民、法人或者其他组织为申请人。

第六条 合伙企业申请行政复议的，应当以核准登记的企业为申请人，由执行合伙事务的合伙人代表该企业参加行政复议；其他合伙组织申请行政复议的，由合伙人共同申请行政复议。

前款规定以外的不具备法人资格的其他组织申请行政复议的，由该组织的主要负责人代表该组织参加行政复议；没有主要负责人的，由共同推选的其他成员代表该组织参加行政复议。

第七条 股份制企业的股东大会、股东代表大会、董事会认为行政机关作出的具体行政行为侵犯企业合法权益的，可以以企业的名义申请行政复议。

第八条 同一行政复议案件申请人超过 5 人的，推选 1 至 5 名代表参加行政复议。

第九条 行政复议期间，行政复议机构认为申请人以外的公民、法人或者其他组织与被审查的具体行政行为有利害关系的，可以通知其作为第三人参加行政复议。

行政复议期间，申请人以外的公民、法人或者其他组织与被审查的具体行政行为有利害关系的，可以向行政复议机构申请作为第三人参加行政复议。

第三人不参加行政复议，不影响行政复议案件的审理。

第十条　申请人、第三人可以委托 1 至 2 名代理人参加行政复议。申请人、第三人委托代理人的，应当向行政复议机构提交授权委托书。授权委托书应当载明委托事项、权限和期限。公民在特殊情况下无法书面委托的，可以口头委托。口头委托的，行政复议机构应当核实并记录在卷。申请人、第三人解除或者变更委托的，应当书面报告行政复议机构。

第二节　被 申 请 人

第十一条　公民、法人或者其他组织对行政机关的具体行政行为不服，依照行政复议法和本条例的规定申请行政复议的，作出该具体行政行为的行政机关为被申请人。

第十二条　行政机关与法律、法规授权的组织以共同的名义作出具体行政行为的，行政机关和法律、法规授权的组织为共同被申请人。

行政机关与其他组织以共同名义作出具体行政行为的，行政机关为被申请人。

第十三条　下级行政机关依照法律、法规、规章规定，经上级行政机关批准作出具体行政行为的，批准机关为被申请人。

第十四条　行政机关设立的派出机构、内设机构或者其他组织，未经法律、法规授权，对外以自己名义作出具体行政行为的，该行政机关为被申请人。

第三节　行政复议申请期限

第十五条　行政复议法第九条第一款规定的行政复议申请期限的计算，依照下列规定办理：

（一）当场作出具体行政行为的，自具体行政行为作出之日起计算；

（二）载明具体行政行为的法律文书直接送达的，自受送达人签收之日起计算；

（三）载明具体行政行为的法律文书邮寄送达的，自受送达人在邮件签收单上签收之日起计算；没有邮件签收单的，自受送达人在送达回执上签名之日起计算；

（四）具体行政行为依法通过公告形式告知受送达人的，自公告规定的期限届满之日起计算；

（五）行政机关作出具体行政行为时未告知公民、法人或者其他组织，事后补充告知的，自该公民、法人或者其他组织收到行政机关补充告知的通知之日起计算；

（六）被申请人能够证明公民、法人或者其他组织知道具体行政行为的，自证据材料证明其知道具体行政行为之日起计算。

行政机关作出具体行政行为，依法应当向有关公民、法人或者其他组织送达法律文书而未送达的，视为该公民、法人或者其他组织不知道该具体行政行为。

第十六条　公民、法人或者其他组织依照行政复议法第六条第（八）项、第（九）项、第（十）项的规定申请行政机关履行法定职责，行政机关未履行的，行政复议申请期限依照下列规定计算：

（一）有履行期限规定的，自履行期限届满之日起计算；

（二）没有履行期限规定的，自行政机关收到申请满 60 日起计算。

公民、法人或者其他组织在紧急情况下请求行政机关履行保护人身权、财产权的法定职责，行政机关不履行的，行政复议申请期限不受前款规定的限制。

第十七条　行政机关作出的具体行政行为对公民、法人或者其他组织的权利、义务可能产生不利影响的，应当告知其申请行政复议的权利、行政复议机关和行政复议申请期限。

第四节　行政复议申请的提出

第十八条　申请人书面申请行政复议的，可以采取当面递交、邮寄或者传真等方式提出行政复议申请。

有条件的行政复议机构可以接受以电子邮件形式提出的行政复议申请。

第十九条　申请人书面申请行政复议的，应当在行政复议申请书中载明下列事项：

（一）申请人的基本情况，包括：公民的姓名、性别、年龄、身份证号码、工作单位、住所、邮政编码；法人或者其他组织的名称、住所、邮政编码和法定代表人或者主要负责人的姓名、职务；

（二）被申请人的名称；

（三）行政复议请求、申请行政复议的主要事实和理由；

（四）申请人的签名或者盖章；

（五）申请行政复议的日期。

第二十条　申请人口头申请行政复议的，行政复议机构应当依照本条例第十九条规定的事项，当场制作行政复议申请笔录交申请人核对或者向申请人宣读，并由申请人签字确认。

第二十一条　有下列情形之一的，申请人应当提供证明材料：

（一）认为被申请人不履行法定职责的，提供曾经要求被申请人履行法定职责而被申请人未履行的证明材料；

（二）申请行政复议时一并提出行政赔偿请求的，提供受具体行政行为侵害而造成损害的证明材料；

（三）法律、法规规定需要申请人提供证据材料的其他情形。

第二十二条　申请人提出行政复议申请时错列被申请人的，行政复议机构应当告知申请人变更被申请人。

第二十三条　申请人对两个以上国务院部门共同作出的具体行政行为不服的，依照行政复议法第十四条的规定，可以向其中任何一个国务院部门提出行政复议申请，由作出具体行政行为的国务院部门共同作出行政复议决定。

第二十四条　申请人对经国务院批准实行省以下垂直领导的部门作出的具体行政行为不服的，可以选择向该部门的本级人民政府或者上一级主管部门申请行政复议；省、自治区、直辖市另有规定的，依照省、自治区、直辖市的规定办理。

第二十五条　申请人依照行政复议法第三十条第二款的规定申请行政复议的，应当向省、自治区、直辖市人民政府提出行政复议申请。

第二十六条　依照行政复议法第七条的规定，申请人认为具体行政行为所依据的规定不合法的，可以在对具体行政行为申请行政复议的同时一并提出对该规定的审查申请；申请人在对具体行政行为提出行政复议申请时尚不知道该具体行政行为所依据的规定的，可以在行政复议机关作出行政复议决定前向行政复议机关提出对该规定的审查申请。

第三章　行政复议受理

第二十七条　公民、法人或者其他组织认为行政机关的具体行政行为侵犯其合法权益提出行政复议申请，除不符合行政复议法和本条例规定的申请条件的，行政复议机关必须受理。

第二十八条　行政复议申请符合下列规定的，应当予以受理：

（一）有明确的申请人和符合规定的被申请人；

（二）申请人与具体行政行为有利害关系；

（三）有具体的行政复议请求和理由；

（四）在法定申请期限内提出；

（五）属于行政复议法规定的行政复议范围；

（六）属于收到行政复议申请的行政复议机构的职责范围；

（七）其他行政复议机关尚未受理同一行政复议申请，人民法院尚未受理同一主体就同一事实提起的行政诉讼。

第二十九条　行政复议申请材料不齐全或者表述不清楚的，行政复议机构可以自收到该行政复议申请之日起 5 日内书面通知申请人补正。补正通知应当载明需要补正的事项和合理的补正期限。无正当理由逾期不补正的，视为申请人放弃行政复议申请。补正申请材料所用时间不计入行政复议审理期限。

第三十条　申请人就同一事项向两个或者两个以上有权受理的行政机关申请行政复议的，由最先收到行政复议申请的行政机关受理；同时收到行政复议申请的，由收到行政复议申请的行政机关在 10 日内协商确定；协商不成的，由其共同上一级行政机关在 10 日内指定受理机关。协商确定或者指定受理机关所用时间不计入行政复议审理期限。

第三十一条　依照行政复议法第二十条的规定，上级行政机关认为行政复议机关不予受理行政复议申请的理由不成立的，可以先行督促其受理；经督促仍不受理的，应当责令其限期受理，必要时也可以直接受理；认为行政复议申请不符合法定受理条件的，应当告知申请人。

第四章 行政复议决定

第三十二条 行政复议机构审理行政复议案件，应当由 2 名以上行政复议人员参加。

第三十三条 行政复议机构认为必要时，可以实地调查核实证据；对重大、复杂的案件，申请人提出要求或者行政复议机构认为必要时，可以采取听证的方式审理。

第三十四条 行政复议人员向有关组织和人员调查取证时，可以查阅、复制、调取有关文件和资料，向有关人员进行询问。

调查取证时，行政复议人员不得少于 2 人，并应当向当事人或者有关人员出示证件。被调查单位和人员应当配合行政复议人员的工作，不得拒绝或者阻挠。

需要现场勘验的，现场勘验所用时间不计入行政复议审理期限。

第三十五条 行政复议机关应当为申请人、第三人查阅有关材料提供必要条件。

第三十六条 依照行政复议法第十四条的规定申请原级行政复议的案件，由原承办具体行政行为有关事项的部门或者机构提出书面答复，并提交作出具体行政行为的证据、依据和其他有关材料。

第三十七条 行政复议期间涉及专门事项需要鉴定的，当事人可以自行委托鉴定机构进行鉴定，也可以申请行政复议机构委托鉴定机构进行鉴定。鉴定费用由当事人承担。鉴定所用时间不计入行政复议审理期限。

第三十八条 申请人在行政复议决定作出前自愿撤回行政复议申请的，经行政复议机构同意，可以撤回。

申请人撤回行政复议申请的，不得再以同一事实和理由提出行政复议申请。但是，申请人能够证明撤回行政复议申请违背其真实意思表示的除外。

第三十九条　行政复议期间被申请人改变原具体行政行为的，不影响行政复议案件的审理。但是，申请人依法撤回行政复议申请的除外。

第四十条　公民、法人或者其他组织对行政机关行使法律、法规规定的自由裁量权作出的具体行政行为不服申请行政复议，申请人与被申请人在行政复议决定作出前自愿达成和解的，应当向行政复议机构提交书面和解协议；和解内容不损害社会公共利益和他人合法权益的，行政复议机构应当准许。

第四十一条　行政复议期间有下列情形之一，影响行政复议案件审理的，行政复议中止：

（一）作为申请人的自然人死亡，其近亲属尚未确定是否参加行政复议的；

（二）作为申请人的自然人丧失参加行政复议的能力，尚未确定法定代理人参加行政复议的；

（三）作为申请人的法人或者其他组织终止，尚未确定权利义务承受人的；

（四）作为申请人的自然人下落不明或者被宣告失踪的；

（五）申请人、被申请人因不可抗力，不能参加行政复议的；

（六）案件涉及法律适用问题，需要有权机关作出解释或者确认的；

（七）案件审理需要以其他案件的审理结果为依据，而其他案件尚未审结的；

（八）其他需要中止行政复议的情形。

行政复议中止的原因消除后，应当及时恢复行政复议案件的审理。

行政复议机构中止、恢复行政复议案件的审理，应当告知有关当事人。

第四十二条　行政复议期间有下列情形之一的，行政复议终止：

（一）申请人要求撤回行政复议申请，行政复议机构准予撤回的；

（二）作为申请人的自然人死亡，没有近亲属或者其近亲属放弃行政复议权利的；

（三）作为申请人的法人或者其他组织终止，其权利义务的承受人放弃行政复议权利的；

（四）申请人与被申请人依照本条例第四十条的规定，经行政复议机构准许达成和解的；

（五）申请人对行政拘留或者限制人身自由的行政强制措施不服申请行政复议后，因申请人同一违法行为涉嫌犯罪，该行政拘留或者限制人身自由的行政强制措施变更为刑事拘留的。

依照本条例第四十一条第一款第（一）项、第（二）项、第（三）项规定中止行政复议，满 60 日行政复议中止的原因仍未消除的，行政复议终止。

第四十三条 依照行政复议法第二十八条第一款第（一）项规定，具体行政行为认定事实清楚，证据确凿，适用依据正确，程序合法，内容适当的，行政复议机关应当决定维持。

第四十四条 依照行政复议法第二十八条第一款第（二）项规定，被申请人不履行法定职责的，行政复议机关应当决定其在一定期限内履行法定职责。

第四十五条 具体行政行为有行政复议法第二十八条第一款第（三）项规定情形之一的，行政复议机关应当决定撤销、变更该具体行政行为或者确认该具体行政行为违法；决定撤销该具体行政行为或者确认该具体行政行为违法的，可以责令被申请人在一定期限内重新作出具体行政行为。

第四十六条 被申请人未依照行政复议法第二十三条的规定提出书面答复、提交当初作出具体行政行为的证据、依据和其他有关材料的，视为该具体行政行为没有证据、依据，行政复议机关应当决定撤销该具体行政行为。

第四十七条　具体行政行为有下列情形之一，行政复议机关可以决定变更：

（一）认定事实清楚，证据确凿，程序合法，但是明显不当或者适用依据错误的；

（二）认定事实不清，证据不足，但是经行政复议机关审理查明事实清楚，证据确凿的。

第四十八条　有下列情形之一的，行政复议机关应当决定驳回行政复议申请：

（一）申请人认为行政机关不履行法定职责申请行政复议，行政复议机关受理后发现该行政机关没有相应法定职责或者在受理前已经履行法定职责的；

（二）受理行政复议申请后，发现该行政复议申请不符合行政复议法和本条例规定的受理条件的。

上级行政机关认为行政复议机关驳回行政复议申请的理由不成立的，应当责令其恢复审理。

第四十九条　行政复议机关依照行政复议法第二十八条的规定责令被申请人重新作出具体行政行为的，被申请人应当在法律、法规、规章规定的期限内重新作出具体行政行为；法律、法规、规章未规定期限的，重新作出具体行政行为的期限为 60 日。

公民、法人或者其他组织对被申请人重新作出的具体行政行为不服，可以依法申请行政复议或者提起行政诉讼。

第五十条　有下列情形之一的，行政复议机关可以按照自愿、合法的原则进行调解：

（一）公民、法人或者其他组织对行政机关行使法律、法规规定的自由裁量权作出的具体行政行为不服申请行政复议的；

（二）当事人之间的行政赔偿或者行政补偿纠纷。

当事人经调解达成协议的，行政复议机关应当制作行政复议调解书。调解书应当载明行政复议请求、事实、理由和调解结果，并加盖行政复议机关印章。行政复议调解书经双方当事人签字，即具有法律效力。

调解未达成协议或者调解书生效前一方反悔的，行政复议机关应当及时作出行政复议决定。

第五十一条 行政复议机关在申请人的行政复议请求范围内，不得作出对申请人更为不利的行政复议决定。

第五十二条 第三人逾期不起诉又不履行行政复议决定的，依照行政复议法第三十三条的规定处理。

第五章 行政复议指导和监督

第五十三条 行政复议机关应当加强对行政复议工作的领导。

行政复议机构在本级行政复议机关的领导下，按照职责权限对行政复议工作进行督促、指导。

第五十四条 县级以上各级人民政府应当加强对所属工作部门和下级人民政府履行行政复议职责的监督。

行政复议机关应当加强对其行政复议机构履行行政复议职责的监督。

第五十五条 县级以上地方各级人民政府应当建立健全行政复议工作责任制，将行政复议工作纳入本级政府目标责任制。

第五十六条 县级以上地方各级人民政府应当按照职责权限，通过定期组织检查、抽查等方式，对所属工作部门和下级人民政府行政复议工作进行检查，并及时向有关方面反馈检查结果。

第五十七条 行政复议期间行政复议机关发现被申请人或者其他下级行政机关的相关行政行为违法或者需要做好善后工作的，可以制作行政复议意见书。有关机关应当自收到行政复议意见书之日起 60 日内将纠正相关行政违法行为或者做好善后工作的情况通报行政复议机构。

行政复议期间行政复议机构发现法律、法规、规章实施中带有普遍性的问题，可以制作行政复议建议书，向有关机关提出完善制度和改进行政执法的建议。

第五十八条 县级以上各级人民政府行政复议机构应当定期向本级人民政府提交行政复议工作状况分析报告。

第五十九条 下级行政复议机关应当及时将重大行政复议决定报上级行政复议机关备案。

第六十条 各级行政复议机构应当定期组织对行政复议人员进行业务培训，提高行政复议人员的专业素质。

第六十一条 各级行政复议机关应当定期总结行政复议工作，对在行政复议工作中做出显著成绩的单位和个人，依照有关规定给予表彰和奖励。

第六章　法　律　责　任

第六十二条 被申请人在规定期限内未按照行政复议决定的要求重新作出具体行政行为，或者违反规定重新作出具体行政行为的，依照行政复议法第三十七条的规定追究法律责任。

第六十三条 拒绝或者阻挠行政复议人员调查取证、查阅、复制、调取有关文件和资料的，对有关责任人员依法给予处分或者治安处罚；构成犯罪的，依法追究刑事责任。

第六十四条 行政复议机关或者行政复议机构不履行行政复议法和本条例规定的行政复议职责，经有权监督的行政机关督促仍不改正的，对直接负责的主管人员和其他直接责任人员依法给予警告、记过、记大过的处分；造成严重后果的，依法给予降级、撤职、开除的处分。

第六十五条 行政机关及其工作人员违反行政复议法和本条例规定的，行政复议机构可以向人事、监察部门提出对有关责任人员的处分建议，也可以将有关人员违法的事实材料直接转送人事、监察部门处理；接受转送的人事、监察部门应当依法处理，并将处理结果通报转送的行政复议机构。

第七章　附　　则

第六十六条　本条例自 2007 年 8 月 1 日起施行。

附录二：相关文书样式①

行政复议申请书（公民/法人或者其他组织）

<h1 style="text-align:center">行政复议申请书</h1>

申请人：(姓名)_____ 性别_____ 出生年月_____

身份证（其他有效证件）号码_____ 工作单位_____

住所（联系地址）_____ 邮政编码_____ 电话_____

[（法人或者其他组织）(名称)_____

住所（联系地址）_____ 邮政编码_____ 电话_____

法定代表人或者主要负责人（姓名）_____ 职务_____]

委托代理人：(姓名)_____ 电话_____

被申请人：(名称)_____

行政复议请求：_____

_____。

事实和理由：_____

_____。

此致

(行政复议机关名称)_____

---

① 该部分文书样式仅供参考。参见中国法制出版社编：《行政复议、行政诉讼法律政策全书：含法律、法规、司法解释、典型案例及文书范本》，中国法制出版社 2023 年版，第 425~428 页。

附件：1. 申请书副本_____份
2. 申请人身份证明材料复印件
3. 其他有关材料_____份
4. 授权委托书（有委托代理人的）

申请人（签名或者盖章）：_____
（申请行政复议的日期）____年____月____日

附录二

口头申请行政复议笔录

口头申请行政复议笔录

申请人：(姓名)_____性别_____出生年月_____

身份证（其他有效证件）号码_____工作单位_____

住所（联系地址）_____邮政编码_____电话_____

委托代理人：(姓名)_____电话_____

被申请人：(名称)_____

行政复议请求：_____

_____。

事实和理由：_____

_____。

（申请人确认）以上记录经本人核对，与口述一致。

申请人（签名或者盖章）：_____

（申请行政复议的日期）____年____月____日

记录人：_____

行政复议决定书

行政复议决定书

〔　　　〕　　　号

申请人：(姓名)＿＿＿＿性别＿＿＿＿＿出生年月＿＿＿＿＿

住所 (联系地址)＿＿＿＿＿＿＿＿＿＿＿＿＿＿＿＿＿＿＿＿＿

[(法人或者其他组织) (名称)＿＿＿＿＿＿＿＿＿＿＿＿＿＿＿

住所 (联系地址)＿＿＿＿＿＿＿＿＿＿＿＿＿＿＿＿＿＿＿＿＿＿

法定代表人或者主要负责人 (姓名)＿＿＿＿＿职务＿＿＿＿]

委托代理人：(姓名)＿＿＿＿＿住所 (联系地址)＿＿＿＿＿＿

被申请人：(名称)＿＿＿＿＿＿＿＿＿＿＿＿＿＿＿＿＿＿＿＿

住所＿＿＿＿＿＿＿＿＿＿＿＿＿＿＿＿＿＿＿＿＿＿＿＿＿＿＿

法定代表人或者主要负责人 (姓名)＿＿＿＿＿职务＿＿＿＿

[第三人：(姓名/名称)＿＿＿＿＿＿＿＿住所 (联系地址)

＿＿＿＿＿＿＿＿＿＿＿＿＿＿＿＿＿＿＿＿＿＿＿＿＿＿＿＿＿

委托代理人：(姓名)＿＿＿＿＿住所 (联系地址)＿＿＿＿]

申请人对被申请人 (行政行为)＿＿＿＿＿＿＿＿＿＿＿＿＿

＿不服，于＿＿＿＿年＿＿＿＿月＿＿＿＿日向本机关申请行政复议，

本机关依法已予受理。现已审理终结。

申请人请求：＿＿＿＿＿＿＿＿＿＿＿＿＿＿＿＿＿＿＿＿＿

＿＿＿＿＿＿＿＿＿＿＿＿＿＿＿＿＿＿＿＿＿＿＿＿＿＿＿＿＿。

申请人称：＿＿＿＿＿＿＿＿＿＿＿＿＿＿＿＿＿＿＿＿＿＿＿

_____。

　　被申请人称：_____

_____。

　　（第三人称：_____

_____。）

　　经审理查明：_____

_____。

　　上述事实有下列证据证明：（可写明质证、认证过程）

_____。

　　本机关认为：（行政行为认定事实是否清楚，证据是否确凿，适用依据是否正确，程序是否合法，内容是否适当）

_____

_____

_____。

　　根据（作出决定的相关法律依据）_____的规定，本机关决定如下：_____

_____。

　　［符合行政诉讼受案范围的，写明：对本决定不服，可以在收到本决定之日起 15 日内，向_____人民法院提起行政诉讼。（也可以向国务院申请裁决的，同时写明：也可以向国务院申请裁决。）］

　　（法律规定行政复议决定为最终裁决的，写明：本决定为最终裁决。）

　　　　　　　　　　　年　　　月　　　日

　　　　　　（行政复议机关印章或者行政复议专用章）

后记

经过四十多年的改革开放和法治革新，人们对于行政复议法治发展路向已较明确且寄予厚望，将改革创新成果总结提炼为法律规范和相关制度已成为时代使命，而承载于 2023 年修订后的《中华人民共和国行政复议法》的一系列制度创新成果，来自既往的行政复议法治实践过程，也将进一步推动行政复议法治完善。广大行政公务人员和社会人士应当认真学习、深刻领会和一体遵行，共同推动我国行政复议法治稳健发展，以期取得依法行政、良法善治的更好成效。

《中华人民共和国行政复议法》的修订是完善行政复议制度的阶段性总结，但行政复议体制、机制和方式方法的改革完善并不以一次修法而终结。在法律修改完善的过程中，由于对一些争议问题无法达成共识，或者一些试点方案的评估工作还无法给出最终和可靠的结论，那么对某些问题的修改方案理当是趋向温和、妥协、过渡的。《中华人民共和国行政复议法》的修订工作面临着同样的问题。行政复议体制、机制和方式方法的改革完善都处于进行时。因此，经过大修的《中华人民共和国行政复议法》在实施过程中，还须注意为进一步修订完善提供实证素材、理性支撑和必要空间。

在中国法制出版社的支持下，我们组织行政法学中青年专家团队编写了这本具有专业性、可读性和启发性的手册，适合行政复议工作人员及其他公务人员、社会人士和学生使用。谨此对积极参加和大力支持本书编写工作的撰稿专家和出版社领导、策划编辑王熹老师、责任编辑赵律玮老师表示衷心感谢！

祈愿中国特色行政复议法治不断稳健发展，积极助力法治政府建设！

莫于川　哈书菊

2023 年 9 月 10 日

后记

图书在版编目（CIP）数据

中华人民共和国行政复议法释义与适用手册／莫于川，哈书菊主编．—北京：中国法制出版社，2023.11
ISBN 978-7-5216-3624-6

Ⅰ.①中… Ⅱ.①莫… ②哈… Ⅲ.①行政复议法－法律解释－中国－手册②行政复议法－法律适用－中国－手册 Ⅳ.①D925.35-62

中国国家版本馆 CIP 数据核字（2023）第 189950 号

策划编辑 王 熹（wx2015hi@sina.com）
责任编辑 赵律玮（ayu.0907@163.com）   封面设计 杨泽江

中华人民共和国行政复议法释义与适用手册
ZHONGHUA RENMIN GONGHEGUO XINGZHENG FUYIFA SHIYI YU SHIYONG SHOUCE

主编／莫于川，哈书菊
经销／新华书店
印刷／三河市国英印务有限公司
开本／880 毫米×1230 毫米 32 开   印张／10.75 字数／249 千
版次／2023 年 11 月第 1 版   2023 年 11 月第 1 次印刷

中国法制出版社出版
书号 ISBN 978-7-5216-3624-6   定价：49.00 元

北京市西城区西便门西里甲 16 号西便门办公区
邮政编码：100053   传真：010-63141600
网址：http：//www.zgfzs.com   编辑部电话：010-63141793
市场营销部电话：010-63141612   印务部电话：010-63141606

（如有印装质量问题，请与本社印务部联系。）